大学生就业与创新创业研究

李炎辉　任娟梅　张福莉　著

中国商务出版社
·北京·

图书在版编目（CIP）数据

大学生就业与创新创业研究／李炎辉，任娟梅，张
福莉著. -- 北京：中国商务出版社，2024. 12.
ISBN 978-7-5103-5534-9

Ⅰ. G647. 38
中国国家版本馆 CIP 数据核字第 20247M4T15 号

大学生就业与创新创业研究

DAXUESHENG JIUYE YU CHUANGXIN CHUANGYE YANJIU

李炎辉　任娟梅　张福莉　著

出版发行：中国商务出版社有限公司
地　　址：北京市东城区安定门外大街东后巷 28 号　　邮编：100710
网　　址：http://www.cctpress.com
联系电话：010—64515150（发行部）　　010—64212247（总编室）
　　　　　010—64269744（事业部）　　010—64248236（印制部）
责任编辑：徐　昕
排　　版：廊坊市展博印刷设计有限公司
印　　刷：北京建宏印刷有限公司
开　　本：787 毫米×1092 毫米　1/16
印　　张：14.5　　　　　　　　　　　字　　数：306 千字
版　　次：2024 年 12 月第 1 版　　　　印　　次：2024 年 12 月第 1 次印刷
书　　号：ISBN 978-7-5103-5534-9
定　　价：78.00 元

PREFACE

随着全球经济的深度转型和产业结构的持续调整，大学生就业与创业问题日益受到社会各界的广泛关注。大学生作为国家未来发展的重要力量，其就业与创业能力的提升，不仅关系到个人职业发展的成败，更直接影响到国家创新力的提升和经济的可持续发展。在此背景下，高校教育面临着新的挑战，如何更好地培养大学生的就业能力与创新创业精神，成为亟待解决的关键问题。

《大学生就业与创新创业研究》旨在系统探讨当前大学生就业与创业的现状、政策环境及发展趋势，分析大学生创新创业能力的核心要素及培养策略，进而为推进高校创新创业教育体系的完善提供理论支持和实践指导。本书通过对大学生就业形势、政策环境的深入分析，展现了当前大学生就业市场面临的挑战与机遇，并提出了一系列提升大学生就业竞争力的策略。

与此同时，本书对大学生创业现状进行了详尽梳理，涵盖创业政策支持、创业准备与指导、商业模式设计等内容，特别是在探讨创业能力与创新能力培养时，结合了丰富的实践案例与创新思路，为高校的创业教育提供了实践参考。通过对创业与就业融合路径的分析，本书进一步揭示了"双创"教育在提升大学生综合能力中的重要作用。

本书共分为八章，内容涵盖了从就业形势、创业政策到商业模式创新、未来趋势的全面探讨。第一章对大学生就业与创业的研究现状及理论基础进行综述，奠定了本书的理论框架；第二章与第三章则分别聚焦大学生就业与创业现状，探讨了相应的政策环境、准备工作及指导策略；第四章详细分析了创新创业能力的核心要素及其培养策略，结合具体案例提供了深入实践指导，并强调了"双创"人才培养模式的探索与实践；第五章讨论了就业与创业的融合路径；第六章着重于商业模式的设计与创新，提出了创新创业中商业模式的检验与评价方法；第七章对大学生未来创新创业的趋势与挑战进行了展望，并探索了新经济形势下的创新创业教育发展方向；第八章则对全书的研究成果进行了总结，并提出了未来研究的方向与建议。

通过本书的研究和探讨，我们期望能够为广大高校管理者、教育工作者及研究者提供参考，推动大学生就业与创业的理论和实践创新。同时，也希望本书能够为广大正在求职或创业的大学生提供有益的指导和帮助，为他们在未来职业发展中走得更稳、更远提供助力。

作　者

2024 年 9 月

CONTENTS 目　录

第一章　绪论

在当今全球化和快速发展的经济环境中，大学生就业与创业问题越发受到社会各界的关注。随着高等教育的普及，大学生数量持续增加，如何促进他们有效就业与创业，已成为国家经济发展和社会进步的重要课题。根据世界银行的研究，大学生作为国家未来的中坚力量，其创业活动不仅有助于个人职业发展，更是推动经济增长、促进创新和创造就业机会的关键因素。

近年来，大学生创业的趋势逐渐上升，许多国家和地区开始注重创业教育的改革，致力于培养具备创新思维和实践能力的复合型人才。然而，尽管创业意愿强烈，许多大学生在实际创业过程中仍面临着资金短缺、市场竞争激烈、经验不足等多重挑战，导致创业成功率不高。同时，传统的就业市场也在不断变化，企业对人才的要求日益提升，大学生在求职过程中需要具备更高的职业素养和实践能力。

第一节　大学生就业与创业研究综述

一、国内外研究现状

（一）国内关于大学生就业现状的研究

近年来，随着高等教育的普及和高校毕业生数量的迅猛增加，大学生就业问题逐渐成为社会的关注焦点。这一现象不仅反映了教育系统的变化，也凸显了经济发展对人力资源的需求。随着大量高校毕业生涌入就业市场，如何实现有效就业、保障个人发展和社会稳定，成了亟待解决的问题。

国内的研究主要集中在几个方面。首先，不同专业的毕业生在就业情况上存在明显差异。研究显示，工科和信息技术专业的毕业生通常拥有较高的就业率，这与市场对科技和工程领域人才的持续需求密切相关。例如，计算机科学与技术、电子工程等专业的学生，因其技术背景和实践能力，受到企业的青睐。而相比之下，文科和艺术类专业的毕业生就业率较低，这主要是因为这些领域的职位相对有限，同时市场对相关专业人才的需求也显得不够强劲。此外，大学毕业生的就业质量逐年下降，表现在薪资水平偏低和职业发展前景不明确等方面。有数据显示，许多毕业生即便找到工作，其起薪也常常低于预期，且缺乏明确的职业晋升通道。这一趋势不仅影响了毕业生的生活质量，也致使他们在职业发展上面临困境。

其次，区域经济发展水平对大学生的就业机会影响显著。发达地区，尤其是一线城市，如北京、上海和广州，提供了更多就业机会，吸引了大批高校毕业生前往。在这些城市，企业数量众多，行业多样化，能够满足毕业生的职业发展需求。然而，中西部城市和三四线城市的就业市场相对狭窄，导致许多毕业生向大城市迁移，这种现象加剧了大城市的就业竞争，使在这些城市求职的毕业生面临更大的压力。与此同时，区域经济发展的不平衡也导致一些地方人才流失严重，形成了"人才洼地"现象，影响了地方经济的可持续发展。

最后，研究者从多角度探讨了影响大学生就业的因素，包括就业市场需求、大学教育质量、学生的个人能力与期望值，以及家庭背景等。就业市场的变化直接影响着大学生的就业选择和机会。例如，随着新兴行业的崛起，市场对具有跨学科背景的人才需求增加，促使许多大学生积极调整自己的专业方向和学习重心。此外，大学教育质量的参差不齐，也导致部分毕业生在职场上缺乏必要的技能和知识，与用人单位的要求存在较大差距。研究表明，大学生的就业能力与实际岗位需求之间存在较大差距，尤其是实践能力和创新能力的不足，成为他们顺利就业的重要障碍。这一现象促使教育部门和高校加大对实践性教学的重视，提高学生的实际操作能力，以更好地适应市场需求。

综上所述，大学生就业问题的复杂性不仅与高等教育的发展和专业选择密切相关，也与区域经济的差异及个人能力的培养息息相关。为了解决这一问题，需要社会各界共同努力，从政策、教育和市场等多方面入手，促进大学生的就业与创业，助力他们实现个人价值与社会贡献的双重目标。

（二）国外关于大学生创业趋势的研究

在全球范围内，大学生创业已成为促进经济增长和推动创新的重要力量。尤其在欧美国家，相关研究日益增多，关注的重点主要集中在如何通过政策支持和教育体系改革来激励和促进大学生的创业活动。这种趋势不仅反映了大学生创业对经济发展的重要性，也揭示了高等教育与社会经济之间的密切联系。

许多研究探讨了创业生态系统在推动大学生创业方面的作用。例如，在美国、英国和德国等国家，政府通过提供创业资金、税收优惠，以及设立创业孵化器等多种措施，为大学生的创业提供了广泛的支持。这些政策的实施旨在降低创业门槛，使更多的大学生能够顺利进入创业领域。此外，政府还积极鼓励企业与高等院校之间的合作，创造良好的创业环境，进一步推动大学生创业活动的开展。

与此同时，社会资本的支持和风险投资的积极参与，显著提升了大学生创业的成功率。在欧美国家，风险投资不仅为初创企业提供了资金支持，还为大学生创业者提供了宝贵的市场资源与指导。许多投资机构愿意投资于大学生创业项目，因为他们认为这些年轻的创业者具有创新精神和市场前瞻性，能够带来新的商业模式和产品。这种积极的投资环境，使大学生创业者能够更加专注于产品开发与市场推广，提升了创业成功的概率。

国际研究还显示，大学生创业的主要领域集中在技术创新、互联网和新能源等新兴产业，且创业模式愈加多样化。随着科技的迅猛发展，尤其是数字经济的崛起，许多大学生在校期间便通过创新技术和互联网平台实现了自己的创业梦想。例如，一些大学生利用社交媒体和电子商务平台，迅速进入市场并获得客户认可。此外，越来越多的大学生选择进入人工智能、区块链、可持续能源等新兴领域，探索未知的市场机会。这一现象不仅推动了新兴产业的发展，也为社会带来了新的经济活力。

值得注意的是，国际研究还强调，大学生创业不仅是个人职业发展的选择，更对经济发展和社会创新产生深远影响。大学生作为国家和社会的未来，同时具备了创新思维和技术能力，他们的创业活动往往能够推动产业升级，促进经济结构的优化。同时，创业活动也能够带动就业，为社会创造更多的就业机会。因此，各国纷纷通过制定相应的创业政策和优化创业环境，鼓励高校与企业、社会资本之间的合作，以推动更多大学生参与创业。这种合作不仅可以增强大学生的实践能力，还能够为社会培养出更多具有创新意识和创业精神的人才。

总之，国际上关于大学生创业趋势的研究显示，创业已成为年轻人实现自我价值的重要途径。在政策支持、教育改革和社会资本的共同作用下，大学生创业活动正不断蓬勃发展。未来，随着全球经济的进一步变化，大学生创业将继续发挥其在推动创新和经济增长中的关键作用。为了更好地支持大学生的创业活动，各国需要不断完善相关政策，提升创业教育质量，并创造更加开放和包容的创业生态环境，以促进大学生的全面发展和社会的持续进步。

二、国内外关于大学生创新创业教育的研究比较

国内外在创新创业教育领域的研究虽然存在差异，但共同的目标都是探讨如何通过教育来提升大学生的创业能力。在这一背景下，各国在教育体系内所采取的措施和实践都有所不同，体现出各自的教育理念与经济发展需求。

在国内，创新创业教育近年来逐步成为高校教学的重要组成部分。随着经济的转型与升级，国家政策层面也愈加重视创业人才的培养，许多高校开始设立专门的创业学院，并开设相关的创业课程。这些课程不仅涵盖了商业计划书撰写、市场调研、财务管理等基础知识，还强调了创业过程中的实用技巧。与此同时，高校也通过创业大赛、校内孵化器等实践平台，为学生提供了丰富的创业机会。这些实践活动能够帮助

学生将理论知识应用于实际操作，激发他们的创业热情。

然而，研究指出，国内创新创业教育依然存在一些显著的问题，尤其是理论性强、实践性不足。虽然许多高校致力于传授创业知识，但大多数课程仍然侧重理论的灌输，忽视了学生实际操作能力的培养。例如，在课堂上，学生可能学习到市场分析和商业模式设计的理论，但在实际的创业过程中，他们往往缺乏应对市场挑战的实践经验。这导致许多学生在拥有强烈的创业意愿和理念的同时，却于创业实践中遭遇挫折，最终影响了创业的成功率。这一现象凸显了国内创新创业教育在教学方法与课程设计上的不足，亟须改进。

国际上的创新创业教育模式相对成熟，特别是在欧美国家，创业教育的实践导向更为明显。许多美国高校不仅将创新创业课程纳入正式教学体系，还积极与企业和风险投资机构合作，帮助学生将创业项目市场化。这种合作不仅为学生提供了实战经验，还让他们在实际项目中学习如何面对商业环境中的各种挑战。国际上的一些高校还鼓励学生进行跨学科合作，通过不同学科之间的互动与交流，培养多元化、综合性的创新思维与能力。这种跨学科的教育模式，促进了学生之间的合作与协作，使他们能够从多个角度分析问题，从而提出更为创新的解决方案。

此外，国外高校在创业教育中还注重实习与实践的结合，许多学校为学生提供了与企业合作的实习机会，让他们在真实的商业环境中获得经验。这种模式的成功在于，学生不仅能够在课堂上学习到理论知识，还能够将这些知识应用于实际工作，从而提高他们的职业素养和市场竞争力。

综上所述，国内外在创新创业教育方面的研究和实践各有特色。国内高校在政策支持与资源整合方面正在逐步改进，但仍需加强实践环节与理论知识的结合，以提高学生的创业成功率。与此同时，借鉴国际上的成熟经验，推动跨学科合作与实践导向的教学模式，将为国内创新创业教育的改革提供有益的参考和启示。在全球经济一体化的趋势下，通过提升大学生的创新创业能力，培养出适应时代发展的优秀人才，将为国家经济的可持续发展注入新的动能。

三、现有研究中的问题与不足

尽管国内外对大学生就业与创业进行了大量研究，但在这一领域仍存在一些亟待解决的问题与不足之处，制约了研究的深度和广度。

首先，国内的研究往往侧重对现状的描述，缺乏深入的理论分析和系统性研究。目前大部分研究主要集中在就业率、薪资水平、就业结构等表面数据的分析，尽管这些数据能够反映出一些基本趋势，但并未深入探讨影响大学生就业与创业的深层次原因。例如，文化差异、社会结构、家庭背景，以及地区经济发展水平等因素对大学生的职业选择和创业意愿都有着重要影响，但相关研究较少。这种片面性导致了相关研究对大学生就业与创业现状的理解不够全面，无法为政策制定者和教育机构提供有效的指导。

其次，国际研究虽然在创业生态系统和教育模式方面积累了丰富的经验，但许多研究过于依赖发达国家的成功范例，未能充分考虑发展中国家在经济、文化等方面的特殊性。发达国家的创业模式和教育体系在某种程度上是基于其特定的社会背景和经济条件的，而简单地将这些成功经验直接套用到发展中国家，可能会导致"水土不服"的现象。例如，某些成功的创业孵化器模式在发达国家取得了显著成效，但在经济基础薄弱或政策环境不同的国家或地区，可能并不适用。因此，研究者需要更加关注本土化的创业环境和文化背景，从而提出符合中国国情的创业支持策略。

最后，无论是在国内还是国外，关于大学生创业失败后的应对策略，以及长期职业发展路径的研究都显得相对薄弱。许多研究集中在成功的创业案例上，探讨创业成功的路径和经验，但对于创业失败的反思，以及如何支持大学生进行再创业的系统性分析较为缺乏。这种不足致使我们无法全面理解创业过程中的各种可能性和挑战，也未能为创业者提供必要的支持和指导。尤其是在当前经济环境日益复杂、市场竞争日益激烈的背景下，关注大学生创业失败后的复盘、成长，以及再就业的途径等问题，对于优化大学生创业环境、提升创业成功率具有重要的现实意义。

总之，针对现有研究中的问题与不足，未来的研究应更加注重理论与实践的结合，深入探讨影响大学生就业与创业的多种因素，关注发展中国家的特殊性，并为大学生创业失败后的恢复与发展提供更全面的支持与指导。通过这些努力，我们能够更好地理解大学生在就业与创业过程中所面临的挑战，进而为相关政策的制定与实施提供科学依据。

整体而言，国内外在大学生就业与创新创业的研究上已取得不少成果，但在实践导向、区域差异分析及失败后的研究上仍有较大的提升空间。未来研究应更加关注创业教育的实践性、区域间的发展差异，以及创业失败后的支持体系，以提供更具针对性的建议和策略。

第二节 大学生就业与创业的理论基础

一、霍兰德职业兴趣理论

（一）职业选择是个体兴趣与职业环境相匹配的过程

霍兰德职业兴趣理论是职业选择领域中广泛应用的理论之一，核心观点是职业选择应当是个体兴趣和职业环境相匹配的过程。霍兰德认为，不同类型的个体在选择职业时，会基于自己的兴趣、能力和个性，寻找能够与这些特质相契合的职业环境。通过这种匹配，个体可以在职业生涯中获得更高的成就感和满足感。霍兰德的职业兴趣理论主要通过六边形模型来展示六种典型的职业兴趣类型：现实型、研究型、艺术型、社会型、企业型和常规型[①]。这六种类型概述了不同个体的职业偏好及其与工作环境的契合点。

1. 现实型（realistic）

现实型的人喜欢具体的、动手操作的工作，通常喜欢与物体、机械、工具打交道。他们偏好实践性、技术性的职业，比较适合工程、技术、机械制造等领域。青年中有这类兴趣的个体，往往更倾向选择工科类专业或进入制造业、建筑行业等实际操作性强的职业。

2. 研究型（investigative）

研究型的人对分析、探究和解决复杂问题感兴趣，喜欢从事逻辑性和思考性强的工作。此类个体更适合学术研究、科技开发、医学、数据分析等行业。对于这类兴趣导向的青年，他们的择业更多集中于需要智力投入和科研能力的领域，如理工科、自然科学、医学等。

3. 艺术型（artistic）

艺术型的人富有创造力，喜欢表达自我，倾向非结构化的工作环境，如文学、艺术、设计等领域。青年在这类职业兴趣引导下，往往追求个人的创意表达，适合从事艺术、传媒、时尚设计等创意类职业，工作类型具有高度的自主性和创新性。

4. 社会型（social）

社会型的人喜欢帮助他人，擅长沟通和合作，适合从事教育、心理辅导、社工、医护等需要较强人际交往能力的工作。这类兴趣的青年通常倾向选择教育行业、医疗护理或社会服务等工作，他们的职业目标通常与社会贡献和人际互动密切相关。

5. 企业型（enterprising）

企业型的人热衷于领导和影响他人，具有冒险精神，喜欢参与商业活动，目标导向明确。青年在这类职业兴趣的驱动下，通常会选择商业管理、销售、市场营销、金融或创业等职业，这些工作强调领导力、决策力和竞争精神。

6. 常规型（conventional）

常规型的人喜欢有序、结构化的工作，擅长处理细节和信息，偏好行政、财务、档案管理等工作。此类青年通常倾向选择金融、会计、行政管理等需要精细操作、数据分析或规则导向的行业，他们在有明确规范和程序的工作环境中表现更为出色。

---

① 沈洁. 霍兰德职业兴趣理论及其应用述评 [J]. 职业教育研究，2010（7）：9-10.

（二）职业兴趣测评在择业决策中的应用

霍兰德职业兴趣理论不仅为职业选择提供了理论框架，还通过职业兴趣测评工具帮助青年更好地了解自己适合的职业路径。在当代青年择业的背景下，职业兴趣测评工具发挥着重要的作用，能够帮助青年在多样化的职业选择中找到与自身兴趣和能力最匹配的方向。

1. 应用职业兴趣测评帮助青年认识自我

通过使用职业兴趣测评工具，青年可以更加系统地了解自己的职业兴趣类型及潜在的职业选择方向。测评工具可以基于霍兰德的六种职业兴趣类型，帮助青年明确自己在哪些职业类型中表现出更高的兴趣。例如，通过回答一系列关于个人偏好、技能和职业选择倾向的问题，青年可以了解自己是倾向动手操作的现实型，还是更适合在研究型或艺术型领域发展。这种自我认识的提升可以减少职业选择时的盲目性，并为未来的职业发展奠定更清晰的基础。

2. 指导职业规划与教育选择

职业兴趣测评还可以帮助青年规划教育和职业路径。根据测评结果，青年可以选择与自身兴趣契合的专业或培训项目，从而在早期的职业生涯规划中做出更加科学的决定。例如，现实型青年可以选择工程、机械或建筑相关的专业；艺术型青年可以选择设计、文学或戏剧专业。通过这种方式，职业兴趣测评能够为青年提供清晰的职业导向，帮助他们在选择大学专业、技能培训或职业发展方向时更加有针对性。

3. 优化职业决策过程

在选择职业时，许多青年面临多重困境和焦虑。职业兴趣测评能够在此过程中发挥重要的决策支持作用。通过测评结果，青年可以理性分析不同职业与自己兴趣、能力的契合度，从而避免因外界压力、薪酬期待等因素而做出不适合自己的职业选择。测评结果可以帮助青年结合自己的职业兴趣和市场需求，找到既符合兴趣又具有发展前景的职业，从而提高择业满意度和工作持久性。

4. 为企业招聘与职业发展提供参考

职业兴趣测评不仅对青年个人择业有帮助，还可以应用于企业的人才招聘和职业发展规划。企业可以通过兴趣测评了解应聘者的职业兴趣类型，判断其是否与岗位要求匹配；同时，在员工职业发展中，企业也可以利用测评工具帮助员工在工作中发挥特长，并为其设计适合的职业晋升路径。

总之，霍兰德职业兴趣理论及其测评工具为当代青年择业提供了重要的理论和实践指导。通过测评，青年可以更好地认识自我、规划职业生涯、做出理性决策，进而在竞争激烈的就业市场中找到与自身兴趣和能力契合的职业，提升职业满意度与发展潜力。

二、人格与职业匹配理论

（一）人格类型对职业选择的影响

人格与职业匹配理论认为，个体的人格特质会显著影响其职业选择，以及职业满意度和成就感。通过理解个体的人格特征，可以更好地预测他们在不同职业环境中的表现。人格特质不仅影响个人的工作行为，还会影响他们在职业生涯中的成长和发展。在人格与职业匹配的理论框架中，大五人格理论是最为经典和广泛应用的模型之一[①]。大五人格模型包括五个核心维度：外向性、责任心、情绪稳定性、宜人性和开放性。这些人格维度为理解青年在择业过程中的职业倾向提供了有效的工具。

1. 外向性（extraversion）

外向性指个体的社交能力、活力和积极性。外向性强的个体通常喜欢与人交往，乐于在社交场合中表现自己。他们往往选择那些需要频繁与人互动、团队合作和沟通协调的职业，如销售、市场营销、公关、教育等领域。外向性强的青年适合在人际交往密集的环境中工作，并且通常表现出较高的职业满意度，尤其是在服务业、咨询行业等需要与客户频繁接触的岗位。

2. 责任心（conscientiousness）

责任心反映了个体的自律性、目标导向性和组织能力。具有高度责任心的人往往严谨、可靠、注重细节，适合那些需要长期规划、系统性思维和精确执行的职业，例如，管理、会计、工程等领域。责任心强的青年在工作中注重成果和效率，倾向选择那些有明确职责、要求自我管理的岗位，这类人格特质在技术性、科学性或管理类工作中尤为重要。

3. 情绪稳定性（neuroticism）

情绪稳定性反映个体的情绪控制能力。情绪稳定性较高的人，能够较好地应对压力和不确定性，通常在高压力的环境中保持冷静和理智。情绪不稳定性较高的人则可能更容易感受到焦虑、压力和情绪波动。这种特质对于选择高强度、充满挑战的工作如金融交易、急救医生、律师等至关重要。情绪稳定性较高的青年更适合在压力大但需要快速反应的职业中工作，而情绪不稳定的个体可能倾向选择压力较小、工作节奏较为平稳的岗位。

4. 宜人性（agreeableness）

宜人性描述了个体的合作意愿、同理心和友好度。宜人性高的人通常善于合作、

---

① 李春茂，黄太洋．基于帕森斯"人—职业匹配"理论的"大五"人格职业特性研究［C］//宜春社会科学2013年05、06期．江西宜春学院经济与管理学院，2013：5.

为人友善，倾向从事那些需要团队合作、社会服务和人际沟通的职业，如护理、社工、教育、心理咨询等。宜人性较高的青年喜欢在以合作和服务为核心的工作环境中，与同事和客户建立和谐的关系；而宜人性较低的人可能更适合需要独立工作、竞争导向较强的行业或岗位。

5. 开放性（openness to experience）

开放性反映了个体的创造力、想象力和对新体验的接受度。开放性高的人喜欢尝试新事物、接受新思想，他们往往选择那些充满创新和挑战的工作，如艺术、设计、研发、广告创意等。开放性强的青年适合在需要创新思维和突破常规的环境中工作，而开放性较低的个体更倾向选择结构化、程序化的工作环境。

（二）青年选择适合职业环境的方法

人格特质不仅影响职业选择，还影响个体在职业生涯中的表现和发展。青年在择业时，如果能够清晰了解自己的性格特质，并选择与之匹配的职业环境，将有助于提升工作满意度和职业成就感。在选择职业时，考虑以下几个因素可以帮助青年更好地根据自身性格特质做出决策。

1. 自我评估与认识

青年在择业时，首先需要通过自我评估了解自己的性格特质。例如，外向性强的个体应该意识到自己在与人互动、处理复杂关系时更具优势，而内向性强的个体可能更擅长在独立工作环境中深入思考和解决问题。通过人格测评工具，青年可以全面了解自己的性格特征，从而为择业提供有针对性的参考。

2. 职业环境与人格匹配

了解自身性格特质后，青年可以通过分析目标职业的工作环境，评估其与自身性格的匹配度。例如，开放性强的青年应该选择创新性强、具有较大自由度的工作环境，如创意产业或技术研发领域。而责任心强的青年更适合那些工作目标明确、需要系统性思考和高度责任感的职业，如项目管理、财务分析等。通过对比职业要求与人格特质，青年可以找到与自己性格最契合的工作环境，这不仅有助于发挥自身优势，还能提升工作满意度。

3. 压力承受能力与职业选择

情绪稳定性较低的青年在选择职业时，应避免高压、高风险的岗位，如金融交易员、急救医生等，而更适合那些工作环境较为稳定、压力相对较小的职业；反之，情绪稳定性较高的青年可以在高压环境中保持较强的工作效率，适合应对挑战性较大的职业。认识到自身的情绪特点，有助于青年在职业选择中避免因不适应工作环境而产生的职业倦怠和压力过大。

4. 职业发展与个性融合

青年在择业时，不仅需要考虑入职时的岗位匹配，还要考虑长远的职业发展与自身性格的融合。例如，外向性强的青年可以在职业发展中逐渐向管理岗位或市场岗位转型，这类工作需要较强的社交能力和沟通技巧。开放性强的青年可以在工作中寻求更多的创新机会，不断提升自身的创造力，拓展职业空间。通过长远的职业发展规划，青年能够在未来职业生涯中不断发掘并强化与性格特质相符的职业路径。

5. 持续的自我调整

虽然人格特质在一定程度上是稳定的，但在不同的职业阶段，个体的兴趣和能力也可能发生变化。因此，青年在职业生涯中应保持开放的心态，及时调整职业路径以适应变化的内外部环境。例如，青年在职业初期可能需要更多的自主工作，而随着工作经验的积累，他们可能逐渐适应更复杂的团队合作环境。因此，持续的自我反思与调整是保持职业满意度和职业发展的关键。

综上所述，基于人格与职业匹配理论的择业方法能够帮助青年更科学地选择与自身性格特质相符的职业路径，从而提升职业成功率和满意度。通过理解大五人格模型中的五个维度，青年可以根据自身的性格特点有针对性地选择职业环境，合理规划职业发展，从而在竞争激烈的就业市场中找到适合自己的职业定位。

三、职业发展理论（超级职业发展阶段理论）

（一）超级职业发展阶段理论的内涵

超级职业发展阶段理论（super's career development theory）是职业生涯发展研究中的经典理论之一。它提出了职业生涯发展的五个阶段，分别为成长期（0~14 岁）、探索期（15~24 岁）、建立期（25~44 岁）、维持期（45~64 岁）和衰退期（65 岁及以上）[①]。在当代青年择业问题的研究中，职业发展的"探索期"是青年阶段的关键时期，这一阶段的职业选择对其后续职业生涯具有重要意义。

1. 探索期的定义与特征

探索期通常涵盖了青年时期（15~24 岁），是个体初步接触社会和职业世界的阶段。在此阶段，青年逐渐通过学习和实践了解不同的职业选择，并开始形成职业偏好和职业目标。探索期可以进一步细分为以下三个子阶段。

（1）试探期（15~17 岁）：此阶段，青年在学校或兼职工作中初步接触社会职业，开始对不同职业产生兴趣，但职业目标尚不明确。

---

① NILES S G. Using super's career development assessment and counselling (C-DAC) model to link theory to practice [J]. International journal for educational and vocational guidance, 2001, 1 (1)：131-139.

（2）过渡期（18~21岁）：随着教育的深化和社会接触的增多，青年对自己的职业兴趣和能力有了更清晰的认识，逐步缩小职业选择的范围，并为职业发展做准备。

（3）早期决策期（22~24岁）：在此阶段，青年通常已经完成了教育阶段，开始进入职场，正式做出职业选择，初步进入某一行业或岗位，并通过实际工作经验进一步确认自己的职业方向。

2. 探索期对职业选择的意义

在探索期，青年通过学习、实习、兼职工作等机会，不断探索和试验自己的职业兴趣和能力。在此过程中，他们可以通过实践获得对不同行业、岗位的直观认识，从而找到最适合自己的职业方向。探索期对职业选择具有以下几个重要意义。

（1）职业认知的形成：探索期的青年通过与职业世界的初步接触，了解各行业的职业要求、发展前景和工作环境，并逐渐形成自己的职业认知。这一认知对于未来的职业选择具有重要的指导意义。

（2）个人能力的评估：通过探索期的学习和工作，青年可以对自己的能力进行评估，了解自己在某些领域的优势和不足，从而为职业选择提供客观依据。

（3）兴趣与实际的匹配：在探索期，青年往往需要通过实习和兼职工作，将自己的兴趣与实际职业进行匹配，并在此过程中调整职业目标。这一阶段的试探性职业选择有助于避免后期职业生涯中的不适应和职业倦怠。

探索期是职业生涯发展的起点，对青年时期的职业选择起到了至关重要的奠基作用。如果青年在这一阶段能够充分利用各种职业探索机会，将为其后续的职业发展打下坚实基础。

（二）当代青年"职业成长"和"职业承诺"的现状

随着社会经济结构的快速变化和就业市场的不断升级，当代青年的职业成长和职业承诺表现出了一些新的特点和趋势。超级职业发展理论中的"职业成长"和"职业承诺"概念，对理解当代青年在职业选择中的行为和态度尤为重要。

1. 职业成长的现状与特点

职业成长是指个体在职业生涯中的知识、技能和能力逐步提升的过程。当代青年的职业成长受到了多方面的影响，包括科技进步、新兴行业的崛起、教育水平的普遍提高等。以下是当代青年职业成长的一些显著特点。

（1）多元化的职业路径：与传统的单一职业发展路径不同，当代青年往往在多个领域探索职业机会。由于科技的快速发展和互联网经济的崛起，青年不仅有机会进入传统行业，还可以在新兴领域如人工智能、电子商务、数字营销等多个方向上进行职业成长。这种多元化的职业选择使青年能够在短时间内积累丰富的工作经验。

（2）终身学习与技能提升的需求：现代社会的竞争要求青年具备持续学习的能

力。为了保持职业竞争力，当代青年不断通过线上课程、技能培训和行业认证等手段提升自己的专业能力和知识储备。这种终身学习的理念已经成为职业成长过程中不可或缺的一部分。

（3）职业跳槽频繁：当代青年对职业的适应性更强，更换工作的频率也较高。许多青年在职业初期不断跳槽，以期寻找更合适的职业方向和更快的职业成长路径。这种现象在科技行业、互联网行业尤为突出，青年通过跳槽获取更多的职业经验和机会。

2. 职业承诺的现状与挑战

职业承诺是指个体对所从事职业的长期承诺和投入程度。在当代青年中，职业承诺呈现较为复杂的特征，受到全球化、互联网经济，以及生活方式转变等多重因素的影响。

（1）对稳定职业的承诺减弱：传统观念下，职业承诺往往与职业稳定性紧密相关，个体会倾向在一个职业中长期发展。然而，当代青年更愿意探索多样化的职业机会，不再对单一职业或工作单位表现出长久的承诺。这一现象在新兴行业表现尤为突出，互联网、金融、创意产业等领域的青年员工，往往在短时间内换岗，以追求更高的职业满意度和收入。

（2）自我实现成为职业承诺的新动力：与过去以经济收益为核心的职业承诺不同，当代青年的职业承诺更多地基于自我实现的需求。他们在选择职业时，更加注重工作是否能带来成就感、创造性，以及对个人兴趣的满足。因此，青年对那些能够提供创新机会和成长空间的职业表现出更强的职业承诺，对单调、重复性强的工作则缺乏长久的承诺。

（3）职业承诺与灵活就业：灵活就业形式（如自由职业、短期合同、远程工作）在当代青年中越来越流行，这种工作模式虽然缺乏传统意义上的长期职业承诺，却给予了青年更多的职业自主权和选择空间。因此，青年对职业承诺的理解也在发生变化：承诺不再是对某一具体单位或职位，而是对自我职业发展的长期规划和个人职业目标的承诺。

总结来看，当代青年在"探索期"的职业选择过程中，通过不断的学习和实践获得职业认知，并为后续的职业成长奠定基础。而在职业成长与职业承诺的现状中，青年表现出对多元化职业路径的探索，以及对自我实现和个人兴趣的高度重视。尽管当代青年对传统意义上的长期职业承诺有所减弱，但他们通过灵活就业和自我发展实现了职业成长的独特模式。理解这些趋势有助于更好地把握当代青年在职业生涯中的发展需求和动机。

四、人力资本理论

（一）人力资本在大学生就业中的体现

人力资本理论是由经济学家加里·贝克尔（Gary Becker）在 1960 年发展而来的，

该理论认为个体的教育和培训是投资行为，这些投资不仅提升了个体的生产力，还增加了其经济价值①。在大学生就业的语境中，人力资本理论强调教育对提升个体就业能力和就业质量的重要作用。随着社会对高素质人才需求的不断增加，教育水平的提升与就业前景之间的关联愈加明显。

研究显示，高等教育可以显著提高个体的就业率和工资水平。这一现象可以归因于高等教育不仅提供了专业知识，还培养了解决问题、批判性思维和创新能力。在当今快速变化的就业市场中，这些能力使毕业生得以适应不同的工作环境，并有效应对复杂的职业挑战。因此，受过高等教育的大学生往往能够获得更好的就业机会和更高的薪资待遇。

具体来说，大学教育作为一种人力资本投资，使学生在多个方面获得显著提升，包括知识的掌握、技能的提升和人脉的构建等。这些能力和资源被视为提高就业竞争力的关键要素。例如，通过参与实习和实训项目，学生不仅可以将理论知识转化为实际技能，还能够增强自身的职业适应性与市场需求的匹配度。这样的实践经验，不仅让学生在简历中增添了实用的技能，也使他们在面试中更具竞争力。

此外，高校通过职业发展服务和校友网络为学生提供了宝贵的社会资本。这些资源在就业市场上具有不可忽视的价值，能够为学生提供实习机会、就业信息和人际关系的支持。高校组织的职业招聘会和行业交流活动，使学生得以与用人单位直接接触，进一步拓展了他们的就业渠道。研究表明，学生通过校友网络获得的职业建议和介绍，能够显著提高他们的求职成功率。

值得一提的是，人力资本的积累不仅仅局限于课堂学习，大学生在校期间参与的各类课外活动、社团组织及志愿服务，也对其人力资本的形成产生积极影响。这些活动不仅增强了学生的团队协作能力、领导力和沟通技巧，还培养了他们的社会责任感和适应力，这些都是现代职场所需的重要素质。

综上所述，人力资本在大学生就业中的体现是多方面的。教育不仅提升了他们的专业技能和知识水平，还为他们提供了社会资本和实践经验。通过不断投资自身的人力资本，大学生能够在竞争激烈的就业市场中脱颖而出，实现更高的职业成就。未来的研究可以进一步探讨如何优化高等教育体系，以更好地满足市场需求，提升大学生的就业能力和职业发展前景。

（二）创业教育作为人力资本投资的作用

在人力资本理论的框架下，创业教育可以被视为对学生进行的一种战略性人力资

---

① 车卉淳，周学勤．加里·贝克尔的人力资本理论述评：微观基础的构建及其对发展中国家教育政策的经验分析［C］//中华外国经济学说研究会学术研讨会暨外国经济学说与中国模式，2010.

本投资。这一教育模式不仅涵盖了传统的商业管理知识，还包括了创新思维、风险管理、市场分析和财务规划等多方面的能力培养。这种多维度的教育模式使学生能够全面了解创业的各个环节，从而为他们未来的创业活动打下坚实的基础。

研究表明，创业教育显著提高了学生的创业意识和创业能力，这些都是成功创业的关键因素[①]。通过系统的创业教育，学生能够学会如何识别商业机会、制定商业计划，以及有效地利用资源。这种知识的积累不仅提升了学生的创业信心，也增强了他们在面对复杂市场环境时的应对能力。

具体而言，创业教育帮助学生从商业想法的形成到实际操作的全过程。在这一过程中，学生学习如何将抽象的创意转化为可行的商业模式，并通过市场测试验证其可行性。这不仅增加了他们创业的可能性，还提升了他们作为雇员的价值。随着企业对具备创新能力和解决复杂问题能力的应聘者的青睐程度加深，这些正是创业教育所强调的能力。因此，接受创业教育的学生在进入职场时，往往能够更好地满足用人单位的需求，从而提高其就业竞争力。

此外，创业教育通过模拟商业环境的实践活动，进一步增强学生的创业能力。例如，商业计划竞赛和创业实习等实践活动，让学生在安全的环境中尝试创业。这些活动不仅提供了宝贵的实践经验，还鼓励学生在面对失败时学习如何应对和调整，促进其持续改进能力的提升。在这样的活动中，学生能够体验到真实商业环境的挑战，锻炼他们的商业敏感性和市场适应能力，培养出灵活应对市场变化的能力。

在上述背景下，创业教育作为一种人力资本投资，具有显著的社会经济效益；它不仅能够增强个体的职业能力，提升其在就业市场中的竞争力，还能够为社会培养出更多具有创新精神和创业能力的人才。这种人才的涌现，无疑将推动经济的持续增长和社会的整体发展。因此，高等教育机构和政策制定者应继续探索和扩展创业教育项目，以最大化学生的就业和创业成功率。

总结而言，人力资本理论为理解大学教育和创业教育如何增强大学生的就业和创业能力提供了强有力的框架。这一理论的应用强调了教育作为一种投资，对于提高个体经济效益和社会贡献的重要性。通过不断完善创业教育课程，促进学生的多方面能力发展，高校能够更好地服务于学生的职业生涯规划，并为经济的创新与转型提供持续的动力。

---

① 陈晨．基于我国创业教育的大学生成功创业问题研究 [D]．北京：中国地质大学，2024.

第三节 研究的意义与目的

一、理论意义

（一）丰富和完善大学生就业与创业的理论体系

研究大学生就业与创业不仅为理解这一特定群体的职业发展提供了见解，而且有助于丰富和完善就业与创业的整体理论体系。随着全球经济的发展和劳动市场的变化，新的就业形态和创业模式不断出现。通过深入分析大学生就业与创业的动态，研究者能够揭示这些新趋势如何影响传统的就业和创业理论。例如，研究如何将技术进步和数字化转型纳入就业理论，可以提供关于就业质量和就业形态变化的新见解。同样，创业研究通过探索从社会创业到技术驱动的初创公司的多样化路径，有助于理解现代创业生态系统的复杂性。

（二）对现有就业与创业理论的扩展和补充

大学生就业与创业的研究不仅仅局限于描述现象，更提供了对现有理论的扩展和补充。例如，人力资本理论传统上侧重教育投资对个体就业收益的影响，而最新研究通过引入大学生创业实践的视角，探讨教育如何通过增加创业相关技能和知识来提升学生的就业和创业成功率。此外，社会资本理论原本关注社会网络如何影响就业机会，而现代研究扩展了这一理论，考察网络如何在创业资金获取、机会认知，以及风险评估中发挥作用。这些研究不仅补充了现有的理论，还挑战并扩展了理论的应用范围和深度。

（三）为高等教育及创业教育提供理论支持

大学生就业与创业的研究为高等教育和创业教育提供了重要的理论支持。这些理论见解有助于高等教育机构设计更为有效的教育课程，特别是在职业规划和创业准备方面。例如，理解创业自我效能的概念可以帮助高校设计刺激学生创业意愿和能力的课程和活动。此外，通过分析不同教育路径对就业率的影响，高校可以调整课程设置，更好地满足劳动市场的需求，从而提高学生的就业成功率。高校也可以利用这些研究发现，开发针对不同学生群体的定制化教育方案，如为潜在创业者提供更多的实践机会和创业指导等。

综上所述，围绕大学生就业与创业的研究在理论上具有深远意义，它不仅有助于丰富和完善就业与创业的理论体系，还为现有理论提供了重要的实证补充，并为高等教育和创业教育的改进提供了理论支持。通过这些研究，政策制定者和教育工作者可以更好地理解和应对当前就业与创业领域的挑战和机遇。

二、现实意义

（一）为大学生的就业指导和创业政策提供科学依据

研究大学生就业与创业能够为制定基于证据的教育和政策决策提供重要依据。例如，通过分析大学生就业成功和失败的案例，研究者能够识别影响就业结果的关键因素，从而帮助教育机构和政策制定者设计更有效的就业指导和支持措施。此外，了解大学生创业的动态和挑战可以帮助政府精确设计创业支持政策，例如提供针对性的财政援助、税收优惠和技术支持，以促进创业活动的增长和成功。

（二）促进高校优化就业与创新创业教育体系

大学生就业与创业研究的成果能够直接影响高校的教育体系设计。通过理解劳动市场的需求和预测未来就业趋势，高校可以优化课程设置，强化与就业相关的技能训练，如批判性思维、创新能力和数字技能的培养。同时，这些研究成果也支持高校在创业教育方面的投入，比如，建立创业孵化器、开设创业相关课程和提供创业指导服务等，这些都是培养学生创业意识和能力的重要措施。

（三）为社会经济发展储备高素质的创业人才

高素质的创业人才是推动社会经济发展的关键力量。通过大学生就业与创业研究，社会能够识别并培养具有高度创新精神和强大执行力的创业人才。这些人才不仅能够通过创新项目创造新的就业机会，还能引领行业发展和技术革新，推动经济结构的优化升级。例如，大学生创业者在信息技术、生物科技和可持续能源等领域的创新活动，已经成为推动这些行业发展的重要力量。

（四）增强大学生应对就业市场变化的适应能力

在全球化和技术快速变革的背景下，就业市场持续经历结构性变化，这要求大学生能够灵活适应这些变化。研究大学生就业与创业的现实意义还包括帮助学生通过培养必要的跨文化能力、技术能力和终身学习的习惯，以应对全球就业市场的挑战。此外，通过实时跟踪就业市场的变化，高校能够及时调整教学内容和方法，确保教育与就业市场的需求保持一致，从而提升学生的就业竞争力。

大学生就业与创业研究不仅具有重要的理论价值，其现实意义同样显著。这些研究成果为政策制定、教育体系优化、人才培养和提升就业适应能力提供了科学的依据和支持，从而有助于提高大学生的就业质量和创业成功率，推动社会经济的健康发展。

三、研究目的

（一）探索提升大学生就业率与创业成功率的有效途径

研究大学生就业与创业的首要目的是发现并验证提高就业率和创业成功率的有效策略。这一目标涉及识别影响大学生就业和创业的关键因素，以及开发可以实际应用于教育和政策制定中的解决方案。例如，通过分析就业市场的需求变化，可以为课程设计提供指导，确保教育内容与就业技能需求相匹配。此外，研究还旨在评估创业教育课程对学生创业意识和技能的影响，为改进课程内容和教学方法提供依据。

（二）提供政策制定参考，推动创新创业教育发展

本书研究的另一重要目的是为政策制定者提供制定或调整就业和创业相关政策的科学依据。通过深入理解大学生就业与创业的实际问题和需求，研究成果可以帮助政策制定者设计更为有效的支持措施，如财政补贴、税收优惠、创业孵化支持，以及职业发展服务等。此外，这些研究也能够为推动创新创业教育的政策变革提供理论和实践的支撑，如通过研究发现推动高等教育机构与工业界的更紧密合作，以增强教育的实用性和前瞻性。

（三）提升大学生就业竞争力与创新创业能力

本书研究的核心目标是通过教育和政策干预，提升大学生的就业竞争力和创新创业能力。这包括开发和推广能够帮助学生适应快速变化的劳动市场的教育模式，如加强跨学科学习、提高技术利用能力、培养创新思维等。同时，研究也旨在探索如何通过校园内外的创业实践活动，如创业竞赛和孵化项目，以及增强学生的实际创业经验，从而提高他们创业的成功率。

通过实现上述研究目的，可以为大学生就业与创业领域带来深远的影响。这不仅有助于学生个人的职业发展，也将对高等教育体系、劳动市场和宽广的社会经济环境产生积极作用。通过提供实证研究结果，本书希望能够推动教育政策的优化，激发教育创新，最终推动一个更加健康和富有活力的就业与创业生态系统的形成。

第二章　大学生就业现状与策略

第一节　大学生就业形势与政策环境

一、当前就业形势分析

当前，大学生就业面临的挑战已成为全球性问题。根据联合国的统计数据，青年失业率长期以来一直高于其他年龄段，这一现象在全球范围内普遍存在。经济的周期性波动对大学生的就业率产生了显著影响，尤其是在经济下行时期，大学生的就业难度显著增加。大学生作为未来社会的重要劳动力，其就业状况不仅关系到个人的发展，也关系到社会的稳定与经济的持续发展。

在我国，尽管大学生的总体就业率保持在较高水平，但就业质量和稳定性依然是广泛关注的焦点。高等教育的快速扩张导致了毕业生数量的急剧增加，供过于求的局面致使许多大学生难以找到与其专业或技能相匹配的工作。这种供需不平衡不仅影响了大学生的就业率，也影响了他们的职业满意度和职业发展前景。许多大学生在毕业后只能选择与自己专业无关的工作，或者从事临时性、低薪资的职位，难以实现职业上的长期发展。

不同类型的院校和专业之间的就业差异也十分显著。研究表明，理工类专业的学生相比文科类学生在就业市场上具有更好的竞争力，这主要是因为当前劳动市场对STEM（科学、技术、工程和数学）技能的需求量大增。此外，来自顶尖大学的毕业生通常享有更多的就业机会和更高的起始薪资，这反映了教育背景在就业市场中的重要作用。顶尖高校的品牌效应、校友网络，以及优质的教育资源为其毕业生提供了显著的竞争优势。

新冠疫情的暴发进一步加剧了大学生的就业困难。疫情期间，全球经济遭受了前所未有的冲击，许多企业面临经营困难，不得不进行裁员或冻结招聘。这一现象在短期内显著增加了大学生的求职压力。根据世界经济论坛的报告，疫情期间全球青年失业率有所上升，许多行业的工作机会大幅减少，尤其是服务业和制造业等受疫情影响较大的行业。此外，疫情还促使许多企业加速数字化转型，对传统岗位的需求减少，而对具备新技能的员工需求增加，这使大学生在求职时需要具备更高的适应能力和灵活性。

与此同时，数字经济和新兴产业的发展为大学生创造了新的职业机会。随着人工智能、大数据分析、可持续能源和数字营销等领域的快速发展，这些新兴产业对技术和创新能力的需求日益增加，为具备相关技能的大学生打开了广阔的就业市场。例如，人工智能领域需要大量具备编程和数据分析能力的人才，可持续能源行业则需要环境科学和工程专业的毕业生。这些新兴行业不仅提供了大量的就业机会，也为大学生提供了多样化的职业路径选择。然而，这也意味着大学生需要不断适应快速变化的技术环境，持续更新自己的技能和知识，以保持在就业市场中的竞争力。

面对这些挑战和机遇，大学生需要积极提升自己的竞争力。这包括不断学习和掌握新技能，积极参与实习和实践项目，拓展人际网络，以及提升软技能如沟通能力和团队合作能力。同时，高校和政府也应加强就业支持，提供更有针对性的职业指导和就业服务。例如，高校可以开设更多与市场需求相匹配的课程和培训项目，帮助学生提升实用技能；政府可以制定有利于大学生就业的政策，如提供就业补贴、鼓励企业招聘毕业生等。此外，推动产学研结合，促进高校与企业的合作，也有助于提高大学生的就业率和就业质量。

总之，当前的大学生就业形势充满挑战，但同时也伴随着新的机遇。大学生需要积极应对，不断提升自身的竞争力；高校和政府则需协同合作，提供更有效的支持措施，帮助大学生顺利迈入职场，实现个人价值与社会价值的双重提升。

二、影响就业形势的主要因素

（一）高校扩招与就业市场需求错配

近年来，高校的快速扩招导致毕业生数量剧增，这在一定程度上导致了高等教育供给与劳动市场需求之间的错配。许多经济学家和教育专家指出，教育扩张虽然提升了整体教育水平，但也造成了学历通胀，降低了学位的稀缺价值[①]。此外，高校专业设置与市场需求之间的不一致进一步加剧了就业难的问题。尽管就业市场对 STEM（科学、技术、工程、数学）专业人才的需求持续增长，许多高校却在文科和社会科学领域扩招较多，这加剧了供需不平衡。

（二）专业技能与市场需求的匹配度分析

专业技能与市场需求之间的匹配度是影响大学生就业率的关键因素之一。具备市场紧缺技能的毕业生找到满意工作的概率明显高于其他毕业生。例如，信息技术、健康护理和工程领域的专业人才普遍稀缺，相关专业的毕业生通常较容易找到工作。然而，一

---

① 王冬英，杜贻欢．浅析高校教育模式对大学生就业的影响［J］．教育教学论坛，2013（30）：3.

些专业如艺术、人文学科等由于与市场需求对接不足，其毕业生的就业前景相对较差。这要求高校在专业设置和课程设计时，更加关注劳动市场的实时动态和预测信息[①]。

(三) 一线城市与三四线城市就业差距

地域性差异在显著影响大学生就业状况方面发挥着重要作用。在中国，一线城市如北京、上海、广州和深圳由于其经济发展水平较高，吸引了大量高科技企业和高端服务业的落户，提供了丰富的就业机会和相对较高的薪资水平。这些城市不仅拥有完善的产业链和强大的商业环境，还具备丰富的人才资源和较好的创业氛围，从而成为许多大学生追求职业发展的首选之地。

然而，与一线城市形成鲜明对比的是，三四线城市的经济发展相对滞后，面临着就业机会不足和薪资水平偏低的问题。这些城市的企业多以传统产业为主，创新和技术驱动的行业发展较为缓慢，导致市场对高素质人才的需求相对较低。许多毕业生在寻找工作的过程中发现，三四线城市提供的职位往往不具备吸引力，无法满足他们的职业发展期望。

这种不平衡的就业机会分布导致大量毕业生纷纷涌向大城市，寻求更好的职业发展和更高的收入。这一现象不仅加剧了大城市的就业竞争，也致使三四线城市的人才流失问题越发严重，进而影响了这些地区的经济发展和社会活力。为了解决这一问题，政策制定者和高校需要采取有效措施，促进三四线城市的经济发展，改善就业环境，以吸引和留住更多优秀人才，进而实现地区的协调发展。

(四) 社会、家庭、文化对就业期望的影响

社会、家庭和文化背景也对大学生的职业期望和就业选择产生重要影响。社会期望可以塑造个体的职业目标和工作价值观，而家庭的经济状况、父母的教育水平和职业背景都被证明与子女的职业选择密切相关[②]。文化因素，如对于工作安全和稳定性的重视，也会影响个人的就业决策。例如，一些文化更倾向稳定的公务员职位或大企业工作，而其他文化可能更鼓励创业和自主职业。

三、国家及地方就业政策解读

为应对大学生就业难的问题，中国政府采取了一系列宏观政策，以稳定就业市场，尤其是针对高校毕业生的特殊需求。这些政策旨在通过多方面的支持，为大学生创造更多的就业机会，同时减轻他们在求职过程中的经济压力。

---

① 郝涵. 新疆职业教育供给侧结构与产业结构升级的适应性研究 [D]. 石河子：石河子大学，2021.
② 余秀兰. 父母社会背景、教育价值观及其教育期望 [J]. 南京师大学报（社会科学版），2020 (4)：62-74.

首先，"稳就业"政策是政府应对就业难题的核心措施之一。该政策通过财政补贴、降低社会保险费率和延期缴纳等方式，帮助企业减轻用工成本，鼓励它们在经济压力下减少裁员甚至扩招。这一政策不仅有助于维持现有的就业岗位，还能为新进劳动力，包括大学毕业生，创造更多的就业机会。通过这种方式，政府希望在企业面临经济波动时，保持就业市场的相对稳定，避免大学生成为失业群体中的主要受影响者。

其次，税收优惠政策则主要针对初创企业和中小企业，这些企业往往是吸纳大学生就业的重要渠道。政府为这些企业提供了在一定期限内的税收减免政策，帮助它们降低运营成本，从而增加招聘需求。对于那些选择自主创业的大学生，政府则推出了一系列鼓励创业的优惠措施，包括启动资金支持，以及免征增值税和营业税等，旨在降低创业门槛，增强大学生创业的动力和能力。

各地方政府也因地制宜，根据本地经济发展和就业市场的具体情况，制定了细化的就业支持措施。例如，一些地方政府通过定期发布就业岗位信息，组织大型招聘会，以及为大学毕业生提供职业培训等方式，帮助他们更好地进入职场。以上海为例，上海市推出了"青年就业启航计划"，通过职业规划指导、简历制作培训、面试技巧辅导等，帮助大学生提升求职技巧。同时，上海市政府还设立了专门的就业基金，为求职中的大学生提供小额无息贷款，以帮助他们缓解求职期间的经济压力。

与此同时，高校也在积极响应国家政策，通过实施对口就业政策和组织专项招聘活动，促进学生与企业的精准对接，提升毕业生的就业匹配度。许多高校与地方企业、国有企业或高新技术企业建立了长期合作关系，通过定制化人才培养计划等举措，确保学生的教育和培训符合企业的实际需求。例如，北京的一些高校根据企业的岗位需求调整课程设置，强化学生的实践能力，使他们毕业后能够迅速胜任相关工作岗位。此外，高校还经常举办针对特定行业的专场招聘会，直接为学生和企业提供面对面的交流机会，这种模式有效提高了学生的就业率。

最后，国家还推出了"大学生创业引领计划"，鼓励并支持有志于创业的大学生。通过提供创业培训、创业指导、资金资助，以及相关税收优惠等，政府为创业大学生提供了全面的支持。这项计划的实施效果已经开始显现，越来越多的大学生将创业作为职业发展的选择之一。根据相关数据，参与这一计划的大学生创业成功率较高，许多初创企业在获得政府支持后，迅速成长为行业中的新兴力量，甚至成为某些领域的领军企业。

总体而言，国家和地方政府的政策，以及高校的对口支持措施，构建了一个完善、多层次的就业和创业扶持体系。通过这些政策的实施，不仅有效提升了大学生的就业率和创业成功率，也为社会经济的稳定与长远发展贡献了积极力量。随着经济环境的不断变化，未来仍需要持续的政策创新和教育改革，进一步增强大学生在职场和创业领域的竞争力。

第二节　大学生就业准备与指导

一、职业生涯规划的必要性

（一）职业生涯规划的重要性及影响

职业生涯规划对个人的职业发展和心理健康至关重要。这一过程涉及对个人兴趣、能力、价值观，以及职业目标的认识和理解，是实现职业满意度和成功的基础。透过有效的职业规划，个人能够明确自己的职业方向，制定实现职业目标的具体步骤，这不仅可以提高个人在职场上的适应性和竞争力，还能显著提升其职业生涯的整体满意度和成就感。

职业生涯规划的重要性在于它帮助个体做出更为明智的教育和职业决策，减少职业路径上的不确定性和风险。研究表明，那些进行了职业规划的大学生，在毕业后找到工作的速度更快，职业稳定性更高。此外，职业规划还有助于个体识别和发展自身的核心能力，如领导力、沟通能力和专业技能，这些都是职场成功的关键要素。

（二）大学生进行职业定位和发展规划的方法

对于大学生而言，进行职业定位和发展规划是一个涉及自我探索和市场研究的过程。首先，大学生需要进行自我评估，包括分析自己的兴趣、技能、价值观和职业倾向。常用的工具和方法如性格类型指标（MBTI）和 Holland 职业兴趣测试等，可以帮助学生更好地理解自己的职业偏好和潜在的职业适应性。

在完成自我评估后，学生应该对感兴趣的行业进行深入研究，了解行业的发展趋势、职业路径和必需的技能要求。这可以通过参加职业发展研讨会、行业讲座、实习机会，以及通过校友和行业专家的网络进行。根据这些信息，学生可以制定具体的职业发展规划，包括短期和长期的职业目标。

职业生涯规划对于提高就业满意度和促进职业发展具有长远的正面影响。良好的职业规划不仅有助于个体选择与其能力和兴趣相匹配的职业，还能促进个体在职业生涯中持续成长和进步。例如，通过定期的职业规划，个体可以及时调整其职业路径，以应对快速变化的劳动市场和技术进步。

二、就业技能的培养

（一）专业技能与通用技能的整合与提升

在当前竞争激烈的就业市场中，大学生的就业技能培养变得尤为重要。专业技能和通用技能的整合与提升是帮助学生提高就业竞争力的关键策略。专业技能，即与特定职业领域直接相关的技能，如工程学的技术绘图能力、计算机科学的编程技能，或是医学专业的临床操作技能；通用技能，又称为软技能，如批判性思维、解决问题的能力、时间管理等，这些技能在各种职业领域中都是必需的。

用人单位越来越重视求职者的综合能力，即专业技能和通用技能的结合。例如，一名计算机科学专业的学生，除了需要具备优秀的编程技能，还需要具备良好的团队合作能力和项目管理能力，以适应快节奏和跨学科的工作环境。因此，高校需要通过课程设计和实践项目，帮助学生同时提升这两方面的能力。

（二）沟通、团队合作、领导力等软技能的重要性

沟通、团队合作和领导力等软技能在现代职场中的重要性不断上升。这些技能对建立有效的工作关系、提高团队效率和推动项目成功至关重要。即使在高度技术化的职位中，个人的沟通能力和团队合作精神也是影响其职业发展的关键因素。

具体来说，沟通能力使个体能够清晰、有效地表达思想，理解他人意图，并在工作中建立信任和尊重。团队合作能力涉及与不同背景的人共同工作，共享资源，解决冲突，并达成共同目标。领导力则是指引导和激励团队成员，推动项目向预定目标前进的能力。高校可以通过团队项目、领导力训练和沟通技能工作坊等方式，帮助学生在真实或模拟的工作环境中培养这些软技能。

（三）就业市场对创新能力和跨学科能力的要求

在全球化和快速变化的经济环境中，创新能力和跨学科能力成了就业市场的重要需求。创新能力不仅仅是创造新想法或新产品的能力，更包括能够在现有资源和知识体系的基础上进行有效改进和应用的能力。跨学科能力则涉及将不同领域的知识整合应用于解决复杂问题的能力。

例如，技术创新经常需要计算机科学、工程学和设计等多个领域的知识结合。高校为了响应这一需求，开设了多个跨学科课程和项目，如数据科学和人工智能课程，不仅涵盖计算机编程，还包括统计学、心理学和业务分析等内容。这种教育模式旨在培养学生的创新思维和跨学科解决问题的能力，以适应未来职场的需求。

综上所述，大学生的就业技能培养应重点关注专业技能和通用技能的整合提升，尤其是在沟通、团队合作和领导力等软技能方面的强化。同时，应对创新能力和跨学科能力的培养给予足够的重视，以适应快速变化的就业市场的需求。高校在设计课程和实践活动时，应综合考虑这些技能的培养，以全面提升学生的就业竞争力。

三、接受就业指导

在当今就业市场竞争日益激励的环境下，大学生在就业准备阶段面临着多方面的

挑战。高校作为学生职业发展的重要支持平台，提供了多样化的就业指导服务，以帮助学生成功过渡到职场。这些服务不仅包括职业规划和技能培训，还涉及心理健康支持和实际工作经验的提供。

（一）高校就业指导的形式

高校就业指导服务通常包括讲座、咨询和一对一辅导等多种形式，旨在为学生提供全方位的职业发展支持。

1. 职业发展讲座

讲座通常由职业发展中心组织，涵盖从简历写作、面试技巧到职业道德和工作场所文化的各个方面。这些讲座旨在提供市场趋势信息，帮助学生了解不同行业的特点和需求。这类讲座可以显著提高学生的就业知识水平，为他们未来的职业选择和求职活动打下坚实基础。

2. 职业咨询服务

职业咨询提供更为个性化的职业发展建议和指导。学生可以与职业顾问讨论自己的职业兴趣、能力和职业发展计划，得到针对性的建议和资源推荐。通过职业咨询，学生能更有效地识别和解决职业发展过程中的难题。

3. 一对一辅导

一对一辅导为学生提供更深入的职业规划服务，包括职业路径选择、长期职业目标设定，以及个人发展计划的制订。通过个别辅导，辅导者可以根据学生的具体情况，提供定制化的建议和策略，帮助学生克服求职过程中的具体困难。

（二）寻求心理辅导，缓解就业心理压力

就业过程中带来的心理压力是许多大学生无法回避的问题。随着毕业临近，面对就业竞争、职业选择，以及未来生活的种种不确定性，许多学生会感到焦虑、紧张，甚至产生自我怀疑和失落感。这种心理负担不仅影响他们的求职表现，还可能对整体身心健康产生不良影响。因此，帮助学生应对就业压力、调整心态变得尤为重要。

为此，高校普遍提供了专门的心理辅导服务，旨在帮助学生管理这些心理负担，培养健康的应对机制，从容面对职场挑战。这些服务通过多种形式展开，既有集体性指导，也有个性化的心理辅导。首先，压力管理工作坊是一个有效的平台，能够帮助学生识别和应对就业过程中产生的各种压力。在这些工作坊中，学生会学习如何通过时间管理来提高效率，减少因任务堆积而产生的焦虑感；还会掌握放松技巧，如冥想、深呼吸等放松身心的方法，从而缓解紧张情绪。此外，工作坊还倡导积极思维的理念，鼓励学生以正面的心态看待挑战，将困难视为成长的机会，从而增强应对压力的韧性。

同时，心理健康辅导则为需要个性化支持的学生提供更深入的帮助。这些辅导服务通常由专业的心理咨询师提供，学生可以通过一对一的形式，探讨求职过程中的焦虑、失落或自我价值感受等问题。对于在求职中频繁遭遇挫折的学生，心理辅导可以帮助他们重建信心，重新认识自己的优势与潜力，找到继续前行的动力。此外，在辅导过程中，咨询师会为学生提供具体的情绪管理策略，帮助他们在面对拒绝、延迟反馈或竞争压力时，能够冷静应对，并保持心理健康。

在这些心理辅导服务的支持下，学生能够更好地调节自己的情绪，提升应对压力的能力，不仅仅是在求职过程中表现得更加自信从容，也能够在职业生涯的起步阶段，更好地适应工作环境，逐步培养出积极的职业心态。因此，心理辅导对大学生在就业道路上的顺利过渡，以及长远的职业发展具有重要意义。

（三）重视实习机会，为就业做准备

实习机会在学生的职业发展中起到了至关重要的作用，它不仅是理论学习的延伸，更是学生将所学知识转化为实际技能的重要途径。通过实习，学生能够深入了解行业动态、企业文化和职场规则，这种真实的工作体验为他们未来的职业生涯打下了坚实的基础。

首先，实习提供了宝贵的行业经验，让学生能够近距离接触到他们所学习领域的实际运作模式。课堂上的知识虽然系统且深入，但往往偏向理论，实习则让学生有机会将这些理论应用到真实的工作环境中，帮助他们将知识转化为技能。例如，工程专业的学生在企业中参与项目设计，市场营销专业的学生可以参与企业的市场推广活动，这些都可以让学生提前适应职场的节奏，并积累实战经验。

其次，许多高校通过与企业的深入合作，推出了校企对接项目。这些项目不仅符合高校的教学大纲，还能够满足企业的实际用人需求。这种合作模式为学生提供了极大的便利，使他们在校期间就有机会进入企业实习，了解行业所需的核心技能和未来的发展趋势。通过校企合作项目，学生能够在指导下从事与自己专业相关的工作，不仅能将所学知识灵活应用，还能提升沟通、团队协作和问题解决等软技能，这些技能对未来的就业非常重要。

此外，实习也帮助学生明确职业发展方向。在实际工作中，学生可以深入了解自己的兴趣和能力，判断自己是否适合所选择的职业方向。有些学生通过实习发现自己对某一领域有更强的兴趣或擅长某一特定岗位，从而调整未来的职业规划。这种早期的职业探索和经验积累，能够为学生进入就业市场时提供更明确的方向和更清晰的职业路径。

与此同时，高校还定期组织招聘会和双选会，为学生提供与用人单位面对面交流的机会。这些活动不仅让学生能够直接了解招聘岗位的要求和市场动态，还为他们创造了展示自我的平台。在招聘会和双选会中，学生可以与不同行业的企业代表直接沟通，了解不同岗位的需求，甚至当场获取面试机会。这种机会对毕业生非常宝贵，既增强了他们的求职经验，又帮助他们拓宽了就业渠道。

总的来说，实习、校企合作项目，以及招聘会和双选会的结合，构成了学生从校园走向职场的重要桥梁。通过这些平台，学生不仅能够在实践中巩固所学知识，还能为未来的就业做好充分准备，提升他们的职业竞争力。这些宝贵的经历和资源，不仅帮助学生顺利过渡到职场，还为他们的长期职业发展提供了强有力的支持。

第三节　大学生就业市场与就业制度

一、就业市场的现状与发展

（一）不同行业的就业需求变化

新兴产业和传统行业的就业需求呈现明显的差异。随着科技的进步和全球经济的转型，新兴产业如人工智能、大数据、信息技术和新能源等领域对高技能劳动力的需求显著增加。这些行业通常具有高增长潜力，吸引了大量具备专业技能和创新精神的毕业生。然而，这些新兴领域对毕业生的技能要求较高，往往需要跨学科的综合能力。

与新兴产业相比，传统行业如制造业和农业等则面临着劳动力需求的减少和技术更新的挑战。尽管这些行业依然是部分地区经济的支柱，但其对劳动力的需求更多集中于高技术含量的岗位，而低技能劳动力的需求呈下降趋势。此外，随着技术进步，传统行业的工作岗位正日益被自动化和机器人技术所替代，这进一步减少了对人力的需求。

公共服务行业则呈现相对稳定的就业需求，特别是在医疗、教育和公共管理等领域。这些行业受经济周期的影响较小，通常为大学生提供较为稳定的就业机会。近年来，随着人口老龄化和教育需求的增长，医疗和教育行业的就业机会有所增加，但这些行业的准入门槛相对较高，通常需要专业资格认证和较长的学习周期。

（二）不同行业的就业门槛及发展潜力分析

不同行业对就业者的要求差异显著，行业的准入门槛不仅取决于学历和技能，还与行业的技术更新速度和市场需求变化密切相关。例如，科技和信息技术行业对技术更新要求极高，进入这些行业的毕业生通常需要具备编程、数据分析、人工智能等专业技能，这些技能不仅需要通过高等教育获得，还需要通过不断的自我学习和培训保持竞争力。

相比之下，传统制造业和农业的准入门槛较低，但由于这些行业面临的技术更新压力较小，毕业生在这些行业中的职业发展空间也相对有限。此外，公共服务行业虽然就业稳定，但其准入门槛较高，通常需要特定的职业资格证书和专业培训。例如，医疗行业的医生和护士、教育行业的教师都需要经过长期的专业培训，并通过严格的资格考试才能进入岗位。

对于大学生而言，选择进入发展潜力较大的行业是其职业规划的重要组成部分。新兴产业的高技术门槛可能使初入职场的大学生感到压力，但这些行业的快速增长和广阔的职业发展前景无疑为具备创新能力和适应能力的毕业生提供了更多机会。

（三）中小企业与大企业在大学生就业中的吸引力对比

中小企业与大企业在大学生就业市场中各具吸引力。大企业通常因其规模大、资源丰富、提供更好的福利和发展机会而成为毕业生的首选。这些企业通常拥有完善的培训体系、稳定的职业晋升路径，以及良好的工作环境，能够为毕业生提供系统性的职业成长平台。

而中小企业同样具有独特的吸引力，尤其是对于那些希望在职场早期获得更多责任和自主权的大学生而言。由于组织结构扁平化，中小企业通常能为员工提供更多的参与机会，员工能够接触到更广泛的业务和更具挑战性的任务。这有助于毕业生在职场中更快地成长，并积累宝贵的工作经验。此外，中小企业的灵活性和快速反应能力使它们能够为具备创业精神的毕业生提供更多的创新机会和成长空间。

就业市场正经历深刻的结构性变化，大学生面临的就业环境既充满挑战，也蕴含机遇。供需失衡和结构性失业是当前市场的主要问题，新兴产业和传统行业的需求变化，以及中小企业和大企业的不同吸引力，使大学生在就业决策过程中需要更加灵活和具备战略眼光。对于学生而言，理解行业的就业门槛和发展潜力，结合自身兴趣和技能做出明智的职业选择，将是他们未来职业生涯成功的关键。

二、就业市场对大学生的需求

随着全球经济的快速发展和技术的日新月异，就业市场对大学生的需求也在不断变化。为了在竞争激烈的市场中脱颖而出，大学生不仅需要具备专业技能，还必须具备跨学科能力、创新思维，以及其他符合行业要求的特定技能。

（一）各行业对人才的技能需求与资格要求

不同的行业对人才的技能需求和资格要求差异明显。高科技和工程行业通常要求求职者具备强大的专业技能，如编程、数据分析、人工智能或工程设计等技术能力。例如，软件开发行业对求职者的要求包括熟练掌握编程语言，如 Python、Java 等，并且能够灵活运用这些技能进行系统开发和维护。工程类行业的求职者则需要具备具体的技术能力，如机械设计、结构分析和材料科学等。

而金融行业和管理类岗位更看重求职者的分析能力、定量研究能力，以及商业洞察力。这些岗位通常要求求职者掌握财务分析、数据建模、风险评估等核心技能，并且拥有相关的资格认证，例如，特许金融分析师（CFA）或注册会计师（CPA）等专业资格认证。

此外，教育和医疗等公共服务行业对人才的要求往往包括资格证书和特定的职业培训。这些行业对于专业化要求极高，例如，教师需要具备教师资格证，医生和护士则必须通过专业医学考试并完成实习和住院医师培训。这些行业的职业门槛较高，专业化程度极强，但就业稳定性和职业发展前景也相对较好。

（二）就业市场对创新能力的重视

随着全球经济的转型和科技的发展，创新能力在就业市场中扮演着越来越重要的角色。创新不仅仅是企业生存的关键，也是个人在职场中取得成功的重要因素。研究表明，具备创新思维和问题解决能力的求职者比那些只具备技术能力的人更容易被用人单位看重。

在快速变化的技术和市场环境下，企业希望招聘的员工不仅能够完成任务，还能够为企业带来新的想法和解决方案。创新能力包括发掘新机会、有效应对复杂问题以及能够在不确定的环境下提出新的解决办法。特别是在科技行业、创业公司，以及研发导向的企业中，创新能力往往成为求职者脱颖而出的关键因素。

此外，高校和教育机构也逐渐意识到培养学生创新能力的重要性，许多高校正在将创新创业教育纳入课程体系，鼓励学生通过项目实践和创业比赛等方式锻炼他们的创新思维。具备创新能力的大学毕业生不仅在大企中具有竞争优势，在中小企业和创业环境中也具有强大的职业前景。

（三）不同学历层次在就业市场中的竞争力分析

不同学历层次的毕业生在就业市场中的竞争力存在显著差异。本科生通常在基础性岗位上就业，工作内容较为执行性，且多集中在初级专业岗位。然而，随着全球劳动市场对高技能劳动力的需求增加，研究生及以上学位的求职者在职业发展和薪资待遇上具有显著的优势。

硕士学位的求职者通常具备更深入的专业知识和更高的研究能力，因此他们在专业性强的岗位上比本科毕业生更具竞争力。例如，数据科学、金融分析和高级管理等岗位对硕士学位的毕业生需求较大。硕士学位也为求职者提供了更多的行业转换机会，因为高层次的教育通常伴随着更强的跨学科能力和更广泛的职业选择。

博士毕业生则在学术研究、研发，以及高层管理岗位上更具竞争力。博士学位的获得者通常具备独立思考和解决复杂问题的能力，因此在需要深度专业知识和科研能力的行业中更受青睐，如生命科学、材料科学和高端技术研发等领域。不过，博士毕业生也面临着就业市场供需不平衡的挑战，尤其是在非学术领域，博士学位的过高学历可能会成为进入特定行业的障碍。

（四）外语、IT 技术等特定技能在就业中的加分作用

在全球化和信息化的背景下，外语能力和信息技术（IT）技能在就业市场中起到至关重要的作用。尤其是在跨国公司和国际化程度高的行业，外语能力是不可或缺的加分项。英语作为国际通用语言，在国际商务、技术交流和跨文化管理中占据主导地位。因此，能够流利使用英语的求职者在全球化的职场中具有明显优势。

此外，IT 技能在几乎所有行业中都成为基础需求。无论是基本的计算机操作、数据处理，还是更高阶的编程和网络安全技能，具备信息技术能力的求职者往往比没有这类技能的求职者更具竞争力。尤其是在数据驱动的行业，具备编程、数据分析和自动化工具应用能力的求职者能够为企业提供更高的效率和更好的决策支持。因此，IT 技能已经不仅仅是科技行业的需求，而是几乎所有行业的基本要求。

就业市场对大学生的需求日益多元化，涵盖专业技能、创新能力、跨学科能力以及外语和 IT 技能等特定加分项。不同学历层次的毕业生在就业市场中的竞争力各异，而企业在招聘过程中也愈加重视求职者的创新能力和适应快速变化的市场环境的能力。为了在竞争激烈的就业市场中脱颖而出，大学生应不断提升自己的技术能力、跨学科合作能力，以及创新思维，同时加强外语和信息技术等特定技能的学习。这将帮助他们更好地应对未来的职场挑战，实现职业发展的长期成功。

三、就业制度与招聘机制

大学生就业制度和招聘机制是影响其就业成功率的重要因素。就业市场不仅依赖学生的个人能力和技能，还受到制度框架、招聘渠道和政府政策的影响。了解并熟悉这些机制和制度，能够帮助大学生更好地融入就业市场，找到与自身能力匹配的工作机会。

（一）校园招聘机制：大中型企业招聘模式

校园招聘是大学生就业最重要的渠道之一，尤其是对于大中型企业而言。许多大公司通过在高校内举行的招聘会和宣讲会吸引应届毕业生，并为其提供实习和全职岗位。校园招聘的核心目标是发掘那些刚刚毕业的、具备潜力和成长性的年轻人才。

大中型企业的校园招聘模式通常包括以下几个阶段。

1. 前期宣传和企业宣讲

企业会通过宣讲会、校内招聘广告，以及社交媒体宣传企业文化和岗位需求。这样的直接宣传有助于学生了解企业的背景和岗位要求，从而决定是否申请。

2. 简历筛选和笔试

企业通过在线系统收集简历，并根据岗位要求进行筛选。某些技术型岗位可能会安排笔试，如编程类岗位的技术考核。

3. 面试和评估

企业会组织多轮面试，包括行为面试和技术面试，来评估候选人的能力和匹配度。面试通常还包括案例分析或情景模拟等环节，评估应聘者的应对能力和实际解决问题的能力。

大中型企业通过校园招聘的优势在于可以直接从高等教育机构中获取最新的专业人才，特别是在技术类岗位中，大企业能够提供明确的职业发展路径和培训计划，吸引优秀的应届毕业生。研究表明，校园招聘不仅有助于企业填补关键岗位的空缺，也提升了企业品牌在学生中的知名度。

（二）社会招聘与校招的区别与优势劣势分析

与校园招聘相比，社会招聘是面向已经拥有一定工作经验的求职者的招聘方式。企业通过社交媒体、招聘网站和猎头公司等多种渠道发布岗位信息，并吸引符合要求的候选人。

校招的优势在于它针对应届毕业生，通过专门渠道（如高校招聘会）进行招聘，帮助学生找到合适的入门级工作。对于大企业而言，校招是筛选和培养未来领导者的关键方式。校招的劣势则在于应届毕业生缺乏实践经验，可能需要较长的适应和培训周期。

社会招聘的优势则在于它可以针对特定经验水平的候选人快速找到合适的人才，减少培训成本和时间。社会招聘的劣势在于应聘者的流动性较大，用人单位可能需要付出更高的招聘成本，并且候选人对薪资和职位的期望较高。

校招和社会招聘的区别还在于招聘周期的长短和目的的不同。校招周期较长，旨在发现并培养新人才，社会招聘则更注重快速填补岗位空缺。因此，对于不同的企业需求，二者各有其合适的应用场景。

（三）专业对口与跨专业就业的制度化支持

随着市场需求的不断变化，专业对口就业与跨专业就业成了就业市场中的常见现象。专业对口就业指求职者从事与其大学专业直接相关的工作，通常这种就业形式在技术型行业中较为普遍，如工程、医药和法律等领域，这些行业往往对专业背景有较为严格的要求。

同时，跨专业就业也逐渐成为一种趋势。许多毕业生通过转型进入与自己所学专业不完全相关的行业。这种现象在信息技术、金融、市场营销等领域尤为常见。跨专业就业的制度化支持包括提供跨学科的学习机会和技能培训计划，使学生在大学期间能够接触和学习到更多元的知识体系。

高校和政府提供的跨专业就业支持体系，帮助毕业生根据市场需求进行职业调整。例如，高校通过开设跨学科选修课和鼓励学生参与跨学科研究项目，增加了学生的职业选择机会。另外，一些国家还推行了专业转换的政策，允许毕业生通过短期培训和继续教育获得其他行业的从业资格。

大学生的就业受到多种机制和制度的影响，包括校园招聘、社会招聘、政府公共就业服务平台的支持，以及专业对口和跨专业就业的政策保障。通过熟悉这些招聘机制，大学生能够更加有效地规划自己的职业发展路径。与此同时，政府和高校应继续优化就业支持体系，提供更加灵活和多样化的就业途径，帮助学生更好地适应不断变化的就业市场。

四、就业保障制度

就业保障制度是社会经济体制的重要组成部分，对大学生顺利进入职场并维护其合法权益至关重要。完善的就业保障制度不仅能够提供基本的社会保障，还能在大学生就业过程中保障其权益不受侵害。

（一）社会保障体系对大学生就业的影响

社会保障体系是一个国家提供的一系列福利和支持措施，旨在确保劳动者在失业、生病、工伤等情况下能够得到基本生活保障。对于大学生而言，社会保障体系不仅为其进入职场提供了安全网，还通过健康保险、失业保险等措施降低了就业风险。许多国家和地区的社会保障体系为大学生提供了包括医疗保险、工伤保险和住房公积金等在内的保障。

在中国，社会保障体系包括"五险一金"，即养老保险、医疗保险、失业保险、工伤保险、生育保险和住房公积金。高校毕业生在找到正式工作后，用人单位需要按照国家规定为其缴纳这些社会保险和公积金，这使大学生能够在职场中享有与其他劳动者同等的社会保障权益。例如，如果大学生在工作中发生工伤，工伤保险能够为其提供必要的医疗费用和伤残补助，这为大学生的就业安全提供了强有力的保障。

然而，大学生在求职过程中往往对社会保障的内容和其重要性了解不足。许多毕业生在求职过程中关注薪资和职业发展，却忽视了社会保险的缴纳问题。这可能导致部分大学生在进入职场后面临社保权益缺失的风险。因此，了解并确保社会保险的全面缴纳，是大学生进入职场后保障自身权益的重要举措。

（二）《中华人民共和国劳动合同法》对就业权益的保护

《中华人民共和国劳动合同法》是保护劳动者权益的重要法律依据，旨在规范劳动合同的签订和履行，保障劳动者和用人单位的合法权益。对于大学生来说，劳动合同法的实施为其就业提供了法律保障，确保其在工作中的基本权利不受侵害。

根据《中华人民共和国劳动合同法》的规定，用人单位应当在员工入职后的一个月内与其签订书面的劳动合同，明确劳动者的工作内容、劳动报酬、工作时间、休息休假等重要条款。劳动合同的签订是保障大学生在职场中获得公平待遇的基础。例如，劳动合同中明确规定了加班时间和工资支付标准，这使大学生在面对不合理的加班要求时，能够依法维护自己的合法权益。

此外，《中华人民共和国劳动合同法》还规定了劳动者的解除和终止合同的权利。大学生在就业过程中如果遭遇不公平待遇或违反合同的行为，可以依据法律通过合理途径解除劳动关系，保障其职业权益。

（三）大学生求职中常见的法律纠纷及其预防措施

在求职过程中，大学生容易遇到一些常见的法律纠纷，包括招聘欺诈、不签订劳动合同、工资拖欠等问题。这些问题的产生，通常是由于毕业生缺乏对法律的了解和自我保护意识不足。

1. 招聘欺诈

一些用人单位在招聘时，未明确工作内容或虚假宣传薪资待遇，导致毕业生在入职后发现实际工作与承诺不符。为预防招聘欺诈，大学生应在求职前通过正规渠道了解公司的背景和信誉，避免被虚假信息误导。

2. 不签订劳动合同

一些小企业或不正规单位常常在员工入职后不签订劳动合同，这会使员工的权益无法得到有效保障。大学生应确保在入职前或入职后的一个月内签订劳动合同，并且要求单位为其缴纳社保。

3. 工资拖欠

一些单位在劳动者离职时拒绝支付剩余工资或故意拖欠工资。大学生在遇到工资拖欠问题时，可以向劳动仲裁机构申请仲裁，或通过法律途径解决。

为防止以上问题的发生，大学生在求职过程中应提升法律意识，了解基本的劳动法常识。同时，保持与校方、政府劳动保障部门的联系，在就业权益受损时及时寻求帮助。

第三章　大学生创业现状与策略

随着社会经济的快速发展和创新创业浪潮的兴起，大学生创业逐渐成为推动经济增长和社会创新的重要力量。近年来，越来越多的大学毕业生选择创业作为职业发展的途径之一。然而，尽管大学生创业充满机遇，也面临着诸多挑战，如创业经验不足、资金短缺、市场竞争激烈等问题。在当前的创业环境下，了解大学生创业的现状并制定合理的策略，显得尤为关键。通过结合政策支持、创新思维、资源整合等策略，大学生创业者能够更好地应对挑战，抓住机遇，实现梦想。

第一节　大学生创业概述与现状

一、大学生创业的定义与内涵

（一）创业的基本定义及其在大学生群体中的应用

创业，广义上是指个体或团队通过创新的商业模式、产品或服务，整合资源并承担市场风险，从而创造经济和社会价值的过程。在全球经济快速发展的背景下，创业逐渐成为推动经济增长和社会进步的重要力量。大学生创业是指大学生利用其在校期间或刚毕业的时间，通过商业活动或创新项目，将知识、技术和资源转化为实际的经济成果和社会价值。

大学生创业在当今社会背景下尤为重要，这主要源于高等教育的普及和就业市场的激烈竞争。传统的就业路径不再是所有大学生的唯一选择，越来越多的年轻人选择通过创业实现自我价值和社会贡献。大学生创业的核心在于利用年轻一代的创新思维、技术能力和市场敏感度，填补市场空白或改善现有产品和服务，推动社会和经济的发展。

创业在大学生群体中的应用，既涉及具体的商业活动，也包括学术创新、科技转化等多元化的创业形式。许多大学生通过自主创业项目，不仅为自己创造了职业机会，还为社会提供了更多的就业岗位和经济活力。因此，创业不仅是就业的一种形式，更是经济发展和技术进步的重要推动力。

（二）大学生创业与传统创业的异同

尽管大学生创业和传统创业在核心理念上是一致的，都是通过创新和市场资源的整合创造价值，但二者在创业动机、资源获取和发展模式等方面存在显著差异。

1. 创业动机

大学生创业通常带有较强的个人成长和学习动机，他们更愿意通过创业来验证所学知识，探索市场需求和技术创新的结合。而传统创业者，尤其是经验丰富的创业者，通常更注重通过市场机会实现利润最大化，创业动机较为务实和商业化。在大学生创业中，理想驱动和创新探索的因素较为突出，很多大学生创业者希望通过解决社会问题或实现技术突破来推动社会进步。

2. 资源获取

大学生创业在资源获取方面与传统创业者存在显著差异。大学生的社会资本、资金和行业资源相对有限，他们更多依赖学校、政府或创业孵化器提供的支持。而传统创业者往往通过多年积累的行业经验、人脉和资本进行创业，能够更快速地获取市场资源和资金支持。许多高校通过创业教育、创业导师制度，以及创业孵化器为大学生提供支持，帮助他们弥补资源上的不足。

3. 发展模式

大学生创业项目的发展模式通常具有较强的探索性和试验性，创业方向相对灵活，容易根据市场反馈迅速调整。而传统创业者由于在创业前期具备更为成熟的商业计划和市场预测，其发展路径通常更为稳健，且具备较强的商业化执行力。大学生创业通常更加关注技术创新和市场需求的迅速变化，具有较强的适应性和学习能力，但也相应面临较高的失败率。

大学生创业者虽然在经验和资源方面有所欠缺，但他们往往具有更强的创新意识和学习能力，能够迅速适应新兴市场的变化。而传统创业者更加注重商业的实用性和可持续发展能力，具有更强的市场竞争力。总体来看，二者在创业动机、资源获取和发展模式上的差异，反映了不同群体在创业实践中的优劣势。

（三）大学生创业的多元形式

大学生创业具有多元化的形式，涵盖了独立创业、团队创业和合作创业等多种模式。每一种模式都具备独特的优势与挑战，适应不同的市场需求和个人职业发展目标。

1. 独立创业

独立创业是大学生创业最传统的形式，指个体依靠自身的资源和能力，发起并运营一项创业项目。这种模式的优势在于创业者拥有完全的自主权，能够灵活快速地做出决策。然而，独立创业也面临着巨大的挑战，尤其是对于资源有限的大学生而言，独立承担市场风险和创业压力可能会增加创业的难度。独立创业通常适合那些具备强烈个人目标、对市场有深刻理解并愿意承担风险的大学生。

2. 团队创业

团队创业是大学生创业的主流形式之一，通常由多名大学生共同发起项目，依托不同成员的知识、技能和资源，形成一个合作的创业团队。团队创业的优势在于可以集成多方面的能力，减少个人压力，并通过团队协作提高创业项目的执行力和创新能力。团队创业还能够通过成员间的合作与协调，形成一个更具活力和创造力的工作环境。对于技术复杂度较高的项目，团队创业更能发挥团队成员的专业优势，推动项目向前发展。

3. 合作创业

合作创业是大学生与企业、科研机构或其他社会组织合作进行的创业活动。这种模式通常借助外部资源和平台，减少大学生创业者在资金、技术或市场上的瓶颈。合作创业的优势在于创业者可以利用合作方的技术支持和市场渠道，快速进入行业领域并获得市场资源。然而，合作创业也存在一定的风险，尤其是在资源分配和利益分成方面可能出现冲突。对于一些高技术含量或资金密集型项目，合作创业能够提供更强的市场适应力和执行力。

在现实中，许多大学生创业项目往往是上述几种模式的结合。例如，部分大学生创业者选择先以独立创业的形式启动项目，然后通过吸纳合伙人或与外部机构合作，逐步将创业模式转变为团队或合作创业，以提升项目的规模和影响力。

大学生创业是现代就业市场和经济发展的重要组成部分，其定义和内涵不仅仅限于传统的商业活动，而是在当今创新经济和技术进步的推动下，展现出多元化的形式。无论是独立创业、团队创业还是合作创业，大学生都能够通过这些多元形式为自己创造职业机会，推动社会进步。通过对创业动机、资源获取，以及不同模式的选择，大学生能够找到适合自己的创业路径，在激烈的市场竞争中立足并实现个人和社会价值。

二、大学生创业的动因分析

大学生创业已成为当今社会和经济发展的重要现象，背后有多重动因推动着这一趋势。创业不仅为大学生提供了不同于传统就业的职业发展路径，还为社会提供了新的经济增长点。理解大学生创业行为的背后驱动力，需要从外部和内部两个维度进行分析，探索社会环境、政策支持等外部因素，以及个人理想、兴趣爱好等内部因素是如何共同作用的。此外，创业主观意愿与客观条件的关系也至关重要，它决定了大学生创业能否成功及其可持续性。

（一）外部动因：社会环境、政策支持、经济压力

外部环境是推动大学生创业的重要因素之一。在全球经济变革的背景下，社会对创新和创业的需求日益增加，同时国家政策的支持和经济压力也加速了大学生的创业热潮。

1. 社会环境的变化

科技的进步和全球化的推进，使创业变得比以往任何时候都更加普遍和可行。互联网经济、人工智能、大数据等新兴产业的崛起为大学生提供了广阔的创业舞台。这些行业的快速发展，为具有创新思维和技术能力的大学生提供了更多市场机会。此外，社会对于创新创业的接受度提高，创业者不再局限于传统商业模式，文化创意、共享经济、数字经济等新模式也为年轻创业者提供了新的平台。

2. 政策支持的推动

各国政府为了推动创新和解决就业问题，纷纷出台了一系列鼓励大学生创业的政策。以我国为例，"大众创业、万众创新"的政策为大学生创业创造了有利的制度环境。政府通过提供创业基金、税收优惠、免费创业培训和孵化器支持等手段，降低了大学生创业的门槛。这些政策不仅提供了启动资金和资源，也为创业者提供了稳定的法律和社会保障①。同时，各地政府也积极推出地方性扶持政策，帮助高校毕业生获得创业资源，这些举措进一步提升了大学生的创业意愿。

3. 经济压力的驱动

近年来，大学生面临的就业压力日益加剧，许多学生在毕业时发现难以找到理想的工作。中国每年新增大学毕业生人数持续增加，然而就业市场的岗位供给无法与其匹配，这种供需失衡导致了就业市场的竞争激烈。在这种背景下，创业成了缓解就业压力的有效途径。面对经济不确定性和高失业率，部分大学生选择通过创业解决职业发展问题，以此应对日益严峻的就业环境。

（二）内部动因：个人理想、兴趣爱好、实现自我价值的追求

除了外部因素的推动，内部动因也是大学生选择创业的核心力量。许多大学生不仅仅是出于外部环境的压力，更是出于内心的激情、兴趣和对实现自我价值的追求而选择创业之路的。

1. 个人理想的驱动

不少大学生在求学阶段已经树立了自己的职业理想，尤其是那些在技术、设计或

---

① 李想."双创"背景下我国大学生创业政策体系研究［J］.宿州教育学院学报，2017，20（2）：2.

文化创意领域有独特想法的学生，更倾向通过创业实现自己的职业目标。创业为他们提供了一个实现自我职业理想的平台，通过创业，他们能够自主决策，并将自己的理想转化为现实项目和事业。这样的理想驱动，往往使创业者更加投入，并在面对挫折时保持坚韧和创新精神。

2. 兴趣爱好的激励

兴趣是最好的老师，也是大学生创业的重要驱动力。相比传统就业中的条条框框，创业为大学生提供了按照兴趣和热情选择职业发展的自由度。例如，热爱科技创新的学生可以选择在科技初创领域创业，而对艺术设计或文化传播感兴趣的学生可能投身于创意产业。这样的兴趣导向不仅使创业者在工作中获得满足感，还提升了创业的持续性和创新性。

3. 实现自我价值的追求

创业是实现个人自我价值的途径之一。许多大学生希望通过创业获得自主掌控人生的机会，追求个人成长和自我实现。这种对自主权和成就感的追求，使创业成了大学生展示自我才能的舞台。在传统就业环境中，个人往往需要服从于组织的层级制度，而创业赋予了大学生更大的自主性，让他们能够主导自己的事业，并从中获得个人价值的最大化。

（三）大学生创业的主观意愿与客观条件的关系

大学生创业的成功不仅取决于他们的主观意愿，还受到客观条件的制约。主观意愿是指大学生创业的决心和动机，客观条件则包括市场环境、资源获取、资金支持以及团队协作等因素。两者的协调与平衡，决定了创业项目的可行性和可持续性。

1. 主观意愿的作用

大学生创业的内在动机，如兴趣、理想和自我实现的追求，往往是他们选择创业的重要原因。这些主观意愿能够为创业者提供持续的动力，使他们在创业过程中面对挑战时依然充满激情和创造力。然而，创业者仅凭主观热情尚不足以支撑长期的创业成功，还需要结合市场需求和行业趋势，制订合理的商业计划，确保创业项目的可行性。

2. 客观条件的影响

尽管主观意愿对创业的成功至关重要，但市场环境、政策支持、资金资源等客观条件的影响同样不可忽视。例如，创业初期的资金短缺、市场的不确定性，以及缺乏管理经验，都是大学生创业中常见的挑战。大学生创业者往往需要依靠高校、政府或社会的外部资源支持，特别是在初期，创业孵化器、导师辅导、融资渠道等客观条件能够帮助创业者在竞争激烈的市场中站稳脚跟。

主观意愿与客观条件的关系呈现动态互动的特征。在创业初期，强烈的创业意愿能够驱动创业者克服初期的困难，而当项目逐渐走上正轨后，市场环境和外部资源的支持则决定了创业能否持续发展。因此，大学生在创业过程中，必须学会在激情与理性之间找到平衡，既要保持对创业的热情，也要充分利用外部资源和市场机会。

大学生创业的动因是多方面的，既受到外部环境和政策支持的影响，也受制于个人理想和自我价值的追求。外部动因为大学生创业提供了广阔的社会和政策支持，内部动因则为创业者注入了持续的动力。与此同时，大学生创业的主观意愿与客观条件的平衡也是创业成功的关键。通过合理规划和充分利用资源，大学生创业者可以在实现个人目标的同时，为社会和经济的发展做出贡献。

三、大学生创业的现状分析

随着全球经济的不断变革和创新驱动的推动，大学生创业逐渐成为社会经济发展的重要力量。无论是国家政策的扶持，还是高校创业教育的推广，都使大学生创业的氛围逐渐浓厚。然而，在这一趋势背后，大学生创业仍然面临诸多挑战，如创业成功率较低、地区和专业分布不均等问题。

（一）大学生创业率及趋势变化

近年来，大学生创业率呈现逐步上升的趋势，这得益于政策的支持、高校创业教育的推广，以及就业市场的激烈竞争。教育部的数据显示，2020 年，全国高校毕业生的自主创业率为 3%左右，这一数字较过去有所提升[①]。尽管大学生的创业意向较高，但实际创业成功率相对较低，这一现象在全球范围内都普遍存在。

创业意向与实际创业成功率的差异是大学生创业的显著特征。研究表明，许多大学生在校期间有强烈的创业意愿，但实际投入创业并取得成功的人数远远低于预期。根据调查数据，尽管超过 30%的大学生有创业意向，但最终创业成功率不足 5%[②]。这种差异反映了大学生在创业过程中面临的挑战，如资金短缺、市场经验不足，以及管理能力的缺乏。

另外，创业项目的可行性和资源获取也是影响实际创业成功率的重要因素。许多大学生在初期创业时，过于依赖个人的兴趣和理想，忽视了市场需求和商业化路径的可行性，导致创业项目在早期阶段面临困难。尽管如此，随着政府和高校对创业教育的重视，大学生创业的支持体系不断完善，创业成功率有望逐步提高。

---

① 张立平．大学生创业基本能力形成与创业环境关系研究［D］．长春：东北师范大学，2024.
② 同上。

（二）创业领域的分布

大学生创业领域的分布主要集中在高新技术、文化创意和服务业等领域。这些领域对创新能力和市场敏感度的要求较高，且相对容易与大学生所学的知识技能相结合，形成市场竞争力。

1. 高新技术领域

高新技术产业是大学生创业的热门领域之一，特别是在人工智能、大数据、云计算和生物技术等领域，许多理工科背景的大学生选择在这些领域创业。依托高校的科研资源和实验条件，部分大学生通过科研项目孵化创业项目，并将技术转化为产品或服务进入市场。近年来，国家也通过各类创新创业大赛和科技扶持政策，激励更多大学生进入高新技术产业创业。

2. 文化创意产业

文化创意产业如影视制作、设计、动漫和数字内容创作等领域，吸引了大量文科和艺术类专业的大学生创业者。尤其是在互联网和社交媒体的推动下，文化创意创业项目可以通过较低的初始成本迅速进入市场，获得关注和投资。这类创业项目通常依赖创意和内容的独特性，而非大规模的资金或技术投入。

3. 服务业

随着消费升级和生活方式的改变，服务业创业项目也在大学生创业领域中占有重要地位。餐饮、教育培训、健身及共享经济等行业的创业项目因其门槛相对较低，成为大学生创业的主要选择之一。不过，服务业创业虽然进入门槛较低，但也面临较高的市场竞争和商业模式复制的风险。

（三）不同地区、学校及专业的创业现状差异

大学生创业的现状不仅在行业上存在差异，在地区、学校及专业之间也存在显著差异。地区经济发展水平、学校的资源支持、专业的性质都直接影响了大学生创业的动机和成功率。

1. 地区差异

经济发达地区的大学生创业比例通常高于欠发达地区。例如，一线城市由于创业环境成熟、资本活跃、政府支持力度大，这些地区的大学生创业活动更为频繁；反之，欠发达地区由于市场资源匮乏、融资渠道少，大学生创业意愿和成功率较低。

2. 学校差异

高校的创业支持力度和教育资源直接影响了学生的创业表现。知名高校如清华大学、北京大学等由于具备丰富的创业孵化器、导师资源和校友网络，学生创业成功率

相对较高；而地方高校或非重点院校的学生，由于缺乏相应的创业支持平台和资源，创业难度相对较大。

3. 专业差异

理工科专业的学生在创业中占据优势，尤其是涉及技术创新的领域。相较而言，文科类专业的学生虽然在文化创意和服务业中具备一定优势，但在技术含量较高的行业中较为劣势。此外，商科类专业的学生由于具备商业知识和管理技能，往往在创业初期具备一定的优势，但仍需要实际市场经验的积累。

四、大学生创业面临的主要问题

大学生创业作为推动经济发展和创新的重要力量，近年来受到了广泛关注。然而，尽管越来越多的大学生选择创业，但在实际创业过程中面临的挑战依然严峻。创业并非易事，尤其是对于刚刚步入社会的大学生而言，他们在资金、经验、技术和人脉等方面存在诸多限制。

（一）资金短缺与融资困难

资金短缺是大学生创业面临的首要问题。创业初期的资金需求较大，无论是产品研发、市场推广，还是团队建设，都需要充足的资金支持。然而，大学生由于刚步入社会，缺乏积累，难以从传统渠道如银行贷款、风险投资等方式获得足够的启动资金。

1. 自有资金有限

大多数大学生创业者依赖自有资金或家庭支持进行创业，但由于缺乏个人积蓄，这部分资金往往难以支撑创业的初期运作。许多大学生创业项目在早期因资金断裂而夭折。

2. 融资渠道有限

尽管风险投资和创业孵化器对有潜力的创业项目提供一定支持，但大学生创业者普遍缺乏有效的融资渠道。风险投资通常更青睐于有经验的创业者，且需要项目具备较高的市场潜力和可行性，而初创的大学生企业往往难以满足这些要求。此外，银行贷款通常要求创业者提供担保或抵押，这对大学生来说也构成了一大障碍。

3. 应对措施

为了缓解资金短缺问题，大学生创业者可以尝试多种融资渠道，如参与创业大赛以获得奖金，或者申请政府扶持资金和高校创业基金。此外，众筹平台和天使投资也是可行的融资方式，通过这些平台创业者可以获得初期的启动资金支持。

（二）创业经验不足与管理能力的欠缺

大学生创业者普遍缺乏创业经验，尤其是在企业管理和运营方面存在较大欠缺。创业过程中涉及的财务管理、人员管理、市场营销等方面都需要系统的知识和实践经验，而大学生由于尚未完全接触实际职场环境，管理经验匮乏，容易在关键决策上出现偏误。

1. 管理能力不足

许多大学生创业者在创办企业后，无法有效管理团队和资源。这表现在工作流程不规范、团队内部沟通不畅、缺乏绩效管理机制等方面。此外，大学生创业者还常常高估市场需求，低估运营成本，导致资金消耗过快，项目难以为继。

2. 应对商业挑战的能力不足

商业世界充满不确定性，大学生创业者往往缺乏应对突发事件和市场波动的经验。在面对市场变化或竞争对手的压力时，许多创业者容易陷入迷茫，不知如何应对。这也反映出他们对市场的判断力和战略决策能力的欠缺。

3. 应对措施

为了弥补经验和管理能力的不足，大学生可以通过参加创业培训和相关管理课程提升自己的综合能力。此外，寻求有经验的导师或创业顾问的帮助，能够在关键时刻获得宝贵的建议与指导。

（三）市场开拓难度与竞争压力

市场开拓是任何创业企业在初期都会面临的挑战，大学生创业项目尤甚。由于缺乏足够的市场资源和经验，许多大学生创业者难以找到合适的市场定位，并快速占领市场。

1. 市场进入壁垒高

许多大学生创业项目缺乏明确的市场定位和客户基础，在进入市场时面临较高的壁垒。特别是在竞争激烈的行业中，大型企业已占据主要市场份额，初创企业难以与其抗衡。即便在细分市场，大学生创业项目也常常面临激烈的价格战和创新压力。

2. 客户获取难度大

大学生创业者在初期往往缺乏品牌影响力和市场信任度，导致获取客户的难度较大。许多项目虽然技术或创意领先，但由于推广不力、市场开拓能力不足，无法吸引到足够的客户，企业运营难以持续。

3. 应对措施

大学生创业者应注重精准市场定位，充分研究市场需求，寻找有利的细分市场。

同时，可以通过低成本的数字营销手段，如社交媒体营销、SEO优化等，提高项目的市场曝光度。此外，联合行业资源和建立战略合作伙伴关系，也可以帮助创业者更快速地进入市场。

（四）社会资源和人脉的不足

人脉和社会资源是创业成功的重要因素之一，但大学生创业者往往在这方面相对缺乏。相较于有经验的创业者，大学生的社会资源和商业人脉有限，难以快速建立有效的商业关系网。

1. 缺乏行业资源

许多大学生刚毕业就创业，缺乏行业内的深厚资源，无法获得有价值的市场信息和商业机会。在融资、寻找合作伙伴或客户时，由于人脉网络不足，常常错失关键机会。

2. 商业圈层的缺乏

创业不仅仅是依靠创意和产品，还需要与供应商、合作伙伴、投资者等建立起紧密的关系网。大学生创业者往往缺少这种商业圈层的支持，导致创业项目的推进速度较慢，甚至遭遇停滞。

3. 应对措施

大学生创业者应积极参与行业内的各类会议、展览和创业论坛，拓展人脉和资源。此外，加入创业孵化器或加速器计划，也可以帮助他们快速建立联系网络，获取行业资源和导师指导。

大学生创业充满机遇，但也面临诸多挑战。资金短缺、创业经验不足、市场竞争压力、技术壁垒，以及人脉和资源的缺乏，都是制约大学生创业成功的重要因素。为应对这些问题，大学生创业者需要加强自身能力建设，合理规划创业路径，充分利用政府、学校和社会提供的创业支持，提升创业项目的可行性和成功率。通过解决这些核心问题，大学生创业者将能够在激烈的市场竞争中站稳脚跟，实现个人与社会价值的双重成功。

第二节　创业政策与支持机制

一、国家层面的创业政策

国家层面的创业政策对鼓励和扶持大学生创业起到了至关重要的作用。近年来，随着创新驱动发展战略的深入实施，国家通过一系列政策措施积极推动大学生参与创业。这些政策不仅为大学生提供了资源支持、资金保障和技术指导，还创造了良好的创业环境，帮助他们更好地应对创业过程中的挑战。

（一）大学生创新创业扶持政策

为推动高校毕业生创新创业，国家先后出台了多项针对大学生的创新创业扶持政策。"大学生创新创业引领计划"是其中较具代表性的政策之一。该计划由教育部牵头实施，旨在通过政策引导、资源整合和培训支持，帮助更多大学生参与到创新创业活动中。具体而言，"大学生创新创业引领计划"包括以下方面的支持措施。

1. 创业培训与能力提升

该计划为大学生提供系统的创业教育和培训，帮助他们掌握创业所需的基本技能与知识。例如，通过与高校合作，开设创业课程、组织创业大赛等活动，提高大学生的创业意识和实践能力。

2. 创业导师支持

该计划为大学生创业者配备了经验丰富的创业导师，提供一对一的创业指导和项目辅导。导师能够帮助创业者优化商业计划、提升管理能力，从而提高创业项目的成功率。

3. 创业实践平台

高校通过建立创业孵化基地和提供创业实践场地，为大学生创业提供实战演练的机会。许多高校还设立了创新创业基金，直接为学生的创业项目提供资金支持。

"大学生创新创业引领计划"有效整合了政府、高校、企业等多方资源，搭建了全方位的创业服务体系，使越来越多的大学生敢于尝试创业，并在创业过程中获得成长。

（二）财税优惠政策：税收减免、政府补贴、创业贷款支持

在推动大学生创业的过程中，财税优惠政策扮演着重要角色。为降低大学生创业的资金压力，国家通过税收减免、政府补贴，以及创业贷款支持等多种方式，帮助大学生解决创业初期的资金困境。

1. 税收减免

国家出台了一系列针对小微企业的税收优惠政策，尤其是对初创企业在前几年实行企业所得税和增值税的减免。具体来说，初创企业在一定时间内可以享受企业所得税的减半征收政策，这极大减轻了创业企业的税收负担。

2. 政府补贴

各地政府根据国家政策，提供了形式多样的创业补贴，包括场地租金补贴、人员

培训补贴，以及创业项目研发补贴等。大学生创业者可以申请这些补贴，用于支付办公场地、设备采购、员工薪酬等成本，减少初期的经济压力。

3. 创业贷款支持

为缓解大学生创业资金紧张的问题，国家还制定了专门的创业贷款支持政策。许多地方政府和金融机构推出了针对大学生创业的低息或无息贷款项目，创业者可以通过申请创业担保贷款，获得资金支持用于公司运营和项目开发。

这些财税优惠政策的实施，使大学生在创业初期能够更专注于项目开发和市场开拓，而不用过多担心资金链断裂的问题，进而提高了创业的可持续性。

(三) 创新创业孵化器与创客空间的支持政策

创新创业孵化器和创客空间作为创业资源的重要载体，近年来在国家政策的扶持下得到了蓬勃发展。它们为大学生提供了低成本的办公场所、创业资源共享，以及技术支持，成为大学生创业的重要平台。

1. 创业孵化器

国家大力支持大学生创业孵化器的发展，并出台了相应的鼓励政策。创业孵化器为创业者提供从初期项目孵化到产品上市的全流程支持，包括创业指导、项目融资对接、市场拓展等服务。通过入驻孵化器，大学生创业者可以获得免费的办公场地、共享设备，以及商业资源对接等实质性帮助。

2. 创客空间

创客空间作为一种新兴的创业孵化模式，提供了开放式的创新环境。国家通过财政补贴和资源配置等政策，鼓励高校、企业和科研机构设立创客空间，推动创新创业文化的普及。创客空间为大学生提供了硬件设备、技术支持，以及跨学科交流的机会，使其能够在低成本的环境下快速实现创意的转化。

这些政策极大降低了大学生创业的门槛，特别是对于资金匮乏、技术储备不足的创业者来说，孵化器和创客空间提供的资源支持使其能够快速进入创业状态，增大了创业成功的可能性。

(四) "互联网+" 行动计划及其对大学生创业的促进作用

"互联网+" 行动计划是国家推动创新创业的战略性举措，旨在将互联网与各行业深度融合，打造数字经济新模式。该计划的实施，不仅为传统行业的转型升级提供了动力，也为大学生创业提供了全新的发展机遇。

1. 新兴产业的催生

"互联网+" 行动计划推动了大数据、人工智能、云计算等新兴产业的发展，为大学生创业者提供了广阔的市场空间。许多大学生通过"互联网+"的模式进入这些高科技领域，结合自身的技术专长和创新思维，推出了具有市场竞争力的产品和服务。

2. 创新创业平台的搭建

国家通过"互联网+"行动计划，支持各类创新创业平台的建立，如电商平台、线上教育平台、众筹平台等。这些平台为大学生提供了便捷的创业通道，使其能够借助互联网的力量，迅速将产品推向市场，打破了传统创业的地域和资源限制。

3. 促进创业生态系统的完善

"互联网+"行动计划不仅推动了创业项目的数字化转型，还加速了创业生态系统的完善。国家通过政策引导，推动资本、技术、人才等资源向创新创业领域聚集，为大学生创业者提供了更加开放和多元化的创业环境。

通过"互联网+"行动计划的实施，大学生创业不再局限于传统行业，而是更加注重互联网技术与产业的融合，提高了创业项目的创新性和前瞻性。

国家层面的创业政策在推动大学生创新创业中发挥了重要作用。从"大学生创新创业引领计划"到财税优惠政策，再到创新创业孵化器和"互联网+"行动计划，这些政策为大学生创业提供了全方位的支持。通过资金支持、技术指导和市场资源对接，大学生能够在更好的创业环境中实现自我价值，推动经济社会的创新发展。未来，随着政策的进一步优化，大学生创业有望成为推进经济结构转型和科技创新的强大动能。

二、高校的创业支持机制

高校在推动大学生创业过程中发挥着重要作用，通过创新创业教育、孵化器支持、校企合作，以及创业导师机制等手段为学生创业提供全方位的支持。现代高校不仅提供知识教育，更注重培养学生的创业能力和创新思维。

（一）高校创新创业教育体系

创新创业教育体系是高校支持学生创业的核心内容之一，课程设置和创业实践是其重要组成部分。近年来，许多高校在培养学生创业意识和能力方面做出了积极探索。

1. 课程设置

为了帮助学生掌握创业基础知识，许多高校在课程设置中增加了与创业相关的内容。这些课程涵盖了创业管理、市场营销、财务规划、法律风险等方面，为学生提供理论支持。此外，高校还鼓励学生跨学科学习，整合不同领域的知识以增强创新能力。例如，一些高校开设了创业学导论课程或创新思维课程，旨在帮助学生建立全面的创业知识体系。

2. 创业实践

高校还通过创业实践为学生提供真实的创业环境。许多学校设立了创业实训基地，提供模拟企业运作的机会，学生可以在实践中学习如何经营公司，进行市场推广、项目管理等。同时，高校鼓励学生参与社会实践和实习，直接接触企业的实际运作，培养他们的商业敏感度和创业精神。

通过课程与实践的结合，高校的创业教育体系为学生提供了理论与实践的双重支持，使他们在学习过程中具备创业的基础能力。

（二）高校创业孵化基地

高校创业孵化基地是推动大学生创业的关键平台，许多高校设立了专门的孵化基地，为创业者提供从创意到实际创业的全过程支持。

创业孵化基地的主要功能是帮助初创企业和创业项目度过初期的困难期，为其提供必要的资源和服务。这些基地通常为学生创业者提供办公场所、基础设施，以及创业培训。它们还作为一个集中的创业平台，将创业者、投资人、技术专家等资源汇聚在一起，促进学生创业项目的发展。

孵化基地通常具备共享资源的功能，如会议室、技术设备、实验室等，学生可以在低成本甚至免费的情况下使用这些设施。某些基地还与政府、企业合作，提供项目融资、法律咨询和财务规划等服务。此外，许多高校创业孵化基地还设立了专门的资金池，为有潜力的创业项目提供种子资金支持。

创业孵化基地的服务内容丰富多样，除了硬件支持，基地还提供软件支持，包括市场对接、商业计划书指导、项目评估和商业模型优化等。通过这些服务，学生不仅能够获得创业启动资金，还可以通过孵化器的帮助快速找到市场定位，提高创业项目的成功率。

高校创业孵化基地的存在为学生创业者提供了一个安全的实验场，使他们能够在低风险的环境下积累经验、学习管理技能，最终为其成功创业打下坚实基础。

（三）校企合作与创业资源整合：产学研结合的创业模式

校企合作是高校支持创业的重要方式之一，通过与企业的深度合作，高校可以将学术研究与市场需求紧密结合，促进科技创新和成果转化。

1. 产学研结合

产学研结合模式指高校、企业和科研机构共同参与的创业模式。高校通过与企业合作，可以使学生的创业项目在技术创新和市场化过程中获得企业的资源支持。例如，一些高校与科技企业合作，推动科技成果转化，并帮助学生将研究课题转变为实际的创业项目。这不仅提升了学生的创新能力，也提高了项目的市场竞争力。

2. 资源整合

高校通过校企合作，可以有效整合市场资源和技术资源，为创业者提供全方位的支持。企业可以提供技术设备、资金支持，以及市场渠道，而高校通过科研成果和人才资源为企业提供技术创新和管理支持。这样一种双向互惠的合作模式为大学生创业者打开了更多的市场机会，也促进了学生创业项目的技术落地和商业化。

校企合作不仅有助于学生创业，还为企业带来了创新思维和新兴技术，推动了整个创新生态系统的发展。

（四）高校提供的创业导师制度及其作用

创业导师制度是高校创业支持体系中的重要组成部分。通过经验丰富的导师指导，学生创业者能够获得宝贵的经验和建议，避免常见的创业陷阱。

创业导师通常由资深企业家、投资人、学者等组成，他们可以为学生创业项目提供专业意见和战略指导。在创业初期，导师可以帮助学生制订合理的商业计划，评估市场前景，并提出有针对性的建议。在项目发展过程中，导师可以帮助学生解决实际问题，如如何应对市场变化、提升团队管理能力等。

除了具体的指导，创业导师还能够为学生提供情感支持。创业之路充满挑战和不确定性，许多大学生创业者在遭遇挫折时容易失去信心。创业导师通过与学生的持续沟通，可以鼓励他们坚持下去，并在遇到困难时提供实用的解决方案。

通过创业导师制度，学生能够获得宝贵的行业经验和专业知识，这对于他们在复杂的商业环境中快速成长至关重要。

高校的创业支持机制通过多层次、多方面的举措，帮助大学生从创业理念的形成到项目落地，提供了全方位的支持。从创业教育体系、孵化基地、校企合作到导师制度，再到创业竞赛和创新项目资助，学生在高校中可以获得理论知识、实践机会、资源支持和行业经验的全面提升。这一整合的支持体系，不仅激发了学生的创业热情，也提升了大学生创业项目的成功率。随着高校创业支持机制的不断完善，大学生将有更多机会在创新创业领域实现自我价值，并推动社会经济的持续发展。

三、社会资本与创业支持

大学生创业在当今的经济环境中已成为推动创新和经济发展的重要动力。然而，创业过程中面临的资金、技术、管理和市场问题常常是初创企业的重大障碍。为解决这些问题，社会资本、金融机构和创业服务机构提供了多方面的支持。

（一）社会资本机构对大学生创业的支持

社会资本对大学生创业起到了至关重要的作用。尤其是在创业初期，大学生创业者往往缺乏必要的资金和资源，而社会资本、天使投资人和风险投资机构可以提供资金支持和行业资源，帮助创业者走出困境。

1. 社会资本的作用

社会资本指的是创业者通过人际网络、行业关系，以及社交平台所积累的资源。对于大学生创业者来说，社会资本不仅仅体现在资金方面，还包括技术支持、市场资源和行业经验。通过与行业内的资深人士、投资者和企业家建立联系，大学生可以获得宝贵的创业建议和资源对接。研究表明，良好的社会资本能够显著增加创业项目的成功率，因为这些关系网可以提供创业者在资金和技术方面所需的关键支持。

2. 天使投资人

天使投资人是那些愿意在早期阶段为有潜力的创业项目提供资金的个人投资者。天使投资人通常不仅提供资金，还提供创业建议和行业资源，帮助大学生创业者优化其商业计划和市场策略。天使投资人愿意承担高风险，因此他们通常关注的是创业团队的潜力和项目的创新性，而不是企业的短期收益。对于缺乏商业经验的大学生来说，天使投资人的指导和网络资源是其宝贵的创业支持来源。例如，中国的"创业黑马"天使投资计划，就专注于为初创企业提供早期投资，帮助大学生创业者快速启动项目。

3. 风险投资机构

风险投资机构在创业企业发展到一定规模后起到重要作用。与天使投资人不同，风险投资机构通常介入创业企业的早期或中期阶段，帮助企业进一步扩大规模、进入更广阔的市场。风险投资不仅仅是资金支持，投资机构还通过其广泛的商业网络帮助创业企业实现技术转移、市场对接和管理优化。对于大学生创业者来说，获得风险投资支持意味着有更大的机会实现企业的快速发展，并提高市场竞争力。

社会资本、天使投资人和风险投资机构共同构建了大学生创业的资本支持体系，通过提供资金和专业资源，为创业者解决初期的资金瓶颈和技术难题，帮助他们度过创业初期的高风险阶段。

（二）金融机构提供的创业贷款、担保、金融服务

除了社会资本，金融机构也为大学生创业提供了广泛的资金支持。金融机构通过创业贷款、担保和金融服务，为创业者提供了更稳定的资金来源，帮助他们应对创业过程中的财务压力。

1. 创业贷款

银行和其他金融机构推出了专门针对大学生创业者的创业贷款项目。与普通贷款不同，创业贷款通常具有较低的利率和灵活的还款周期，旨在帮助创业者解决初期的资金需求。例如，中国的国家开发银行和地方商业银行都有专门的大学生创业贷款产

品，这些贷款项目为符合条件的大学生创业者提供较高额度的无抵押贷款，用于企业的启动和运营。

2. 贷款担保

金融机构还提供创业担保服务，降低大学生创业者申请贷款的难度。由于大学生创业者通常缺乏抵押物和信用记录，银行对其贷款审批相对谨慎。因此，地方政府或金融机构的创业担保基金为创业者提供了贷款担保服务，减少了银行的信贷风险。通过担保机制，大学生创业者可以获得更多的贷款机会，从而更容易启动自己的项目。

3. 金融服务

除了直接的资金支持，金融机构还为创业者提供一系列金融服务，如财务咨询、现金管理、投融资咨询等。这些服务能够帮助创业者优化财务结构、提升企业的资金运作效率。例如，许多银行提供的金融管理工具和企业账户服务，帮助创业者在项目早期更有效地管理资金流动，提高财务透明度和资金使用效率。

金融机构的贷款和金融服务为大学生创业者提供了多样化的资金渠道，帮助他们克服创业初期的资金瓶颈，并提升企业的财务管理水平，从而提高创业的成功率。

（三）创业服务机构提供的咨询、法律援助、市场对接服务

创业服务机构在大学生创业过程中扮演着重要的支持角色，提供了广泛的专业服务，包括创业咨询、法律援助和市场对接等方面。

1. 创业咨询

创业服务机构通过一对一的创业咨询，为大学生创业者提供专业的商业建议。这些机构的专家团队通常由行业资深人士、创业导师、投资人等组成，能够从商业模式、市场定位、技术创新等方面为创业者提供指导。创业咨询服务不仅帮助大学生明确创业方向，还能在项目发展过程中提供及时的调整建议，避免走弯路。

2. 法律援助

大学生创业者在创业过程中往往缺乏法律知识，尤其是在公司注册、知识产权保护、合同签订等方面，容易出现法律问题。创业服务机构提供的法律援助服务为创业者在公司设立、股权结构、劳动合同等领域提供专业支持，帮助他们规避法律风险，保障企业的合法权益。例如，许多创业孵化器都与法律事务所合作，为入驻企业提供免费的法律咨询服务，帮助创业者确保企业运营合规。

3. 市场对接服务

创业服务机构还为大学生创业者提供市场对接服务，帮助他们找到潜在的客户和合作伙伴。这些机构通常通过举办创业大赛、路演活动、行业对接会等形式，帮助创业者展示项目，吸引投资者或潜在客户。例如，在中国，许多创业服务机构与大型电

商平台合作，为初创企业提供线上市场入口，帮助创业者快速进入市场，扩大品牌影响力。

创业服务机构通过一系列专业服务，帮助大学生创业者解决从创意到实际运营过程中的种种难题，为创业者提供全方位的支持，提高项目的成功率。

大学生创业需要多方面的支持，社会资本、金融机构和创业服务机构在这一过程中扮演了不可或缺的角色。社会资本通过天使投资人、风险投资机构等形式，为创业者提供了早期资金和行业资源；金融机构通过创业贷款、担保和金融服务为创业者解决资金问题；创业服务机构则提供了法律援助、市场对接和创业咨询，帮助创业者克服运营中的实际挑战。这些支持机制共同构成了一个全方位的创业生态系统，为大学生创业者提供了坚实的保障。

第三节 创业准备与指导

一、创业动机与素质评估

大学生创业是推动创新与社会经济发展的重要力量。成功的创业不仅依赖外部环境和资源的支持，更需要创业者具备一定的素质与能力。大学生在决定创业前，首先需要明确自己的创业动机，评估自身的素质和能力是否符合创业要求。

（一）自我评估：创业动机、风险承受能力、市场洞察力

大学生在创业初期需要进行全面的自我评估，以确保自身的创业动机明确，并具备一定的风险承受能力和市场洞察力。

1. 创业动机

创业动机是推动大学生创业的核心动力。不同的创业者会有不同的创业动机，有些人是为了实现个人的职业理想和追求自我价值，也有一些人希望通过创业获得经济回报或解决社会问题。研究表明，创业动机的强烈程度直接影响创业者在面对挑战时的坚持力和韧性。大学生在创业前应明确自己创业的目的和目标，了解自己是因内在动力（如实现梦想、发挥创新能力）还是外在压力（如就业困难、经济压力）而选择创业。只有具备明确的创业动机，才能在创业过程中保持坚定的信念和持续的动力。

2. 风险承受能力

创业往往伴随着高度的不确定性和风险，特别是对于经验不足的大学生创业者而言，创业初期面临的挑战可能更大。自我评估应包括对风险承受能力的评估。风险承受能力不仅体现在心理层面，还涉及财务和生活方面的影响。大学生创业者需要问自

己：在面对市场波动、资金短缺、项目失败等情况下，是否具备继续前进的能力？良好的风险管理意识和承受能力是成功创业的关键之一。

3. 市场洞察力

市场洞察力是大学生创业者成功的重要因素之一。具备市场洞察力的创业者能够迅速发现市场机会，识别潜在需求，并有效地将其转化为商业项目。在进行自我评估时，大学生应分析自己是否具有对行业趋势、市场需求的敏锐感知能力。此外，创业者还应通过深入市场调研验证自己的商业想法，确保所创立的项目具有市场前景。

（二）创业者素质要求

除了创业动机和市场洞察力，大学生创业者还需要具备一定的素质要求，尤其是领导力、执行力和抗压能力。这些素质是创业者在创业过程中面对各种挑战时所不可或缺的。

1. 领导力

创业者作为团队的核心领导者，必须具备较强的领导力。领导力不仅体现在决策能力上，还包括激励团队、协调资源，以及引导企业发展的能力。大学生创业者往往会带领一支由同学、朋友或年轻人才组成的初创团队，在这种情况下，如何调动团队的积极性、引导团队共同达成目标，是创业者面临的首要任务之一。优秀的领导力可以帮助创业者在复杂的商业环境中保持团队的凝聚力和战斗力，从而提高创业成功的可能性。

2. 执行力

执行力是将创业计划转化为实际成果的能力。在创业过程中，想法的产生和计划的制订固然重要，但最终的成功还取决于创业者及其团队能否高效地将这些计划付诸实践。许多创业项目失败的原因并非源于商业想法本身，而是因为执行不到位。大学生创业者通常缺乏实际工作经验，因此在执行力方面容易受到影响。创业者应确保在计划的每个环节中都有明确的行动方案，并能够及时反馈和调整，以适应不断变化的市场环境。

3. 抗压能力

创业过程充满了不确定性和压力，大学生创业者需要具备较强的抗压能力，才能在面对困难时保持冷静和理智。创业初期可能会经历资金短缺、市场竞争、客户流失等问题，而这些问题可能对创业者的心理和情绪造成巨大影响。良好的抗压能力能够帮助创业者在面对挑战时不轻易放弃，而是通过积极的态度寻找解决方案，最终实现创业目标。

(三) 创业者应具备的综合能力

成功的创业者不仅需要具备良好的素质，还需要掌握多方面的综合能力。这些能力包括技术、管理、营销和财务等领域，是大学生创业者在经营企业过程中必不可少的。

1. 技术能力

在科技创新和技术驱动的时代，技术能力对创业者来说尤为重要。尤其是对于科技创业者而言，具备扎实的技术背景是成功的基础。大学生创业者应不断提升自身的技术水平，紧跟行业前沿的发展动态，确保企业在技术上具备竞争优势。无论是软件开发、产品设计还是数据分析，创业者的技术能力都决定了企业的产品质量和市场定位。

2. 管理能力

管理能力是创业者运营企业的核心能力之一。创业不仅仅是拥有一个好点子，更重要的是如何管理和发展这个点子。大学生创业者需要掌握团队管理、资源调配、流程优化等基本的管理技能，以确保企业的高效运转。良好的管理能力能够帮助创业者有效处理团队内部问题，优化资源配置，提高企业的运营效率。

3. 营销能力

在竞争激烈的市场环境中，创业者必须具备一定的营销能力，才能将产品或服务成功推向市场。营销不仅仅是广告推广，还包括品牌建设、市场定位、客户关系管理等多方面内容。大学生创业者应学会如何通过社交媒体、数字营销等渠道精准地触达目标用户，提升品牌知名度并获取客户。

4. 财务能力

创业过程中，财务管理是不可忽视的重要环节。创业者需要对企业的资金流动、成本控制、预算制定等方面有清晰的理解和掌握。许多创业项目因为财务规划不当而导致资金链断裂，因此创业者必须具备基本的财务知识，确保企业的财务健康。在创业过程中，大学生应学会如何进行资金筹措、成本控制和风险管理，以保证企业的可持续发展。

创业是一项复杂且充满挑战的事业，成功的创业不仅需要创业者具备明确的创业动机和强大的素质，还需要掌握技术、管理、营销和财务等方面的综合能力。通过自我评估，大学生可以更清楚地认识到自己的创业动机、风险承受能力和市场洞察力，并根据这些评估结果调整自己的创业计划。在具备领导力、执行力和抗压能力的同时，创业者还应通过不断学习和实践提升自己的综合能力，确保创业项目的成功。

二、商业机会识别与市场调研

大学生创业过程中，识别商业机会和进行有效的市场调研是至关重要的环节。商业机会的识别是创业成功的关键，而市场调研是将想法落地的基础。通过科学的方法发现市场的创新点，并对消费者需求、市场竞争等因素进行分析，能够为创业者的决策提供坚实的依据。

（一）商业机会识别

商业机会识别是创业的起点，识别到一个具有潜力的商业机会往往是创业成功的第一步。大学生创业者如何发现创新点并挖掘商业机会，成为他们创业过程中的首要任务。

1. 需求导向的机会识别

需求是商业机会的根本来源。大学生创业者应关注未被满足的市场需求或现有产品和服务的缺陷，借此发现创新的可能性。通过观察日常生活中的痛点，或者借助社交媒体、消费者反馈等信息渠道，创业者可以从消费者的需求中发现市场空白。例如，社交平台和用户评论区经常反映出消费者对某些产品或服务的不满，创业者可以通过这些反馈提出改进方案，满足用户未被满足的需求，从而产生商业机会。

2. 技术驱动的机会识别

科技的进步往往伴随着新的商业机会。尤其在技术领域中，大学生创业者可以通过关注新技术的发展动态和技术的应用前景来识别机会。人工智能、大数据、物联网等技术的广泛应用，催生了许多新的创业机会。例如，随着人工智能技术的进步，创业者可以开发智能家居设备、自动化服务系统等，填补技术应用与市场需求之间的空白。

3. 趋势导向的机会识别

市场趋势也是识别商业机会的重要依据。大学生创业者应关注经济、社会和技术的发展趋势，从宏观环境中寻找机会。比如，随着环保意识的提升，绿色消费、可持续产品市场迅速增长。创业者可以根据这些趋势开发绿色产品或服务，顺应市场需求并抢占市场先机。

创新点的发现要求创业者具备敏锐的观察力和对市场的深刻理解。通过需求、技术和趋势的多角度分析，大学生创业者可以捕捉到潜在的商业机会，为创业奠定坚实基础。

（二）市场调研的基本步骤与策略

市场调研是将商业机会转化为可行项目的重要手段。通过系统的市场调研，创业者可以全面了解市场环境，明确目标客户，优化产品或服务的定位。有效的市场调研不仅能够为创业提供数据支持，还能降低创业失败的风险。

1. 消费者需求分析

消费者需求分析是市场调研中的核心环节。创业者应通过多种渠道了解目标客户的需求，包括线上问卷调查、焦点小组访谈、社交媒体互动等。通过这些方式，创业者可以清晰地了解消费者的痛点和期望，从而调整产品设计和市场策略。消费者需求分析不仅要关注表面需求，还应挖掘深层次的情感需求和未被满足的潜在需求。例如，通过深入的消费者需求分析，创业者可以发现，除基本功能外，用户还希望产品具有更好的用户体验或环保特性，从而推动产品的创新。

2. 市场竞争情况评估

了解市场竞争情况有助于创业者找到差异化竞争策略。创业者在调研中应分析市场中已有的竞争者、其产品或服务的特点，以及市场占有率。通过分析竞争者的优势与劣势，创业者可以在市场中找到自己的竞争定位。市场竞争情况的评估可以通过SWOT分析法进行，即分析竞争对手的优势（strengths）、劣势（weaknesses）、机会（opportunities）和威胁（threats）。此外，创业者还应关注市场中的潜在进入者和替代产品，评估市场的竞争壁垒和利润空间。

3. 市场细分与目标市场选择

市场调研还应包括对市场的细分分析。通过对消费者的购买行为、消费能力、地域分布、年龄层等变量的研究，创业者可以将大市场划分为不同的细分市场。细分市场分析有助于创业者选择最具潜力的目标市场，并对不同的市场需求进行个性化产品开发或营销。例如，一款面向年轻人的科技产品在一线城市和二三线城市的需求可能存在差异，创业者通过细分市场调研，可以决定先在哪个市场推出产品，并制定不同的营销策略。

市场调研的步骤和策略有助于创业者深入了解市场，为决策提供可靠的数据支持。通过系统的市场调研，大学生创业者可以避免盲目进入市场，提高创业成功的概率。

（三）细分市场与创业项目定位的选择

成功的创业往往取决于创业项目能否在市场中找到准确的定位。市场定位是在细分市场基础上，确定产品或服务在消费者心中的独特位置。有效的市场定位有助于创业者在竞争激烈的市场中脱颖而出。

1. 细分市场的选择

细分市场是指将整体市场按照消费者的不同需求、特征和行为划分为若干子市场。细分市场的选择应基于市场调研的结果，确保目标市场的规模足够大、需求明确且竞争适中。创业者在选择细分市场时，需考虑市场的盈利潜力和未来的增长趋势。对于大学生创业者来说，专注于一个明确的细分市场，能够更好地集中资源，并提高产品或服务的竞争力。

2. 创业项目定位的策略

市场定位决定了创业项目在市场中的独特性和竞争力。创业者应根据细分市场的需求，将项目定位为某个特定群体的解决方案。有效的定位应突出项目的核心优势，满足消费者的关键需求。例如，在消费品市场中，定位于"高品质健康食品"的品牌能够吸引注重健康生活方式的消费者，而定位于"经济实惠"的品牌可以锁定对价格敏感的消费者。

3. 差异化竞争优势的确立

创业项目的市场定位不仅要明确项目的目标客户，还要在竞争中确立差异化优势。通过差异化，创业者可以避免与大企业在价格、渠道等方面的直接竞争，而是通过独特的产品功能、用户体验或品牌形象赢得消费者的青睐。例如，在教育领域，创业者可以将自己的在线学习平台定位为"高效提升技能"的专业学习平台，通过个性化推荐和智能学习工具与传统教育平台形成差异。

细分市场的选择与项目定位的准确性直接影响创业项目的市场表现。大学生创业者通过深入的市场分析和精准的定位，能够更好地满足细分市场的需求，进而提升项目的市场竞争力。

三、创业计划书的撰写

创业计划书是大学生创业者迈向成功的关键工具之一。它不仅为创业者提供了项目的整体规划，还为投资人、合作伙伴和其他利益相关者提供了评估项目可行性的重要依据。撰写一份清晰、全面且具有吸引力的创业计划书能够帮助大学生创业者更好地规划创业过程，并获得外部资源支持。

（一）创业计划书的内容框架

一份完整的创业计划书应涵盖市场分析、产品与服务描述、运营计划，以及财务规划等方面的内容。每一个环节的详细描述都是创业计划书中不可或缺的部分，它们共同构成了创业项目的蓝图。

1. 市场分析

市场分析是创业计划书中的基础部分，旨在分析创业项目所处的市场环境、目标客户，以及竞争对手。创业者需要通过市场调研，了解行业的发展趋势、市场规模和增长潜力。市场分析应包括目标客户群体的特征，如年龄、收入水平、消费习惯等，并分析这些客户的需求痛点和购买行为。此外，还需要评估竞争对手的情况，分析他们的优势与劣势，找出市场中的空白点，为创业项目的差异化竞争提供依据。通过对市场的全面分析，创业者可以为项目的定位和发展方向奠定基础。

2. 产品与服务描述

在创业计划书中，产品或服务的详细描述是核心内容之一。创业者需要清晰地描述其产品或服务的功能、特点，以及它们如何满足客户需求，并且说明产品或服务的创新点、市场差异化优势，以及如何为客户提供独特的价值。产品或服务的开发进度、技术支持和知识产权（如专利、商标）也是这一部分的重点。如果创业项目涉及复杂的技术，创业者还应通过简单易懂的语言解释技术的实现方式和市场应用。

3. 运营计划

运营计划是创业项目的执行路径，包括产品生产、供应链管理、市场营销、销售渠道和日常运营的安排。创业者需要展示如何有效地将产品或服务推向市场，并说明公司的组织结构、员工配置、合作伙伴等关键运营要素。运营计划还应包括时间表，列出各个阶段的任务和目标，并评估项目的关键里程碑。这一部分的内容能让投资人了解公司如何将创业设想转化为实际行动。

4. 财务规划

财务规划是创业计划书的核心之一，也是投资人特别关注的部分。创业者需要提供详细的财务预测，包括收入、成本、利润和现金流等内容。财务规划通常应包括至少三年的财务预测，并需要通过合理的假设和数据支撑。创业者还应明确资金的使用计划，即资金将被用于哪些具体的方面，如产品开发、市场推广、人员招聘等。此外，财务规划还需说明融资需求和预期的投资回报，确保投资人对资金的使用和项目的盈利能力有清晰的认识。

创业计划书的内容框架决定了其能否全面地展示创业项目的可行性和发展潜力。每一部分的内容都必须经过详细的调研和合理的推导，以确保计划书的科学性和可信性。

（二）制定具有可行性和竞争力的商业模式

商业模式是创业项目如何盈利的基础。制定一个具有可行性和竞争力的商业模式是创业计划书的重要部分，它直接关系到项目的市场定位和未来的发展。

1. 明确盈利方式

创业者在设计商业模式时，首先需要明确项目的盈利方式。常见的盈利方式包括直接销售、订阅服务、广告收入、平台交易佣金等。创业者应结合产品或服务的特性和市场需求，确定最适合的盈利方式。例如，软件产品可以采取"基础功能免费+高级功能收费"的模式，而电商平台可能通过交易佣金或会员服务实现盈利。通过明确的盈利模式，创业者可以向投资人展示项目的可持续发展能力。

2. 创新性与差异化

一个具备竞争力的商业模式需要在市场中具有独特的优势，能够与竞争对手形成差异化竞争。创业者可以通过对目标市场的深入分析，发现市场中的未满足需求或痛点，从而设计出创新的商业模式。例如，共享经济模式的兴起就是通过创新的商业模式在市场中占据优势。创业者需要思考其产品或服务是否具备独特性，并通过商业模式的设计实现差异化竞争。

3. 可扩展性与可持续性

创业者还需要考虑商业模式的可扩展性和可持续性。一个优秀的商业模式不仅要在当前市场中取得成功，还应具备随市场扩大而扩展的潜力。创业者应思考如何通过业务扩展、增加新产品线或进入新市场来扩大公司规模。同时，商业模式应具备可持续性，能够在长期内为公司提供稳定的收入来源，并应具备应对市场变化的灵活性。

（三）创业计划的核心卖点与风险防控

向投资人展示创业计划书时，创业者需要突出项目的核心卖点，并说明如何应对潜在风险。这是吸引投资人、获取融资的重要步骤。

1. 明确核心卖点

在向投资人展示创业计划时，创业者应重点突出项目的核心卖点，包括创新点、市场需求、技术优势等。核心卖点是吸引投资人的关键因素，因此创业者需要通过简洁有力的表达方式，快速传达项目的独特价值。例如，创业者可以通过数据展示目标市场的潜在规模，说明项目如何解决市场痛点，或者通过展示技术创新说明产品的竞争优势。核心卖点的呈现应聚焦于项目最具吸引力和最具潜力的部分，使投资人能够清晰地看到项目的市场前景和盈利能力。

2. 风险防控措施

创业项目不可避免地面临各种风险，如市场风险、技术风险、资金风险等。创业者在展示创业计划书时，需要坦诚地面对这些风险，并说明如何进行风险防控。通过详细的风险分析，创业者可以展示自己对项目潜在问题的深刻理解，并提出合理的解决方案。例如，对于市场风险，创业者可以通过多渠道营销策略降低依赖单一市场的风险；对于技术风险，创业者可以展示其技术团队的经验和实力，以及知识产权的保护措施。有效的风险防控展示能够增强投资人对项目的信心。

创业计划书的撰写是大学生创业过程中至关重要的一步。通过详细的市场分析、产品服务描述、运营计划和财务规划，创业者能够为项目构建一个完整的框架。而通过制定具有可行性和竞争力的商业模式，创业者能够为项目奠定长期发展的基础。在向投资人展示创业计划时，突出核心卖点并说明风险防控措施，能够大幅增加融资成功的可能性。撰写一份科学、清晰、吸引力强的创业计划书，不仅是大学生创业者迈向成功的关键步骤，也是获得外部资源支持的有效工具。

四、团队组建与管理

创业团队是创业项目成功的核心要素之一，尤其对于大学生创业者而言，组建一个有实力且高效运作的团队至关重要。团队的构成、分工与协作机制的建立，以及成员管理和激励机制的设计，直接影响着创业项目的执行力和创新能力。

（一）创业团队的构成

创业团队的成功往往取决于团队成员的专业技能、互补性和合作默契度。对于大学生创业者而言，如何找到合适的合伙人是创业初期的关键问题之一。

1. 团队构成的多样性与互补性

创业团队的构成应尽可能多样化，以涵盖项目所需的各项核心能力。通常，一个成功的创业团队至少应包括以下几类角色：产品开发者、市场营销者、财务管理者和运营执行者。不同的团队成员在各自的领域中应具备较强的专业能力，并且能够在合作中形成优势互补。例如，技术类创业项目可能需要技术开发人员负责产品的设计和实现，而市场营销人员负责将产品推向市场并吸引客户。此外，团队中的某些成员可能擅长财务管理，能够有效控制成本并进行合理的资金规划。

2. 如何找到合适的合伙人

大学生创业者通常可以通过多种渠道寻找合适的合伙人。首先，校园网络是一个重要的资源，许多高校鼓励学生通过创新创业活动、创业社团等方式相互认识，找到志同道合的合作伙伴。其次，通过参与创业竞赛、创客活动等，创业者可以接触到具有相似创业理念和目标的人。在寻找合伙人时，创业者应注重合伙人的价值观、工作态度，以及合作精神，确保他们不仅具备专业能力，还能与团队形成默契。对合伙人的选择不仅应关注他们当前的技术或经验，还要考量他们是否具备长期与团队共同发展的愿景。

3. 建立共同的创业愿景

合伙人之间需要有明确的共同愿景和目标，这是创业团队得以持续发展的重要基础。创业者在选择合伙人时，应明确团队的使命和愿景，确保所有成员能够在这一共同愿景的指导下，凝聚力量并齐心协力实现目标。

（二）团队分工与协作机制的建立

创业团队的分工和协作机制决定了项目的运作效率和执行力。合理的分工和高效的协作机制能够充分发挥团队成员的专长，并确保团队在面对复杂任务时保持高效运作。

1. 明确职责与分工

团队成员的分工应根据他们的专业背景、技能和个人兴趣进行合理分配。每个团队成员应有明确的岗位职责和任务目标，避免职责不清或任务重叠带来的效率低下问题。例如，在一个技术型创业项目中，技术人员可以负责产品开发，市场营销人员则专注于客户拓展和品牌推广。明确的分工不仅能够提升团队的工作效率，还可以让团队成员更专注于各自的领域，避免资源浪费。

2. 协作机制的建立

创业团队在执行项目时，需要建立良好的协作机制，以确保成员之间的沟通顺畅、任务协调到位。团队可以通过周例会、任务进度跟踪系统、即时通信工具等方式保持信息透明，确保所有成员及时了解项目进展。协作机制的核心是团队成员之间的有效沟通，定期的团队会议可以帮助团队成员明确当前任务的优先级，及时解决问题并调整工作计划。此外，在团队协作中，应鼓励团队成员提出建议和反馈，增强团队的互动性和参与感。

3. 建立灵活的决策机制

创业团队往往需要在快速变化的市场环境中做出及时决策，因此灵活的决策机制至关重要。团队可以根据项目的实际情况选择集体决策、分权决策或核心成员决策等不同方式。对于技术和市场相关的决策，通常应由相关领域的专家或负责人来主导决策过程，而对于战略性或重大方向的决策，团队应集体讨论并达成共识。

（三）团队成员的管理与激励机制设计

创业项目的长期成功依赖团队成员的积极性和投入度。设计合理的管理与激励机制能够保持团队的稳定性，激发成员的工作热情，并确保他们在团队中不断成长和进步。

1. 管理制度的建立

创业团队虽然不同于成熟企业的正式管理体系，但仍需要建立基本的管理制度来保障团队运作的有序性。创业者应制定明确的工作流程、任务分配和考核标准，确保团队成员的工作有章可循。灵活性和规范性的平衡至关重要，过于严苛的管理制度可能抑制团队成员的创造性和积极性，而过于松散可能导致项目进展缓慢。因此，团队管理制度应保持一定的灵活性，以适应初创团队的快速发展和变化。

2. 激励机制的设计

有效的激励机制能够保持团队成员的动力，特别是在创业初期，团队成员可能面临较大的工作压力和不确定性。常见的激励方式包括物质激励和精神激励两种。物质激励可以包括绩效奖金、股权激励等，这能够直接提高团队成员的经济回报，并鼓励他们将个人利益与公司的长期发展结合在一起；精神激励则注重满足成员的成就感、责任感和团队归属感。例如，团队领导者可以通过定期表彰优秀成员、提供更多的学习和发展机会来激励团队成员。

3. 团队文化的塑造

良好的团队文化对于创业团队的凝聚力和稳定性至关重要。创业团队通常处于快速变化和高压力的环境中，强大的团队文化可以帮助成员更好地应对挑战并保持积极的心态。创业者应积极塑造开放、包容和创新的团队文化，鼓励团队成员分享想法，积极参与决策过程，增强他们对团队的归属感。此外，通过团队建设活动、社交互动等方式，可以增进成员之间的了解和信任，提升团队的合作氛围。

团队组建与管理是大学生创业项目成功的关键要素。创业者需要通过多样化的团队构成、合理的分工与协作机制，确保团队具备高效执行力和创新能力。此外，通过设计灵活的管理制度和有效的激励机制，创业者可以激发团队成员的积极性，增强团队凝聚力和竞争力。良好的团队文化和合作氛围将进一步推动创业项目的可持续发展，并为创业团队在未来的市场竞争中打下坚实的基础。

五、资金筹措与财务规划

资金筹措和财务规划是创业成功的关键要素之一，尤其对于大学生创业者而言，如何合理获取资金并进行有效的财务管理，直接决定了创业项目的可持续性。创业初期通常伴随着资金短缺和财务管理经验不足等问题，因此，了解多样化的融资渠道、掌握与投资人沟通的技巧、制定合理的财务预算及控制现金流都是大学生创业者必须具备的能力。

（一）融资渠道

资金筹措是创业过程中的第一步，创业者需要根据项目的规模、性质，以及自身资源情况选择合适的融资渠道。常见的融资渠道包括个人积蓄与家庭支持、银行贷款，以及风险投资，每种渠道各有其优缺点。

1. 个人积蓄与家庭支持

对于许多大学生创业者而言，个人积蓄与家庭支持是最早期的资金来源。由于初创项目在早期往往无法吸引外部投资，许多创业者选择通过个人积蓄或家庭支持进行启动资金的筹集。这种融资方式具有灵活性，创业者无须承担还款压力或放弃股权控制，但资金规模通常较为有限，难以支持大规模的创业项目。

2. 银行贷款

银行贷款是较为传统的融资渠道之一。银行针对创业者提供的贷款产品如创业贷款、大学生创业专项贷款等，能够为创业者提供必要的资金支持。这类贷款通常需要创业者提供担保或信用证明，利率相对较低且还款期限较为灵活。然而，对于大学生创业者而言，由于信用记录短缺、缺乏足够的抵押物，获得银行贷款的难度较大。因此，创业者应做好充分的财务规划，确保能够按时还款，避免企业初期陷入财务困境。

3. 风险投资

风险投资是一种高风险、高回报的融资方式，尤其适合具备创新性、高成长潜力的创业项目。风险投资机构通常会投资于具有技术创新或市场前景的初创企业，帮助其快速成长。对于大学生创业者而言，获得风险投资不仅能够解决资金问题，还能获得行业资源、市场经验和管理支持。然而，风险投资要求创业者在短期内展示出项目的高速成长潜力，且创业者可能需要放弃部分股权和控制权。因此，创业者在寻求风险投资时，应仔细评估项目的成长性和投资条款，确保双方利益一致。

（二）与投资机构、天使投资人进行有效沟通

与投资机构和天使投资人建立良好的沟通渠道是创业融资成功的关键。创业者需要掌握与投资者沟通的技巧，清晰表达项目的价值和成长潜力，并有效应对投资人的问题和关切。

1. 明确项目的核心价值

投资人通常对创业项目的创新性和市场潜力最为关注，因此创业者在与投资人沟通时，应首先明确项目的核心价值。创业者需要向投资人展示项目的市场痛点、解决方案，以及与竞争者的差异化优势。例如，创业者可以通过数据分析市场需求，并详细描述产品或服务如何满足目标客户的需求。核心价值的展示不仅能引起投资人的兴趣，还能帮助他们快速理解项目的商业潜力。

2. 展示可行的商业模式与财务计划

投资人往往希望看到创业项目的长期发展潜力，因此创业者需要展示一个清晰且可行的商业模式，解释项目如何盈利。创业者应提供详细的财务计划，包括收入预期、成本结构、现金流预测等，以帮助投资人了解项目的财务可行性。此外，创业者应根据项目的实际情况，合理设定融资目标和资金使用计划，并说明如何通过融资实现项目的快速推进。

3. 应对投资人的关切

在与投资人沟通的过程中，创业者需要能够自信且合理地回应投资人提出的问题和关切。例如，投资人可能会关注项目的市场风险、团队实力、技术可行性等方面。创业者应提前准备好详细的数据和材料，清楚地阐述如何应对这些潜在风险。此外，创业者应保持开放和坦诚的态度，承认项目中的不确定性并提供相应的解决方案。

（三）财务预算与成本控制：如何管理初创企业的现金流

初创企业的财务预算与成本控制是创业过程中不可忽视的环节。合理的财务预算可以帮助企业明确资金需求，优化资源配置，而现金流管理是确保企业正常运转的关键。

1. 制定详细的财务预算

创业者在项目启动前，应制定详细的财务预算，确保对资金使用有全面的规划。财务预算通常包括收入预测、成本支出和资本支出。收入预测应基于市场调研结果，合理估计销售额和增长率，避免过度乐观或保守的估算。成本支出包括固定成本（如办公租金、设备采购）和变动成本（如原材料、市场推广费用）。创业者需要合理分配各项支出，确保资金用于最关键的业务环节。

2. 有效控制成本

创业初期的资源有限，因此成本控制至关重要。创业者应尽可能降低不必要的支出，优化运营效率。例如，初创企业可以通过租赁设备、与其他企业共享资源等方式降低成本。此外，创业者还应通过精细化管理优化生产流程、提高员工工作效率，从而减少运营成本。

3. 管理现金流

现金流管理是确保企业在经营过程中不出现资金链断裂的关键。创业者需要时刻关注企业的现金流状况，确保企业拥有足够的流动资金用于日常运营。创业者应编制现金流预测表，定期跟踪资金的流入和流出，并根据实际情况进行调整。此外，创业者还应保持良好的应收账款管理，确保及时回款，避免因资金周转不灵导致的运营困难。

（四）创业资金的使用与收益预期分析

创业资金的合理使用和收益预期分析是创业成功的保障。创业者应明确融资资金的具体使用方向，并合理预期投资回报，确保项目在发展过程中能够实现可持续性。

1. 资金使用的优先级

融资资金的使用应优先考虑项目的核心环节，如产品开发、市场拓展、团队建设等。创业者需要根据项目的实际需求合理分配资金，避免将资金浪费在次要环节上。例如，科技类项目应将资金重点用于技术研发和产品迭代，而消费品类项目应重点投入市场营销和渠道建设。此外，创业者还应预留一部分资金用于应对不可预见的市场波动或运营风险，确保项目在面临挑战时能够保持灵活性。

2. 收益预期分析

创业者应通过市场调研和财务模型制定合理的收益预期分析。收益预期分析不仅是企业内部管理的重要依据，也是与投资人沟通的重要内容。创业者应基于实际数据和行业经验，合理预测收入增长、成本下降和利润空间，并明确投资回报周期。例如，创业者可以分析产品的市场渗透率、客户获取成本与终身价值（LTV）、毛利率等指标，展示项目的长期盈利能力和市场扩展潜力。

资金筹措与财务规划是大学生创业过程中不可忽视的环节。创业者需要了解多样化的融资渠道，并掌握与投资人有效沟通的技巧，以获得所需的资金支持。同时，合理的财务预算、成本控制和现金流管理是确保创业项目可持续发展的关键。通过明确资金的使用方向和合理的收益预期分析，创业者可以在初创阶段打下坚实的财务基础，增强项目的可行性和投资吸引力。

六、创业风险识别与规避

创业作为一项高风险、高回报的事业，特别是对于大学生创业者而言，识别并有效规避创业过程中可能遇到的风险，是确保创业成功的重要环节。创业者在创业过程中会面临诸如市场不确定性、资金短缺、技术瓶颈，以及法律风险等多种挑战，如何建立风险防控机制，并在创业失败后及时调整策略，提升应对能力，是每个创业者都需要深入思考的问题。

（一）创业过程中的常见风险

在创业过程中，大学生创业者往往会面临多方面的风险，这些风险可能会对项目的可持续性和成功性构成威胁。常见的风险包括市场风险、法律风险、资金风险和技术风险。

1. 市场风险

市场风险是创业者最常遇到的风险之一，尤其是在市场需求和消费者行为快速变化的环境中。市场风险主要体现在两个方面：一方面是产品或服务的市场需求不确定，创业者可能高估了市场需求，导致产品销售不佳；另一方面是竞争对手的市场反应，可能有其他企业更快地推出类似产品或服务，抢占市场份额。市场风险还包括经济环境的波动，如宏观经济衰退或行业景气度下降。

2. 法律风险

大学生创业者由于经验不足，往往忽视了法律风险，导致创业过程中的合规性不足。法律风险主要包括合同纠纷、知识产权纠纷，以及监管合规性问题。例如，创业者可能在合同签订或执行过程中因条款不清而导致与合作伙伴的利益纠纷，或者由于知识产权的侵权行为陷入法律诉讼。此外，不同领域的监管要求不同，特别是在金融、医疗等高监管行业，创业者需特别关注合规性问题。

3. 资金风险

资金问题是许多大学生创业失败的主要原因之一。资金风险主要表现为现金流不足、融资困难，以及资金管理不当。初创企业通常面临资金紧张的局面，如果没有良好的资金规划和控制措施，可能会出现资金链断裂，进而导致项目无法继续运营。此外，创业者在寻求融资过程中，可能会遭遇市场资金紧缩，难以获得外部投资，从而影响项目的正常运转。

4. 技术风险

对于科技类创业项目，技术风险往往是创业成败的关键。技术风险包括研发失败、技术无法实现商业化或者技术更新换代速度过快，导致产品落后于市场需求。例如，某些创业项目在产品开发过程中，可能遇到技术瓶颈，无法实现原计划的产品功能，或者竞争对手推出更为先进的技术，导致创业项目失去竞争优势。

（二）建立有效的风险防控机制

面对创业过程中的各种风险，建立一个完善的风险防控机制是创业成功的关键。风险防控机制能够帮助创业者在风险发生前识别、评估和制定应对措施，降低风险对企业的冲击。

1. 全面的风险评估

建立风险防控机制的第一步是进行全面的风险评估。创业者需要通过市场调研、财务分析、技术可行性评估等手段识别可能存在的风险，并对每类风险的发生概率和潜在损失进行评估。例如，通过对市场的深入分析，创业者可以预测产品的销售前景，以及竞争者的反应，并评估其对项目的影响。

2. 制定风险应对策略

在识别和评估风险之后，创业者需要为每种风险制定相应的应对策略。应对策略通常包括规避、减少、转移和接受四种方式。对于市场风险，创业者可以通过灵活调整产品定位、细分市场等方式规避风险；对于法律风险，创业者则可以通过合同条款的严格规范，以及知识产权保护措施减少风险；而对于资金风险，创业者可以通过与金融机构合作或者引入战略投资者转移部分资金压力。

3. 建立风险预警机制

风险预警机制是及时发现潜在风险的有效工具。创业者应建立实时的风险监控系统，通过财务指标、市场动态、技术进展等方面的数据变化，随时监测项目的风险状态。例如，企业可以通过现金流管理系统实时监控资金流动情况，确保现金流健康并及早发现可能的资金短缺问题。

4. 风险管理团队

在项目规模较大的情况下，创业者还可以组建专门的风险管理团队或聘请外部专家对企业进行定期风险评估和管理。可以使其负责监控、评估和应对企业运行中的各类风险，并提出调整建议。

（三）创业失败后的应对策略与经验总结

创业过程中的失败不可避免，但如何应对失败并从中总结经验，是决定创业者未来能否成功的重要因素。大学生创业者在面对创业失败时，应采取积极的态度，寻找解决方案并积累宝贵的经验。

1. 心理调适与压力管理

创业失败往往会带来较大的心理压力和情感挫败感。创业者需要学会心理调适，接受失败并从中寻找成长机会。可以通过与创业导师、行业专家或心理辅导师的沟通，帮助自己走出困境，并重拾信心。良好的心理健康是创业者在失败后重新出发的基础。

2. 总结失败原因

创业者应客观分析创业失败的原因，深入反思项目中存在的问题。总结失败经验时，创业者需要从市场、团队、产品、资金等多个维度进行分析。例如，创业者可以通过分析市场反馈，了解产品是否符合市场需求；复盘资金流动，找出资金短缺的具体原因等。通过系统的分析和总结，创业者可以避免在下一次创业中重蹈覆辙。

3. 调整战略与重新出发

失败后的反思与总结为创业者提供了宝贵的经验。基于这些经验，创业者可以重新调整创业战略，并在下一次创业中采取更加稳健的策略。例如，如果资金问题是导致失败的主要原因，则创业者可以在新项目中更加注重资金规划和融资安排；如果市场定位不准，则需要在未来的市场调研和产品开发中更加深入分析消费者需求。

（四）合法合规经营

合法合规是创业企业长期发展的基础，大学生创业者往往在法律问题上经验不足，因此在创业过程中需要特别关注知识产权保护、合同规范等法律风险。

1. 知识产权保护

在竞争激烈的市场中，知识产权是创业者的核心资产之一。创业者需要通过专利、商标、版权等手段保护自己的创新成果，防止被竞争对手抄袭或侵犯。大学生创业者应了解基本的知识产权保护措施，并及时申请专利或商标注册。同时，还应留意合作伙伴和外部技术的知识产权状况，确保企业不会因侵犯他人的知识产权而陷入法律纠纷。

2. 合同规范

创业过程中，企业会与供应商、客户、员工等签订各种合同，合同的规范性是避免法律纠纷的重要保障。创业者在签订合同时，需确保合同条款明确、细致，涵盖双方的权利义务、违约责任和争议解决机制。大学生创业者可以聘请专业律师帮助审核合同，确保合同合法合规且符合企业的利益需求。

3. 遵守行业法规

不同领域的创业项目会受到不同的法律法规监管，特别是在医疗、金融、互联网等高度监管的行业。创业者在项目开发和运营过程中，需确保遵守相关行业法规，避免因合规问题而被政府机构罚款甚至关闭企业。例如，互联网公司需要确保数据隐私保护措施合规，金融公司则需要获得相应的经营许可证。

创业风险的识别与规避是确保创业项目顺利推进的关键。大学生创业者需要清晰了解市场、资金、法律、技术等方面的风险，并建立完善的风险防控机制，通过全面评估和制定应对策略来减少潜在的损失。同时，在创业失败后，创业者应及时调整心理状态，总结经验，并进行战略调整。此外，合法合规经营是创业项目长久发展的基础，创业者需要通过知识产权保护、合同规范和行业合规等方式确保企业的合法性和稳定性。

第四章 大学生创新能力与创业能力的培养

随着社会经济的快速发展和市场竞争的日益激烈，大学生就业压力逐年增加，传统的就业观念已无法满足当代大学生的职业发展需求。在这一背景下，创新与创业成为提高大学生就业竞争力的有效途径。大学生创新能力与创业能力的培养，不仅是高校教育的重要任务，更是国家推动"大众创业、万众创新"的重要举措之一。通过构建科学的创新教育体系和创业实践平台，高校能够帮助学生将理论知识与实际应用相结合，培养他们在复杂多变的市场环境中发现问题、解决问题的能力，从而实现从"就业者"向"创业者"的角色转变，为社会经济发展注入新的活力。

第一节 创新能力与创业能力的核心要素

一、创新能力的定义与构成要素

创新能力在大学生创业和就业中至关重要，它不仅是个人在竞争激烈的市场中脱颖而出的关键因素，也是社会进步和企业发展的推动力。创新能力不仅仅指产生新颖的想法，更包括如何有效地解决实际问题、获取信息并加以分析，以及通过协作实现创新成果的落地。

（一）创造性思维

创造性思维是创新能力的核心，它指的是打破常规、提出新颖且有效想法的能力。在就业与创业过程中，创造性思维有助于发现隐藏的机会，并提出具有差异化竞争优势的解决方案。

1. 突破传统思维模式

培养创造性思维的关键在于跳出固有的思维框架，打破传统观念的束缚。大学生在面对问题时，往往习惯使用熟悉的方法或从已有的经验中寻找答案，而创造性思维要求他们探索不同的可能性。比如，在创业初期，市场竞争激烈，传统的商业模式可能已被大企业垄断，此时，创业者需要用创造性思维来寻找新的市场空隙或创新的商业模式。

2. 创造性思维的培养

大学生可以通过多种方式培养创造性思维。首先，跨学科学习能够帮助学生拓宽思维边界，从不同领域吸收知识。例如，理工科学生可以学习商业管理课程，而文科生可以参与一些技术创新项目，这种跨界学习有助于激发不同的思维火花。其次，参与头脑风暴、创新竞赛等活动，能够有效训练发散性思维，帮助学生在解决问题时提出更多的创意和想法。此外，大学生应多接触艺术、文学等领域的作品，通过多样化的思维方式打破原有的思维定式。

（二）问题解决能力

问题解决能力是创新能力的重要体现，它指的是创业者或职场人士通过创造性思维，找到实际问题的解决方案，并有效地实施这些方案的能力。在当今复杂的市场环境中，单靠理论知识已经不足以应对各种挑战，大学生必须具备通过创新思维解决问题的能力，才能在竞争中立足。

1. 从问题到创新解决方案

创新性问题解决往往经历多个步骤。首先，创业者或求职者需要明确问题的本质，并对问题进行深度分析。例如，创业者在开发产品时，可能发现市场上存在类似产品，但缺乏特定功能，这就要求他们提出新的解决方案，以差异化的方式满足消费者的需求。其次，在寻找解决方案时，大学生需要运用创造性思维，探索不同的可能路径，并评估其可行性。最后，创新性解决问题不仅仅是找到理论上的答案，还需要结合实践进行验证和调整，确保解决方案能够实际落地并解决问题。

2. 培养问题解决能力的方法

问题解决能力可以通过实践不断提高。大学生应参与项目实践、实习和社会活动，通过亲身经历不同的挑战，培养解决问题的能力。例如，在校园创业中，大学生可能会遇到市场推广、资源管理等问题，这些实践经验能够帮助他们在实际创业中更好地应对复杂局面。此外，大学生还可以通过案例分析、模拟决策等教学方式，锻炼自己在不同情境下解决问题的能力。

（三）信息获取与分析能力

信息获取与分析能力是创新决策的重要基础，能够帮助创业者或求职者在复杂多变的市场环境中做出明智的判断和策略选择。随着大数据和信息技术的广泛应用，信息获取渠道和分析工具日益丰富，大学生需要具备从大量信息中提取有用数据并进行分析的能力，以支持创新决策。

1. 信息获取的多元途径

大学生创业者和求职者需要学会运用多种手段获取信息，包括市场调研、大数据分析、文献检索、用户反馈等。例如，创业者可以通过网络调查、社交媒体监测等方式了解目标用户的需求和市场趋势。此外，大数据技术的应用使数据分析更为精确，创业者可以通过数据分析工具获取用户行为、市场动向等关键信息，帮助他们在市场竞争中占据优势。

2. 数据分析与创新判断

获取信息只是第一步，如何分析并从中得出有价值的结论，是创新决策的核心。例如，创业者在开发产品时，可以通过分析消费者的购买行为数据，找出产品设计中的痛点，并据此提出改进方案。此外，大学生还需要掌握数据的可视化分析方法，通过图表、模型等方式将数据转化为直观的信息，支持创新判断。信息分析的结果能够为决策提供依据，帮助创业者更准确地把握市场需求和商业机会。

（四）协作与沟通能力

协作与沟通能力是创新能力的综合体现，现代创业和就业环境中，跨学科、跨专业的团队协作日益成为创新成功的关键因素。大学生在创业或求职时，不仅需要具备个人的专业技能，还需要通过有效的协作和沟通，整合不同领域的知识和资源，推动创新的产生和落地。

1. 跨学科协作的重要性

在复杂的创新项目中，单一学科的知识往往不足以解决所有问题。跨学科协作能够将来自不同领域的专业知识和技能结合起来，产生更具创造性和综合性的解决方案。例如，在科技创业项目中，技术团队需要与市场营销团队、设计团队紧密合作，确保产品不仅具备技术优势，还能满足用户的需求和市场的推广要求。大学生在创业过程中应意识到跨学科协作的重要性，主动学习与自身领域相关的其他学科知识，并与来自不同背景的团队成员建立紧密的合作关系。

2. 有效沟通与团队协作

良好的沟通是团队协作的基础，特别是在跨学科团队中，沟通的有效性直接影响项目的进展和结果。大学生在团队协作中需要具备清晰表达自己观点的能力，同时也要善于倾听他人的意见，理解不同背景下的思维方式和工作模式。在协作过程中，创业者需要通过开放、包容的态度，鼓励团队成员分享各自的创新想法，并共同讨论和评估不同的方案。有效的沟通不仅能够提升团队的工作效率，还能促进创新想法的碰撞，助力项目的成功。

二、创业能力的定义与构成要素

创业能力是大学生在创业过程中取得成功的核心素质之一，它不仅指创业者启动和运营企业的基本技能，还包括发现市场机会、整合资源、风险承受和有效营销等多方面的能力。创业能力的培养和提升对于大学生进入创业领域，尤其是在竞争激烈的市场中立足，具有重要的现实意义。

（一）机会识别能力

机会识别能力是创业能力中最基本、也是最重要的要素之一。它指的是创业者通过市场调研和观察，发现未被满足的市场需求或未开发的商业机会，并能够据此提出创新的产品或服务。

1. 发现市场需求

在创业过程中，识别市场需求是创业成功的第一步。大学生创业者往往缺乏丰富的市场经验，因此需要特别注重培养市场敏感度。通过深入的市场调研和消费者分析，创业者能够了解当前市场上尚未满足的需求，或者发现现有产品和服务的缺陷。例如，大学生可以通过社交媒体、行业报告、消费者调查等方式，洞察市场上存在的痛点，并据此开发新的解决方案。一个好的创业机会通常源于对这些需求的深入理解及独到的市场观察。

2. 识别趋势和变化

市场机会不仅存在于现有需求中，还往往伴随着技术变革、政策调整和社会趋势的变化。例如，随着环保意识的增强，绿色经济和可持续发展领域出现了大量新的创业机会。创业者应时刻关注全球和本地市场的变化，从中识别未来的商业趋势，提前布局新兴市场。

机会识别能力要求创业者具备敏锐的市场洞察力，能够在信息碎片化的市场环境中捕捉到隐藏的商业机会。通过学习市场调研技巧和了解行业趋势，大学生创业者可以提高自己的机会识别能力。

（二）资源整合能力

资源整合能力是创业者在创业过程中将各类资源进行有效整合，以推动项目发展的关键能力。对于大学生创业者来说，由于资源有限，如何高效配置资金、技术、人力和时间资源，决定了创业项目能否顺利启动并持续运营。

1. 资金资源的整合

资金是创业项目启动的基础，但大学生创业者往往面临资金短缺的问题。因此，创业者需要具备多渠道筹资的能力。例如，除依靠个人积蓄和家庭支持外，创业者还可以申请创业贷款、风险投资、众筹等多种融资方式。在融资过程中，创业者不仅要展示项目的创新性和市场潜力，还需要具备明确的资金使用计划，确保投资者的资金能够带来可观的回报。此外，创业者还需学会如何通过精细化管理降低运营成本，使有限的资金发挥最大效益。

2. 技术和人力资源的整合

对于技术型创业项目，技术资源的整合是成功的关键。大学生创业者可以通过校内外科研机构、技术合作伙伴或外包团队获取所需的技术支持。例如，通过与高校的实验室合作，创业者可以减少自主研发的时间和成本。与此同时，创业项目的成功还依赖优秀的人力资源管理。创业者需要通过合理的人员配置，组建一支具备专业知识和执行能力的团队。特别是对于大学生创业者，团队成员的能力互补至关重要，例如，技术团队和市场团队的有效协作，可以大幅提高项目的成功率。

3. 时间资源的管理

时间也是一种宝贵的资源，创业者在项目推进过程中需要合理分配时间，确保项目按时完成。良好的时间管理不仅可以提高团队的工作效率，还能帮助创业者在市场竞争中占得先机。对于大学生创业者来说，如何平衡学业与创业时间是一项挑战，创业者应根据项目的阶段性需求灵活安排工作时间，并在必要时优先处理重要任务。

（三）风险承受能力

风险承受能力是创业者在面对不确定性和压力时，能够保持冷静并持续推进项目的心理素质和应对能力。在创业过程中，风险是不可避免的，尤其是对于经验不足的大学生创业者来说，如何应对市场变化、资金短缺和竞争压力，决定了项目能否走向成功。

1. 应对市场不确定性

市场环境瞬息万变，创业者在进入市场时可能会面临诸如需求变化、竞争加剧或政策变化等不确定性。创业者需要具备快速适应市场变化的能力，并在风险发生时迅速做出调整。例如，创业者可以通过建立多元化的市场渠道，降低对单一市场的依赖，或者通过灵活调整产品定位，适应市场需求的变化。此外，创业者还可以通过与行业专家、顾问等建立联系，获取行业动态和政策变化的信息，提前做好应对准备。

2. 面对压力的心理调整

创业过程中压力来自各个方面，包括资金压力、市场竞争、团队管理等。创业者需要学会在高压力环境下保持冷静，并通过有效的压力管理方法减轻负担。例如，通过制订详细的工作计划、分解任务目标，创业者可以有效减少焦虑感。同时，适当的身体锻炼和心理咨询等也有助于保持创业者的心理健康，确保他们在面对挑战时具备足够的韧性。

3. 风险管理与规避

除了具备风险承受能力，创业者还需要掌握基本的风险管理知识，主动规避潜在的创业风险。创业者可以通过建立风险评估体系，定期分析项目中的潜在风险，并为每种风险制定应对措施。通过风险的提前识别和合理规避，创业者可以大幅降低创业失败的概率。

风险承受能力帮助创业者在不确定的市场环境中保持稳定心态，并能够通过合理的策略应对挑战。强大的风险承受能力能够增强创业者的信心，使他们能够更好地克服创业过程中遇到的困难。

（四）市场营销与运营能力

市场营销与运营能力是创业者将产品或服务成功推向市场的关键能力。一个好的产品或服务如果没有有效的营销和运营策略，可能无法成功进入市场并获得消费者的认可。因此，市场营销与运营能力在创业过程中起到了至关重要的作用。

1. 市场营销能力

市场营销的核心在于如何将产品或服务推向目标市场，并通过有效的推广手段吸引客户。创业者需要制定全面的营销策略，包括市场定位、品牌建设、定价策略和宣传渠道等。例如，创业者可以通过社交媒体、搜索引擎优化（SEO）、数字广告等手段提升品牌的知名度，同时还可以通过线下活动、行业展会等方式扩大市场影响力。对于大学生创业者而言，社交媒体和数字营销工具提供了低成本、高效率的推广方式，帮助他们快速触达目标受众并与潜在客户建立联系。

2. 运营能力

运营能力指的是创业者对企业日常运作的管理能力，涵盖供应链管理、生产流程优化、客户服务等方面。一个成功的创业项目不仅需要创新的产品，还需要高效的运营体系来支持产品的持续生产和销售。例如，创业者需要合理规划生产周期，确保产品能够按时交付，避免因库存不足或过多而影响市场销售。此外，创业者还需要关注客户反馈，及时调整运营策略，以提高客户满意度和忠诚度。

3. 客户关系管理

在现代商业环境中，客户关系管理成为市场营销与运营的重要环节。创业者需要通过数据分析、客户反馈和市场调研等手段，了解客户的需求和购买行为，并据此调整产品或服务。例如，通过分析客户的购买数据，创业者可以发现客户的消费习惯，从而调整产品定价或推出个性化服务。良好的客户关系管理能够帮助创业者在竞争中建立长期的客户基础，并通过口碑效应吸引更多的潜在客户。

市场营销与运营能力使创业者能够有效管理产品的推广和运营过程，确保项目在市场上获得成功。通过制定精准的营销策略和高效的运营体系，创业者能够在竞争中占据有利地位，并实现长期发展。

三、创新能力与创业能力的相互关系

创新与创业是大学生就业和创业过程中紧密相连的两个核心概念。创新能力是创业成功的驱动力，而创业是创新的实践场所。创新不仅推动了创业项目的产生和发展，还帮助创业者在激烈的市场竞争中保持产品和服务的竞争力。

（一）创新驱动创业

创新是创业的核心动力之一。创新驱动创业的过程意味着通过创造性思维，发现市场中的未满足需求或存在的痛点，并据此开发出新颖的产品或服务，进而推动创业项目的产生和发展。

1. 创新思维的作用

大学生创业者在创业初期，通常需要依赖创新思维来突破已有的市场模式和产品设计。创新思维帮助创业者在思维方式上跳出传统的框架，寻找新的市场机会。例如，在共享经济模式兴起的背景下，诸如共享单车和共享充电宝等项目就是通过创新思维发现了市场上的痛点，并提出了解决方案。这类创新不仅推动了这些项目的产生，还为企业奠定了独特的市场定位。

2. 创新推动项目发展

创新不仅能够推动创业项目的产生，还能驱动其后续的发展。在项目启动后，市场环境和消费者需求可能会发生变化，这就要求创业者具备持续创新的能力，不断优化和迭代产品或服务。例如，某些科技类创业项目在初期可能通过一项创新技术打开市场，但随着技术和行业趋势的发展，创业者需要继续通过创新保持市场领先地位，否则项目可能会迅速被竞争者取代。

通过创新驱动创业，大学生创业者能够找到独特的市场机会，并在项目的发展过程中保持竞争力和活力。创新不仅是创业的起点，也是推动创业项目持续进步的动力源。

（二）创业中的创新运用

创业过程是将创新思维转化为实际产品或服务的过程。创业者需要在创业实践中不断运用创新思维，提升产品的独特性和市场竞争力。创新的运用不仅体现在初期的产品设计上，也贯穿整个创业过程，包括市场推广、运营优化和技术升级等多个方面。

1. 产品和服务的持续创新

在创业过程中，产品和服务的持续创新是确保创业项目成功的关键。市场竞争日益激烈，消费者的需求也在不断变化，如果创业者的产品或服务缺乏创新性，项目可能很快被市场淘汰。例如，在互联网领域，创业者需要通过技术升级、功能优化以及用户体验改善等方式，不断增强产品的创新性和用户黏性。苹果公司就是持续创新的典型代表，其通过不断优化和改进产品功能，保持了产品的市场吸引力。

2. 创新与市场推广的结合

在创业中，创新不仅限于产品本身，还可以体现在市场推广策略上。通过创新的营销方式，创业者可以更有效地接触目标受众，并增加品牌知名度。例如，许多初创企业通过社交媒体平台采用创意视频营销、病毒式传播等方式，迅速积累用户群体。大学生创业者可以借助新媒体平台，以创新的内容形式和互动方式，与目标用户建立更加紧密的联系，快速扩大市场影响力。

3. 运营管理中的创新

创新不仅限于外部产品和市场，还体现在企业的运营管理中。创业者在项目运营中可以通过创新的管理方法，提高企业的内部效率和执行力。例如，企业可以采用新的组织管理模式，如扁平化结构或敏捷管理模式，来加速决策过程并增强团队协作。此外，创业者可以通过数据驱动的运营方式，使用大数据、人工智能等技术工具，优化供应链管理、客户服务和销售策略。

创业中的创新运用使项目能够在变化的市场环境中保持竞争力。持续的创新帮助创业者不仅在产品上独树一帜，还在营销和运营管理中建立优势，推动企业的长期发展。

（三）创新能力与创业成功的相关性分析

创新能力与创业成功之间存在高度的相关性。无论是在初创期发现市场机会，还是在运营过程中优化产品和服务，创新能力都对创业项目的成功具有至关重要的作用。研究表明，具备较高创新能力的创业者，其创业项目的成功率更高。

1. 创新能力推动项目可持续性

创新能力是创业者在市场中立足和长期发展的基础。在竞争激烈的市场环境中，具备创新能力的创业者能够比竞争对手更快地适应市场变化，并通过创新的产品或服务保持竞争优势。创业者的创新能力决定了他们是否能够敏锐地捕捉到市场中的变化，并迅速做出响应。例如，创新能力强的创业者能够通过持续的市场调研和用户反馈，及时调整产品策略，推出更符合市场需求的解决方案，从而增加项目的可持续性。

2. 创新降低创业风险

创业是一项高风险的活动，但创新能力可以帮助创业者有效降低创业失败的风险。通过创新，创业者能够找到与竞争对手不同的商业模式，避免与大企业的直接竞争。例如，一些创业项目通过创新的商业模式（如订阅制或免费增值模式），成功在市场中找到独特的定位并规避了传统企业的竞争压力。此外，创新能力还帮助创业者在产品开发、市场推广等环节中更加灵活应对挑战，降低创业过程中的不确定性。

3. 创新推动增长与扩展

在企业的成长和扩展阶段，创新能力继续发挥关键作用。通过技术创新或商业模式创新，企业能够进入新的市场或扩展现有的产品线。例如，许多初创企业通过创新进入国际市场，或者通过技术升级进军新的行业领域。创新不仅推动了企业的横向扩展，也为企业的纵向增长提供了新的机会。具有创新能力的创业者能够在企业发展过程中不断开拓新市场、推出新产品，确保企业的持续增长和发展。

创新能力不仅与创业成功高度相关，而且是影响创业项目可持续发展、降低风险，以及推动企业扩展的重要因素。创业者应注重培养和提升自身的创新能力，以确保项目在不断变化的市场中取得成功。

四、核心素质培养的关键因素

大学生在就业和创业过程中，核心素质的培养至关重要。创业和职场中的成功不仅依赖专业知识和技能，更依赖个人的心理素质、应对挑战的能力，以及学习和成长的动力。

（一）自我效能感：对个人能力和成就的信心

自我效能感指的是个人对自己能够成功执行某一任务或活动的信心。这种信心会直接影响个人在面对挑战时的态度和行为，尤其在创业和就业过程中，自我效能感是驱动大学生追求卓越、不断前进的重要心理素质。

1. 自我效能感的作用

研究表明，自我效能感高的个体在面对困难时，更有可能表现出积极的应对行为。对于大学生创业者而言，创业过程中充满了不确定性和挑战，而自我效能感帮助创业者在面对困难时依然保持信心，推动他们主动寻找解决方案，而不是因担心失败而止步不前。例如，初创企业在市场推广初期可能面临客户拒绝、销售低迷等情况，具备高自我效能感的创业者会更有可能坚持下去，逐步调整策略，最终获得市场认可。

2. 提升自我效能感

自我效能感并非与生俱来，而是可以通过实践和经验逐步提升。首先，大学生创业者可以通过设立可实现的短期目标，逐步积累成功经验。每一次小成功都会增强个人的信心，从而推动其设立更大的目标。其次，创业者可以通过观察和学习榜样的成功经验，获得自我效能感的间接提升。看到其他成功的创业者克服了类似的困难，能够让自己相信也可以做到。此外，社交支持和正向反馈也对提升自我效能感至关重要。创业者可以通过与导师、朋友和同事的沟通，获得积极的反馈和鼓励，帮助自己在面对挫折时保持信心。

通过不断实践和设定可实现的目标，大学生创业者能够逐步提升自我效能感，这种信心将有助于他们在创业过程中保持动力和勇气。

（二）抗挫折能力

抗挫折能力是指个体在面对失败、挫折或逆境时，能够承受压力并保持积极心态，继续前进的能力。在大学生创业和就业过程中，挫折和挑战是不可避免的，具备强大的抗挫折能力是成功的重要保障。

1. 抗挫折能力的重要性

创业本身是一项高风险的活动，失败的可能性较高，尤其对于缺乏经验的大学生创业者，挫折和失败更是经常出现的情况。无论是市场变化、资金不足，还是团队管理中的问题，创业者都可能遇到各种各样的挑战。在这些情况下，抗挫折能力决定了创业者能否从失败中恢复并继续向前。那些能够从挫折中吸取经验并迅速调整策略的创业者往往更具韧性和成功的潜力。

2. 抗挫折能力的培养

抗挫折能力的培养需要在实际经历中不断锻炼。首先，创业者应当明白失败是创业过程中的一部分，将失败看作学习和成长的机会，而非打击。通过这种积极的心态，创业者能够从失败中吸取教训，避免在未来的项目中犯同样的错误。其次，创业者需要建立有效的情绪调节机制，例如，通过冥想、运动、社交等方式减轻压力，保持情绪的稳定。此外，创业者还应学会分解问题，将大挑战分解为多个小任务，并逐步解决，这样可以减少挫折感，同时增强对问题的掌控感。

（三）主动学习能力

主动学习能力是指个体能够自我驱动，通过多种途径主动获取新知识、新技能，并持续提升自身能力的能力。创业环境充满不确定性和快速变化，大学生创业者要想在竞争中保持优势，必须不断学习，以更新自己的知识储备。

1. 主动学习在创业中的作用

创业者面临的挑战不仅来自市场和技术，还来自他们自身知识和能力的局限性。在创业过程中，新的问题和机会不断出现，创业者需要掌握新的技能和知识才能应对这些变化。例如，随着数字经济的发展，许多创业者需要掌握社交媒体营销、数据分析等新兴技能，以提升企业的市场竞争力。因此，主动学习能力帮助创业者在快速变化的市场中保持敏锐性和应对能力，确保他们能够迅速适应新环境，并利用新技术和新工具推动企业发展。

2. 主动学习能力的培养

大学生创业者可以通过多种方式培养自己的主动学习能力。首先，保持对行业的敏感度和好奇心是培养学习能力的基础。创业者应定期关注行业动态、阅读相关书籍和研究报告，及时了解最新的技术和市场趋势。其次，创业者可以通过参与创业培训课程、研讨会和行业交流活动，不断提升自己的专业知识和技能。现代科技为学习提供了便利，创业者还可以利用在线学习平台、社交网络和专业论坛，与同行交流学习，获取最新的知识。此外，创业者还应保持对自身学习进度的评估，定期审视自己的知识短板，并制订学习计划。

第二节　创业能力的培育

一、高校创业教育的现状与发展

高校创业教育作为培养创新型人才的重要手段，近年来在全球范围内得到了广泛关注。各国高校纷纷通过创业教育培养学生的创新思维和创业能力，为学生提供了理论与实践相结合的学习机会。但不同国家和地区的高校在创业教育模式上存在差异，国内高校创业教育体系也在不断探索与发展。

（一）国内外高校创业教育的模式对比

国内外高校在创业教育模式上存在显著差异，主要体现在课程设置、资源配置、教学方式，以及教育理念等方面。国外尤其是欧美发达国家的高校创业教育体系较为成熟，而国内的高校创业教育当前仍处于探索和完善的阶段。

1. 国外高校的创业教育模式

欧美国家的高校，特别是美国的大学，创业教育起步较早，并逐渐形成了较为成熟的教育体系。例如，斯坦福大学和麻省理工学院的创业教育以其紧密结合产业需求、注重实践操作而闻名。国外高校的创业教育通常采用跨学科教学模式，鼓励学生从不同学科背景出发，通过团队合作和项目制学习，完成从创业构想到项目落地的全过程。此外，国外高校与企业、投资机构的联系较为紧密，能够为学生提供丰富的实践机会和创业资源，帮助学生将课堂所学转化为实际行动。

2. 国内高校的创业教育模式

相比之下，国内高校的创业教育起步较晚，但近年来随着创新驱动发展战略的实施，创业教育得到了快速发展。许多国内高校相继开设了创业课程和创业实践基地，鼓励学生参与创新创业活动。例如，北京大学、清华大学等重点高校通过创新创业竞赛、创业孵化器等形式，积极推动学生的创业实践。然而，国内高校在创业教育模式上仍面临一定的挑战，尤其是在跨学科合作和实践资源的提供上，与国外高校存在差距。尽管一些高校已经引入了国际化的创业教育理念，但整体上，国内高校的创业教育仍处于从学术性教育向实践性教育过渡的阶段。

（二）高校创业课程的开设现状

高校创业教育的核心内容之一是课程的设置，创业课程通常包括理论课程与实践课程的两部分，二者的整合对于培养学生的综合创业能力至关重要。

1. 理论课程的现状

高校创业教育中的理论课程主要涉及创业基础知识、商业管理、市场营销、财务规划、法律法规等方面内容。这些课程旨在帮助学生掌握创业所需的基本理论和技能。然而，目前许多高校的创业课程仍以传统的课堂讲授为主，强调理论知识的传授，缺乏与实际创业情境的结合。这种单一的教学模式往往导致学生缺乏创业的实际操作经验，无法将理论与实践有机结合。

2. 实践课程的现状

实践课程是创业教育中不可或缺的一部分，它通过真实的创业场景或模拟项目，帮助学生将所学知识应用于实际创业过程。目前，国内一些高校开始引入实践课程，如创业实习、创业大赛、创业项目孵化等，鼓励学生在真实的商业环境中进行创业尝试。许多高校还设立了创业孵化器，为学生创业项目提供技术、资金、场地等支持。例如，北京大学创新创业孵化平台为学生提供了一系列从创意到创业的孵化服务，帮助学生使项目落地。

3. 理论与实践的整合

尽管一些高校已经开设了创业实践课程，但理论与实践的有效整合仍是当前高校创业教育面临的一大挑战。理论课程和实践课程往往是独立开展的，学生难以在理论学习中获得实践机会，也难以在实践中系统地运用所学知识。未来，高校应通过更多的项目制学习、跨学科合作，以及校企合作，将理论与实践相结合，使学生在学习过程中既能够掌握扎实的理论知识，又能够积累宝贵的实践经验。

（三）创业教育体系的现状分析

高校创业教育体系的建设，不仅在于课程设置，还包括创业资源的整合、师资力量的培养，以及与产业界的合作。在这个体系中，学术性教育和实践性教育的平衡是关键问题。

1. 学术性教育的现状

学术性教育主要指高校通过理论课程和学术研究，帮助学生掌握创业相关的知识和方法。当前，国内许多高校在创业教育中仍以学术性教育为主，强调学生在课堂上学习创业理论。然而，过于注重理论知识的传授，容易使学生的创业能力停留在概念层面，缺乏实际操作经验。因此，创业教育需要从单纯的学术性教育模式转向实践与理论并重的模式。

2. 实践性教育的现状

实践性教育是指通过实际项目和创业活动，让学生在真实的商业环境中锻炼创业能力。目前，国内部分高校在创业实践方面取得了一定进展，许多学校通过设立创业实验室、企业实习机会，以及创业竞赛，为学生提供了实践创业的平台。例如，清华大学与多家企业和投资机构合作，推出了多个创业实践项目，帮助学生将创业理论应用到实际创业过程中。然而，实践性教育的发展仍面临挑战，尤其是缺乏足够的校外创业资源和行业支持，限制了学生的实践机会。

3. 学术性与实践性的平衡

创业教育体系的完善，关键在于如何平衡学术性教育与实践性教育。高校在创业教育中，不仅要加强理论教学，帮助学生掌握基本的创业知识，还要通过更多的实践机会，帮助学生在实际操作中运用这些知识。高校应通过校企合作、创业导师制度、跨学科联合等方式，搭建更多的实践平台，让学生在真实的商业环境中接受锻炼。同时，高校还应注重创新创业教育的国际化发展，学习国外高校的实践教学模式，将理论与实践紧密结合，提升创业教育的整体质量。

二、创业能力培育的内容与方法

创业教育是帮助大学生培养创新意识和创业能力的重要途径。近年来，高校通过理论教育与实践教育相结合、引入跨学科和案例教学等多样化的教学方法，不断完善创业教育体系，旨在培养具备创业思维与实战能力的综合型人才。

（一）理论教育：创业相关的基本理论

创业教育的核心之一是理论教育，它为学生提供创业过程中所需的基础知识与框架，涵盖创业经济学、创业管理学、市场营销、财务管理等多方面内容。理论教育通过系统的学习，让学生理解创业的基本原理和运作模式，并为实践打下坚实的基础。

1. 创业经济学

创业经济学帮助学生了解创业活动在经济系统中的作用。学生通过学习可以理解创业如何促进就业、推动技术创新，以及提高社会资源的利用效率。这类理论为学生分析创业活动的宏观背景提供了经济学视角，有助于他们从更广的层面认识创业的社会价值。

2. 创业管理学

创业管理学主要研究创业过程中的组织管理、领导力、团队构建和决策制定等内容。这一领域的学习能够帮助学生掌握有效管理创业团队的方法，合理分配资源，并在不确定的市场环境中快速做出决策。大学生创业者通常缺乏管理经验，而创业管理学的学习正好可以弥补这一空白，为他们的创业实践提供管理工具和策略。

3. 市场营销与财务管理

市场营销与财务管理是创业成功的关键。市场营销课程帮助学生了解如何分析市场、定位产品、制定有效的营销策略，并建立品牌形象。而财务管理课程则教授如何规划资金使用、控制成本、预测现金流等财务技能。通过系统的理论学习，学生可以掌握创业过程中必备的市场和财务知识，增强创业项目的市场竞争力与可持续性。

（二）实践教育：通过模拟创业和项目开发提升学生的实战能力

创业教育中的实践部分是不可或缺的，它通过真实或模拟的创业活动，帮助学生将理论知识应用到实际问题的解决中，从而提升实战能力。

1. 模拟创业

模拟创业是一种低风险的实践形式，通常通过创业竞赛、创业实验室或课程项目来实现。学生可以在模拟环境中体验从创业构想到项目执行的完整过程，如组建团队、开发产品、撰写商业计划书、与"投资者"沟通等。模拟创业的目的在于为学生提供一个接近真实的创业情境，使他们在实际创业之前积累经验和技巧，减少创业失败的风险。

2. 项目开发

实践教育还包括真实的项目开发，学生通过参与实际的创业项目或校内的创新实验室，直接与市场接触，进行产品研发和服务提供。项目开发通常与创业孵化器或加速器相结合，提供技术、资金、场地和导师支持。这些项目不仅培养学生的实际创业能力，还为他们的创业成果提供落地的机会。例如，一些高校与企业合作，提供真实的市场需求，让学生在项目中完成从产品设计到上市销售的全过程，这种方式极大提升了学生的创业能力。

通过模拟创业和项目开发，学生能够在实际操作中体验创业的挑战和机遇，学会应对现实中遇到的各种问题，从而为未来的创业之路做好准备。

（三）创业竞赛与项目孵化：通过赛事或创新项目鼓励学生创业实践

创业竞赛与项目孵化是推动学生积极参与创业实践的重要手段。通过有针对性的赛事活动和项目孵化平台，高校能够为学生提供展示创业想法、获得资金支持和资源对接的机会。

1. 创业竞赛

创业竞赛是许多高校鼓励学生进行创新创业实践的重要形式。学生通过参加竞赛，提出创业想法，设计商业计划书，并向评委展示项目的市场潜力与实施计划。竞赛不仅能够提升学生的创新能力和商业意识，还能为优秀项目提供资金、导师指导和行业资源。例如，全球范围内的"哈佛创业大赛"，以及中国的"互联网+"大学生创新创业大赛，吸引了众多学生团队参与，并通过奖项和资助激励他们将创业想法落地实施。

2. 项目孵化

项目孵化器为学生创业项目提供了全方位支持，包括技术指导、市场推广、法律支持，以及资金对接等。高校通过与地方政府、企业和投资机构合作，建立创业孵化平台，帮助学生的创业项目快速成长。许多高校还设有专门的创业基金，向有潜力的学生项目提供种子资金。通过项目孵化，学生不仅能够获得实践机会，还能与行业专家、导师和投资人建立联系，为项目的长远发展奠定基础。

（四）跨学科教育：融合不同学科背景，培养综合型创业人才

现代创业往往要求创业者具备多学科的知识背景，因此，跨学科教育在培养综合型创业人才中发挥了重要作用。通过融合不同学科的知识和技能，学生可以在更广的视野下解决创业问题，增加创新创业的可能性。

1. 跨学科团队合作

跨学科教育的核心是鼓励学生组建来自不同学科背景的团队，共同参与创业项目。例如，一个创业团队可以由商科、工程、设计等不同学科的学生组成，通过不同学科知识的互补性，推动项目的多样化发展。技术类项目可能需要设计和商业推广的支持，商业类项目则可能需要技术实现的帮助。通过跨学科的合作，学生能够更为全面地解决创业过程中遇到的多维度问题。

2. 融合创新

跨学科教育有助于培养学生的创新思维。例如，技术与艺术的结合能够带来产品设计的突破，工程与经济的融合能够创造出更具市场竞争力的商业模式。高校应通过开设跨学科课程、举办跨学科研讨会和创业大赛等形式，推动不同学科学生的交流与

合作，提升综合创新能力。

跨学科教育能够拓宽学生的思维方式，提升团队协作能力，从而培养出具备综合素质的创新型创业人才。

三、高校创业指导体系的构建

高校创业指导体系的构建是大学生创业能力培育的重要组成部分，它为学生提供了理论知识与实践经验的桥梁，帮助他们在创业过程中更好地面对市场挑战。一个完善的创业指导体系通常包括创业导师制度、校企合作、实训基地与创业孵化器的建设，以及创业咨询和心理辅导服务。

（一）创业导师制度

创业导师制度是高校创业指导体系中的核心环节，它通过引入校内外的专家导师，为大学生提供个性化的创业指导和支持。创业导师不仅帮助学生制订创业计划，还为他们提供经验、资源和人脉上的支持。

1. 导师的角色与作用

创业导师在创业教育中扮演着多重角色。他们不仅是知识的传授者，更是经验的分享者、策略的引导者和资源的协调者。对于经验不足的大学生创业者来说，导师的指导能够帮助他们避免常见的创业误区。例如，创业导师可以根据自己的经验，帮助学生优化商业计划书，指导他们如何应对融资难题或市场竞争。创业导师的行业经验能够帮助学生在创业过程中做出更明智的决策。

2. 校内外导师的整合

高校可以通过聘请校内教师和校外企业家、投资人等组成导师团队，为学生提供多元化的创业指导。校内导师通常具备扎实的理论基础和教学经验，能够帮助学生巩固创业的理论知识；而校外导师往往拥有丰富的市场实践经验，能够为学生提供行业见解和市场资源。两类导师的合作不仅能够提供理论与实践的双重支持，还能为学生搭建起理论知识向创业实践转化的桥梁。

创业导师制度的建立能够极大提升学生的创业能力，为他们的创业项目提供必要的专业指导和资源对接，是高校创业指导体系中的重要环节。

（二）校企合作：高校与企业共同搭建实践平台

校企合作是高校创业指导体系中的另一个重要组成部分，它通过将高校教育资源与企业的实际需求相结合，为学生提供真实的市场环境和实践机会，提升创业教育的实用性。

1. 校企合作的形式

校企合作的形式多种多样，常见的包括企业为高校提供实习机会、创业项目合作、联合研发项目、企业家进校讲座等。这些合作项目为学生提供了接触行业前沿的机会，并让他们在真实的商业环境中验证和发展自己的创业想法。例如，一些高校与地方科技企业合作，提供"创业实习"项目，学生可以在企业的支持下开发自己的创业项目，并得到企业的技术指导和市场反馈。

2. 企业资源的引入

通过校企合作，高校可以引入企业的资源，包括资金、技术和市场机会，帮助学生的创业项目快速成长。许多企业乐于通过高校创业教育平台，寻找潜在的创新项目并提供投资或孵化支持。对于学生而言，这不仅能够缩短从校园到市场的过渡期，还能借助企业的资源和渠道迅速推进创业项目。

3. 双赢局面

校企合作不仅能够提升高校创业教育的实用性，也能为企业提供创新源泉和人才储备。企业可以通过合作项目，提前接触到优秀的创业团队和创新项目，为企业的技术升级和业务拓展注入新的活力。

（三）实训基地与创业孵化器：通过实践基地提供创业资源支持

实训基地和创业孵化器是高校为学生提供实践机会和创业支持的重要平台。它们为学生提供了从项目初创到市场推广的全方位支持，帮助学生将创意转化为现实项目。

1. 实训基地的功能

实训基地通常设在高校校园内，作为学生创业实践的场所。通过提供技术设备、实验室、工作坊等资源，实训基地能够帮助学生进行创业项目的开发和测试。例如，一些高校的科技创新实训基地设有先进的研发设备，供学生开发高科技产品；设计类实训基地则为学生提供设计软件和生产设备，帮助他们完成产品原型设计和制作。实训基地不仅提供了硬件支持，还通过举办创业培训课程、研讨会和实践活动，帮助学生掌握创业过程中需要的各项技能。

2. 创业孵化器的作用

创业孵化器是为初创企业提供资源、资金和管理支持的机构。高校创业孵化器通常与当地政府、企业或投资机构合作，提供从创意阶段到企业成立的全流程支持。例如，孵化器为学生提供办公场地、创业导师、法律咨询、融资渠道等，帮助学生降低创业初期的风险，并加速项目的发展。许多高校的孵化器还设有创业基金，专门用于支持学生创业项目，确保有潜力的项目能够获得早期资金的支持。

（四）创业咨询与心理辅导：帮助学生在创业过程中应对心理压力和困惑

创业过程充满挑战和不确定性，大学生在创业过程中常常面临巨大的心理压力。为了帮助学生更好地应对创业中的困惑和压力，创业咨询与心理辅导是高校创业指导体系中的重要组成部分。

1. 创业咨询的作用

创业咨询为学生提供关于创业过程中的法律、财务、市场等方面的专业建议。例如，学生可能在创业初期遇到法律问题，如公司注册、知识产权保护、合同签订等，创业咨询能够帮助学生解决这些技术性问题。此外，财务管理、税务筹划、市场推广等方面的咨询服务也能为学生创业提供宝贵的帮助。这种专业的创业咨询服务能够帮助学生避免常见的创业误区，提高创业项目的成功率。

2. 心理辅导的必要性

创业过程中的压力常常来自市场的不确定性、资金紧张、团队管理困难等。对于没有太多经验的大学生创业者来说，这些压力可能会导致焦虑、困惑甚至产生放弃创业的想法。因此，高校应为学生提供心理辅导服务，帮助他们调整心态，增强心理韧性。心理辅导可以通过一对一咨询、心理工作坊、减压活动等形式进行，帮助学生缓解压力、保持积极的创业心态。

四、创业课程设计的原则

在大学生创业教育中，创业课程的设计对培养学生的创新思维和创业能力至关重要。创业课程不仅要传授理论知识，还要引导学生将所学应用到实际项目中，帮助他们在快速变化的市场环境中生存与发展。

（一）课程内容的实用性与前瞻性

创业课程的内容设计需要兼具实用性与前瞻性，才能满足学生在创业过程中面临的现实需求，并为他们未来的创业之路提供有效支持。

1. 实用性

创业课程应侧重解决学生在实际创业过程中可能遇到的具体问题，包括如何撰写商业计划书、如何进行市场调研、如何获取创业资金、如何进行团队管理、如何开展市场推广等。这类实用技能可以直接帮助学生应对创业中的挑战。例如，课程可以通过案例分析，帮助学生了解如何制定可行的商业战略，如何在有限资源下实现目标，并应对现实中的市场竞争和法律问题。此外，财务管理、法律风险防范、市场营销等具体的创业工具和技能，能够帮助学生更好地将理论转化为实际操作。

2. 前瞻性

除了实用性，创业课程还应具备前瞻性，帮助学生预见未来市场的发展趋势和技术变革。这包括未来行业的热点技术、新兴市场的机会，以及对全球化市场的理解等。例如，创业课程可以引入大数据、人工智能、物联网等新技术的应用，帮助学生了解如何在未来的市场环境中保持竞争力。前瞻性课程内容将使学生能够在创业初期制定更加具有长远眼光的策略，预见并利用未来的商业机遇。

（二）将创业理论与行业实践结合

创业教育不仅仅是理论学习，还要与行业实践紧密结合。通过将课堂上所学的创业理论与现实中的行业实践对接，学生可以更加全面地理解创业过程，并提高创业成功的可能性。

1. 理论与实践结合的重要性

许多大学生在进入创业领域时，往往缺乏市场经验和实战能力。将创业理论与行业实践结合，能够为学生提供真实的创业场景，帮助他们理解如何将理论应用于实际问题的解决中。例如，创业管理、商业模式、风险投资等理论课程可以通过与行业专家或企业合作，邀请学生参与实际的项目或企业的创业实践，了解如何从零开始创立公司、运营企业并在市场中生存。

2. 实践课程的引入

高校创业课程应多设立实践环节，如模拟创业、行业实习、项目开发等，以增强学生对行业的实际理解。通过实践，学生可以更好地理解市场需求、用户反馈和竞争环境，从而更加灵活地调整创业策略。比如，某些高校会与创业孵化器或初创企业合作，让学生在项目实践中体验市场推广、产品开发、财务规划等创业过程的各个环节。这样不仅能帮助学生更好地掌握创业技能，还让他们积累了宝贵的行业经验。

（三）强化学生的主动参与和自主学习

创业课程的设计需要强调学生的主动参与和自主学习，只有通过自主探究和实践，学生才能真正内化创业所需的技能和知识。

1. 项目式学习

创业教育可以采用项目式学习模式，鼓励学生自主选择创业项目并从头至尾参与其中。通过亲自策划、组织和执行创业项目，学生能够深入了解创业的各个阶段，从创业想法的产生到商业模式的构建，再到项目实施和推广。项目式学习不仅能够增强学生的主动性，还能够培养他们的领导力、团队合作和解决问题的能力。

2. 自主学习与资源利用

高校应提供丰富的学习资源，如在线课程、图书馆的创业资源、创业实验室等，鼓励学生自主学习。通过自主学习，学生可以根据自己的创业兴趣选择相关的学习内容，并通过反复实践逐步掌握技能。例如，学生可以利用在线学习平台，学习最新的创业工具或技术创新，利用学校的创业实验室进行产品设计和开发。

（四）创新思维的渗透与跨学科整合

创业教育的目标不仅是教会学生如何创业，更重要的是培养他们的创新思维能力，使他们能够创造性地解决问题，并通过跨学科的合作推动创业项目的成功。

1. 创新思维的渗透

创业课程应鼓励学生突破传统思维模式，激发他们的创造力。例如，在课程设计中，可以通过开放式问题、挑战赛或设计思维工作坊等形式，促使学生从不同角度思考问题，寻找新的解决方案。通过这种方式，学生可以学会如何在复杂的商业环境中发掘机会，并为市场提供创新性的产品或服务。

2. 跨学科整合

现代创业项目往往需要多学科知识的支持，因此创业课程应推动不同学科的融合。通过跨学科整合，学生可以将技术、设计、管理、营销等多领域的知识应用于创业项目，形成综合性的解决方案。例如，工程类学生可以与商科和设计类学生合作，开发技术产品并制定市场推广策略。跨学科教育的引入不仅可以增强学生的合作能力，还能够激发创新，创造出更具竞争力的创业项目。

（五）持续跟踪学生创业项目的成长和反馈

创业教育不应仅局限于课程结束时的成果展示，而是应更加注重对学生创业项目的持续跟踪和反馈。通过长期的指导和反馈，学生可以更加深入地反思和优化自己的创业项目。

1. 项目跟踪的重要性

在创业课程结束后，学生的创业项目仍然处于初级阶段，需要不断调整和完善。通过持续跟踪，导师或创业指导中心可以帮助学生分析项目的进展，提供改进建议。例如，定期的项目回顾会议、导师辅导和行业专家的意见反馈，都可以帮助学生及时发现问题并做出调整。这种持续的支持将帮助学生的创业项目不断成长，并增加项目成功的概率。

2. 反馈机制的建立

为了确保项目跟踪的有效性，创业课程应建立系统的反馈机制。例如，学生可以定期提交项目进展报告，导师根据报告给出详细反馈。此外，还可以通过创业竞赛或评审活动，让学生的项目接受市场的真实检验，并从中获取有价值的改进建议。通过持续的反馈机制，学生能够不断优化创业项目，提升实践效果。

五、政策支持下的创业教育

大学生创业教育作为创新驱动发展战略中的重要组成部分，得到了国家和地方政府的大力支持。政府政策为高校提供了创业教育发展的制度保障，通过资金、资源和赛事等多种形式的激励和引导，促进了创业教育在高校中的普及和深化。

（一）国家和地方对高校创业教育的政策支持

国家和地方政府为推动大学生创业，不断出台相关政策，为高校创业教育提供制度保障和资源支持。这些政策旨在提升大学生的创新创业能力，并推动高校将创业教育作为人才培养的重要内容。

1. 国家政策支持

自"双创"（大众创业、万众创新）战略提出以来，国家对大学生创业的支持力度显著加大。教育部发布了《关于进一步做好高校毕业生就业创业工作的通知》，明确要求各高校将创新创业教育纳入人才培养体系，并将创新创业课程列入教学计划。国家还通过设立创新创业教育示范基地、鼓励高校建立创业孵化器等措施，为大学生创业提供多样化的资源和平台支持。此外，国家发展改革委、科学技术部等部门也相继出台了支持大学生创业的政策，涵盖了技术创新、创业投资、财税优惠等方面，形成了较为完备的政策体系，鼓励高校在创业教育中探索实践。

2. 地方政策支持

地方政府也根据自身区域经济和产业结构的特点，出台了多项支持高校创业教育的政策。例如，部分经济发达地区通过财政补贴、税收优惠和创业园区资源倾斜等措施，吸引和支持本地高校学生参与创业实践。同时，地方政府还与高校合作，共同设立创业孵化器和创新中心，为学生提供创业项目孵化服务、创业资金支持和技术指导。此外，地方政策也注重发挥地方特色，鼓励大学生结合本地产业特色开展创业，如在农业、文化创意、科技服务等领域的创业支持政策，促进区域经济与创新创业的深度融合。

（二）创业扶持资金与创新奖学金的鼓励机制

资金支持是推动大学生创业实践的重要手段。为了降低大学生创业初期的资金压力，国家和地方政府、高校通过设立创业扶持资金和创新奖学金，为大学生创业提供经济上的支持和鼓励。

1. 创业扶持资金

许多高校在国家和地方政府的支持下，设立了专门的创业扶持资金，面向有创业意向或已经启动创业项目的大学生提供资金支持。这些资金通常以无息贷款、创业基金、创业补贴等形式发放，帮助大学生在创业初期解决资金不足的问题。例如，北京市政府设立了"大学生创业引导基金"，为初创项目提供低息贷款和资金扶持，帮助创业项目尽早落地。高校创业扶持资金还往往与创业孵化器或加速器合作，提供从资金到技术的全方位支持，确保大学生创业项目能够在市场上顺利推进。

2. 创新奖学金

为了激励大学生参与创新创业活动，许多高校设立了创新奖学金，用于奖励在创业竞赛或创新项目中表现优异的学生。创新奖学金不仅帮助学生减轻了经济负担，还起到了荣誉激励的作用，鼓励更多学生投身创新创业实践。例如，浙江大学、清华大学等高校设立了"创新创业奖学金"，对在创业竞赛中获得奖项的团队或个人给予资助。通过这种形式，高校能够培养学生的创业积极性，鼓励他们在创业过程中不断提升自己的创新能力。

（三）各类创新创业大赛在创业教育中的引导作用

各类创新创业大赛是推动大学生创业实践的重要平台，它通过激发学生的创新思维和创业意识，促进了创业教育的普及与深化。大赛不仅提供了展示创业成果的舞台，还通过竞赛评比、导师指导、投资对接等环节，为大学生创业项目的落地提供全方位支持。

1. 激发学生创业热情

创新创业大赛为学生提供了一个展示创意和能力的舞台，激发了他们的创业热情。例如，"互联网+"大学生创新创业大赛、"挑战杯"大学生创业计划大赛等全国性赛事，每年吸引成千上万的大学生团队参与，涵盖科技创新、社会服务、文化创意等多个领域。这些大赛通过奖金、荣誉、创业孵化等激励措施，鼓励学生积极参与创业活动，并将创意转化为实际的创业项目。

2. 提供导师支持与资源对接

许多创新创业大赛在提供竞赛平台的同时，还提供了导师指导、资源对接等后续支持。例如，在"互联网+"大学生创新创业大赛中，参赛学生可以获得来自行业专家、企业家和投资人的一对一指导，帮助他们优化商业计划、完善技术方案，并提供市场推广和融资渠道。这些资源对接能够帮助学生进一步完善项目，提升创业成功的可能性。

3. 孵化优秀项目

大赛还通过与高校创业孵化器和地方政府的合作，为优质项目提供孵化支持。许多优秀的参赛项目在大赛结束后，进入了高校或地方创业孵化器，并获得了资金、办公场地、技术支持等资源，进一步推动了项目的发展。例如，许多"挑战杯"获奖项目在赛事结束后，通过孵化器获得了投资，成功实现了商业化运作。

创新创业大赛不仅是大学生展示创业能力的舞台，更是推动创业项目落地、实现资源对接的重要渠道。通过大赛的引导，更多的大学生投身创业实践，进一步推动了高校创业教育的发展。

第三节 大学生创业能力的实践与案例分析

一、大学生创业实践的意义

大学生创业实践不仅是创新型人才培养的途径之一，更是提升个人职业发展的重要手段。通过创业实践，学生不仅能够提高自身的职业竞争力，还能够在实际操作中培养团队协作、领导力和创新能力。随着全球经济和社会对创业型人才需求的不断增加，大学生创业实践的意义日益凸显。

（一）创业实践对个人职业发展的提升

大学生创业实践对于个人职业发展有着积极而深远的影响。通过创业实践，学生能够于在校期间积累宝贵的工作经验、提升市场适应能力，并为未来的职业发展奠定坚实基础。

1. 积累实战经验

创业实践能够为学生提供一个真实的商业环境，使他们能够接触到企业运作的各个方面。这种实战经验远超课堂理论的教学效果，因为学生不仅要面对团队管理、资金规划、市场营销等现实挑战，还需要学习如何处理各种突发事件和不确定性。例如，在创业过程中，学生可以实际体验如何将产品推向市场、如何与供应商协商、如何应对客户需求等问题。这些经历不仅能增强学生的商业敏感度，还能让他们积累丰富的行业经验，为未来的职业发展打下坚实的基础。

2. 增强职业竞争力

通过创业实践，大学生可以在简历中展示自身的创业项目和经历，凸显独立思考、主动创新、解决问题的能力。这种实际创业经验对于求职时竞争激烈的市场尤为有利，特别是在科技创新、金融、市场营销等领域，具备创业经验的学生往往更受用人单位青睐。用人单位往往更加重视那些能够主动应对挑战、有实际项目经验、并能够自我驱动的候选人。因此，大学生在创业实践中的经历可以显著提升其职业竞争力，为进入职场后的快速成长奠定基础。

3. 培养多样化的职业技能

创业实践要求学生具备多种技能，如沟通能力、项目管理、财务规划等。这些技能在求职市场上具有很高的实用价值，因为它们不仅适用于创业，还能在各种工作环境中得到应用。例如，市场推广的经验可以帮助学生胜任销售和市场岗位，项目管理的经验则有助于胜任管理职位。通过创业实践，学生能够全面提升职业技能，并在未来的职业生涯中保持持续的竞争优势。

（二）创业实践培养团队协作、领导能力及实际操作能力

在创业实践过程中，大学生不仅要掌握个人能力的提升，还要学会如何与他人合作并有效管理团队。这为学生提供了培养团队协作、领导能力及实际操作能力的宝贵机会。

1. 团队协作能力的提升

创业通常不是一个人的事业，而是一个团队共同努力的结果。在创业实践中，大学生需要组建团队并与不同领域的成员合作，这就要求他们学会如何在团队中分工协作、共享资源、有效沟通。创业团队的成员可能来自不同专业背景，彼此的思维方式和工作方法各不相同，这要求学生学会倾听他人意见，协调团队成员的工作节奏，最终共同推动项目发展。通过这种跨学科、跨专业的合作，学生能够提升团队协作能力，并在未来的工作环境中更好地适应团队合作模式。

2. 领导能力的培养

创业实践为学生提供了宝贵的领导机会。在项目中，团队领导者需要负责制定战略、调配资源、激励团队成员并应对各种挑战。作为领导者，学生不仅要学会如何做出决策，还要学会如何调动团队成员的积极性，确保项目目标能够按时完成。例如，领导者需要协调团队内部的沟通，解决团队成员之间的分歧，同时还要为团队成员提供支持，帮助他们解决工作中的难题。这些实际的领导经历可以帮助学生更好地理解领导力的本质，并在未来的职业生涯中成长为优秀的管理者。

3. 实际操作能力的培养

创业实践中，大学生需要处理许多具体事务，从项目规划、资金管理到市场推广等。这种实际操作的能力对学生在未来的职业发展中非常重要，因为无论在哪个领域工作，能够有效落实和执行项目都是关键。在创业实践中，大学生需要面对现实的市场环境和复杂的商业决策，包括如何制定预算、如何优化供应链、如何应对突发的市

场变化等。这些操作经验不仅帮助学生提高解决问题的能力，还能增强他们的执行力，使他们在未来的工作中能够更加有效地完成任务。

(三) 创业实践中的创新能力养成

创新是创业的核心，也是推动经济和社会发展的重要动力。通过创业实践，大学生能够在面对挑战时培养和提升创新能力，为未来的职业发展和创业打下坚实的基础。

1. 激发创造性思维

创业实践中的不确定性和复杂性要求学生不断创新，以应对市场变化和客户需求。在创业过程中，学生会遇到许多无法预见的问题，这就要求他们通过创造性思维寻找解决方案。比如，面对资源有限的情况下，如何设计出符合市场需求的产品，如何通过创新的商业模式实现盈利，这些问题都能激发学生的创造性思维。创新能力的提升不仅帮助学生在创业过程中解决实际问题，还能让他们在未来的工作中应对各种挑战。

2. 从失败中学习创新

创业实践中，失败是不可避免的，但每一次失败都为学生提供了宝贵的学习机会。通过分析失败的原因，学生可以反思自己的决策和执行过程，从中总结出创新的方向。例如，产品市场表现不佳可能是因为用户需求未被充分理解，学生可以通过重新调研用户反馈并进行产品迭代，寻找新的商业机会。通过在失败中不断学习和创新，学生能够培养出强大的适应能力和创新能力，为未来创业或职场中的挑战做好准备。

3. 推动新技术与新模式的应用

创业实践还能够帮助学生在新技术和新商业模式的应用中找到创新的机会。例如，近年来数字经济、物联网、人工智能等技术的迅速发展为创业提供了全新的方向，学生可以通过创业实践学习如何将这些新兴技术应用于商业项目，创造出具有创新价值的产品或服务。这种创新能力不仅能够推动大学生创业项目的成功，还能够为未来的职业生涯提供更多机会和可能性。

二、创业实践的主要形式

创业实践是大学生在学习阶段通过多种途径积累创业经验、提高创业技能的重要方式。近年来，随着高校创业教育的不断推进，以及社会对创新创业的需求增长，大学生的创业实践形式日益丰富。大学生不仅可以通过自主创业项目展开创业尝试，还可以通过学校或社会资源提供的创业实训、创新创业竞赛等途径积累实战经验，此外，产学合作与企业联合创业项目也是重要的创业实践模式。

（一）自主创业项目：个人或团队的独立创业尝试

自主创业项目是大学生创业实践最直接的形式，指的是大学生个人或团队独立进行的创业活动。这类项目通常由学生自主策划、执行，涵盖从创意构想到商业模式构建、产品设计、市场推广和企业管理的整个创业过程。

1. 独立创业的挑战与成长

自主创业项目为大学生提供了一个全方位的创业体验，学生在这个过程中不仅要提出商业创意，还要负责团队管理、产品开发、市场营销和资金筹措等工作。这种形式的创业项目虽然面临较大的风险，但极大地锻炼了学生的创业综合能力，帮助他们培养了创新思维、解决问题的能力，以及对不确定性的应对能力。自主创业要求创业者在实际操作中不断学习和调整，学生能够通过这种实践积累丰富的经验，并提升在真实市场环境中的应变能力。

2. 团队合作与领导力培养

自主创业通常不是一个人可以完成的，团队合作在这个过程中显得尤为重要。大学生在组建创业团队时，不仅要学会选择合适的团队成员，还要合理分工，协调各成员的任务与职责。领导者需要具备良好的管理和沟通能力，以确保团队能够朝着共同的目标前进。因此，自主创业不仅锻炼了学生的个人创业能力，还通过团队合作和领导实践，培养了学生的领导力和协作能力。

（二）创业实训：通过学校或社会资源提供的创业模拟或实践机会

创业实训是大学生通过高校或社会资源提供的创业实践活动，通常以模拟创业、企业实习或创业项目孵化的形式进行。这类实训为学生提供了一个低风险的创业环境，帮助他们积累创业经验，并将理论知识应用于实践。

1. 模拟创业与企业实习

许多高校通过设置模拟创业课程或工作坊，让学生在虚拟的市场环境中体验创业的全过程。模拟创业通常会设置仿真的市场、竞争者和客户，学生通过扮演创业者的角色，体验从项目策划到市场推广的完整流程。这种方式能够帮助其在实践中掌握创业所需的技能，如商业计划书撰写、市场分析、财务管理等。模拟创业的好处在于，学生能够在相对安全的环境中学习创业技巧，并为未来的实际创业做准备。

2. 创业项目孵化

除了模拟创业，创业实训还可以通过项目孵化器或企业实习的形式进行。许多高校设立了创业孵化器，帮助学生的创业项目从概念转化为实际产品，并提供技术、资金、导师等支持资源。学生可以在孵化器中获得真实的创业体验，参与市场调研、产品开发、资金筹措等活动。这些创业实训项目不仅为学生提供了实践机会，还为他们搭建了与行业专家、企业合作伙伴对接的桥梁，帮助他们在实践中积累资源和人脉。

（三）创业竞赛：通过创新创业大赛或挑战赛积累创业经验

创业竞赛是大学生创业实践中另一种重要形式。通过参加各类创新创业大赛，学生不仅能够展示自己的创意和项目，还可以通过竞赛获得导师指导、资金支持，以及社会资源的对接机会。

1. 创新创业大赛的激励作用

创业竞赛通常是高校和政府为激励大学生参与创业而设置的赛事。例如，"互联网+"大学生创新创业大赛、"挑战杯"创业计划竞赛等都是国内具有广泛影响力的赛事。这些比赛通过奖金、奖学金、创业孵化机会等方式，激励学生参与创业实践。此外，竞赛中表现突出的项目还可能获得投资机构的关注，为创业项目的实际落地提供资金支持。

2. 大赛中的学习与成长

通过参加创业竞赛，学生能够从多方面提升自己的创业能力。首先，竞赛要求学生提交高质量的商业计划书，并通过答辩向评委展示项目的商业潜力和可行性，这帮助学生提高了项目策划和表达能力。其次，竞赛中通常有行业专家或创业导师进行指导，学生能够从导师的建议中获取宝贵的创业经验。此外，竞赛还提供了与其他创业者交流的机会，通过互相学习和竞争，学生能够对创业过程有更加深刻的理解。

（四）产学合作：与企业联合创业项目，获得市场实践的机会

产学合作是高校与企业联合推动的一种创业实践形式。通过与企业的深度合作，学生能够将理论知识应用于实际的市场环境，并从中获得宝贵的创业和管理经验。

1. 企业资源的引入与市场实践

在产学合作的创业实践中，企业通常会为大学生提供市场项目，学生可以在真实的商业环境中进行项目开发和市场运作。例如，企业可以为学生提供市场调研、产品开发、市场推广等具体任务，让学生在解决实际问题的过程中学习如何运用商业知识。通过这种合作模式，学生不仅能够接触到企业的运营模式，还能直接参与市场活动，积累商业经验。这种模式为学生提供了真实的市场反馈，帮助他们在实际创业之前更好地理解市场需求和行业竞争。

2. 企业导师的支持与项目孵化

产学合作通常伴随着企业导师的支持，这些导师不仅可以为学生提供技术和行业知识，还能为他们的创业项目提供战略指导。导师的经验和行业资源可以帮助学生更

好地应对创业中的挑战，并为项目的进一步发展提供方向。此外，一些企业还会通过合作为学生提供创业孵化支持，帮助他们的创业项目在商业环境中逐步成长。通过产学合作，学生不仅能够获得实际的创业经验，还能与企业建立紧密的合作关系，为未来的职业发展铺平道路。

三、典型大学生创业成功案例分析

大学生创业成功的关键在于如何将创意与市场需求相结合，同时有效利用高校资源、团队合作、技术创新等因素推动项目的发展。不同领域的创业案例展示了大学生如何在互联网、文化创意和科技创新领域取得成功，并为其他创业者提供了宝贵的经验和借鉴。

（一）案例一：互联网行业

1. 互联网技术在大学生创业中的应用

互联网行业为大学生提供了丰富的创业机会，尤其是在互联网技术普及的背景下，低成本、高效率的互联网工具帮助创业者打破了传统行业的壁垒。以某互联网初创企业为例，该企业由几名大学生共同创立，利用校园社交网络为平台，开发了一款基于地理位置的社交应用。这款应用结合了大数据分析和人工智能技术，满足了大学生社交需求中的痛点，迅速在校园内积累了大量用户。

创业者通过互联网技术的灵活应用，在短时间内实现了产品从开发到上线的快速迭代。他们不仅依托高校的计算机和信息技术课程基础，还通过开源工具和在线资源降低了开发成本，实现了初期的产品开发。这显示了互联网技术在大学生创业中的巨大潜力，通过技术创新能够迅速占领市场。

2. 创业团队构建与运营管理的经验

创业团队的构建和运营管理是创业成功的关键因素。在该互联网项目中，创始团队由具有不同技能的成员组成，包括技术开发、市场推广、产品设计等核心岗位。团队的多元化让他们能够从多个角度分析市场需求，并快速做出响应；同时，团队内部建立了灵活高效的沟通和协作机制，通过敏捷开发模式，不断改进产品功能，适应用户需求的变化。

运营管理方面，团队通过扁平化的管理结构，保持了高效的决策和执行力。核心成员保持定期的沟通和复盘机制，及时调整产品发展策略和市场推广计划。这种团队合作和运营管理经验对大学生创业者有着重要的借鉴意义，特别是在早期阶段，精简的团队结构和高效的沟通机制可以极大提升创业项目的执行速度。

（二）案例二：文化创意产业

1. 文化与创意产品的市场需求与发展潜力

文化创意产业近年来呈现快速发展的趋势，许多大学生通过将文化与创意元素相结合，成功创立了有影响力的品牌和企业。某高校的创业团队以传统文化为基础，开发了一系列富有中国特色的文化创意产品，如手工艺品、文具和服饰。他们瞄准了日益增长的年轻消费群体，这类群体热衷于购买带有文化符号和个性化设计的产品。

该团队通过市场调研发现，文化创意产品具有巨大的发展潜力，特别是在互联网时代，电子商务平台和社交媒体为文化产品的推广提供了广阔的市场空间。通过线上线下相结合的销售模式，团队迅速打开了市场，并成功将产品推广至更广泛的消费群体。

2. 利用高校资源与社会资源推动创业

该创业团队充分利用了高校的资源支持。通过学校提供的创业孵化器，他们获得了办公场所、设计设备，以及技术指导。此外，学校的文化艺术类学科资源也为产品开发提供了灵感和技术支持。团队还积极参与学校组织的创业比赛和展览活动，扩大了品牌知名度，并通过比赛获得了初期的启动资金。

与此同时，团队还通过与社会资源的对接获得了更多的商业机会。通过与地方政府、文化机构的合作，他们获得了文化产业项目的支持，进一步推动了创业项目的扩大。这一案例展示了高校资源与社会资源的有效整合如何能够帮助大学生创业者快速起步并推动项目发展。

3. 从校园项目到社会成功的转型过程

从校园创业到社会成功的转型是许多大学生创业者面临的挑战。在该案例中，创业团队通过市场调研和品牌推广，逐步将校园项目推向社会。团队利用线上营销工具，如社交媒体、直播平台和电商平台，扩大了品牌影响力，并通过与文化展览和节庆活动的结合，提升了产品的社会知名度。

通过逐步调整市场战略，该团队成功实现了从校园到社会的转型，并将创业项目从小型文化创意品牌发展为有一定社会影响力的企业。这一过程表明，大学生创业者在成功转型时，需要注重市场策略的调整以及品牌的持续推广。

（三）案例三：科技创新创业

1. 以科技研发为核心的大学生创业案例

科技创新是大学生创业中最具技术含量的领域之一。某高校的一组理工科学生团队，通过长期的科研积累，开发出了一项新型环保材料技术。该团队从实验室研究成果出发，将技术转化为实际产品，并创建了专门的公司负责市场推广。这一科技创新创业案例展示了如何通过技术研发为创业提供强大的支持。

该团队的创业经历表明，大学生通过科技创新创业，可以在技术的基础上构建高门槛的竞争优势。研发过程中的专利保护，以及科研成果的转化，是他们在市场中立足的关键。

2. 资本运作与技术转化的策略

科技创新型创业项目通常面临较大的资金需求。该团队通过申请政府的创新创业基金，以及与风险投资机构的合作，解决了资金问题。他们的资本运作策略不仅包括申请政府资助，还包括通过与科技企业孵化器合作来获得市场资源和融资机会。团队还通过技术转让和合作开发的方式，扩大了资金来源，并降低了市场推广的风险。

技术转化方面，团队与企业合作开发，将实验室成果应用于实际生产，并逐步优化产品性能以适应市场需求。这种产学研结合的模式是科技创业成功的关键路径之一。

通过对互联网行业、文化创意产业和科技创新创业的典型案例分析，我们可以看到大学生创业的多样化路径和成功的关键因素。无论是技术驱动的创新，还是文化创意产品的开发，创业者都需要充分利用团队合作、创新思维和市场化运作能力。这些案例为大学生创业者提供了宝贵的经验和借鉴，展示了如何通过创业实践，在不同领域实现成功。

四、创业失败案例及反思

大学生创业既充满机遇，也伴随着风险。对于缺乏经验的大学生创业者来说，创业失败的案例并不少见。虽然失败带来了挫折，但同时也是重要的学习机会。通过分析失败的原因，创业者可以总结经验教训，为未来的创业尝试打下更加坚实的基础。

（一）案例一：资源不足导致的失败

1. 创业初期资源获取不充分导致创业项目失败

一个大学生创业团队曾在智能家居领域开展项目，试图通过开发新型的智能家居控制系统占领市场。然而，项目在创业初期由于资源获取不足，未能顺利推进。团队高估了技术开发的难度，而低估了所需的时间和资金，最终因资金短缺、技术开发进度滞后而被迫放弃项目。

该团队在创业初期遇到的最大问题是未能充分整合必要的资源。在创业启动阶段，他们过于乐观地认为可以在较短时间内获得所需的技术设备和资金支持，然而在实际操作中，融资和技术难题不断延后了项目的进展。由于没有足够的资金用于技术开发和市场推广，项目未能形成持续发展的动力，最终失败。

2. 对创业资源整合与管理的启示

该案例揭示了创业过程中资源整合的重要性。创业者不仅要对创业所需的技术、资金、人才等资源进行全面评估，还须制定相应的资源获取和管理计划。创业初期，尤其是技术型创业项目，通常需要大量的资金、设备，以及专业人才的支持，因此，创业者必须确保在启动项目之前能够获取这些资源。

通过反思这一案例，创业者应认识到充分的资源准备和管理规划是项目顺利推进的重要基础，特别是在大学生创业中，合理利用和整合资源可以帮助项目度过初期的艰难阶段。

(二) 案例二：市场定位失误

1. 创业项目市场定位不准，导致产品无法适应市场需求

另一个大学生创业团队在开发一款运动类手机应用时，由于市场定位不准确，产品未能获得用户青睐。该团队的初衷是为城市白领提供运动数据跟踪与健康建议的服务，但在实际推广时，发现白领群体对这类产品的需求并不强烈。他们错误地估计了目标用户的需求和行为，导致产品在推广阶段遭遇市场冷遇。

产品虽然技术上成熟，但由于市场调研不足，团队未能真正了解目标市场的需求。他们未能分析清楚用户的运动习惯和需求，导致产品的功能设计与市场需求错位。最终，这款应用由于用户增长乏力和资金不足被迫停止运营。

2. 在创业前进行有效的市场调研

该案例凸显了市场调研对创业项目成功的重要性。许多大学生创业者过于关注产品开发和技术创新，而忽视了对市场需求的深入研究。创业项目的成功与否，在很大程度上取决于产品是否能够满足市场需求。

(1) 深入的市场调研

在产品开发之前，创业团队应通过多种渠道进行市场调研，包括问卷调查、访谈、市场数据分析等，了解目标用户的需求、痛点和行为模式。通过细致的市场调研，创业者能够发现潜在市场的真实需求，并基于这些需求进行产品设计和市场定位。

(2) 目标市场的精准定位

创业者需要对目标市场进行清晰的划分，确保产品定位准确。通过分析市场的规模、用户的消费能力和使用习惯，团队可以更好地确定产品的核心用户群体。针对不同用户群体制定相应的营销策略，可以促使项目在市场推广阶段获得更好的效果。

通过对这一失败案例的反思，我们可知创业者必须认识到市场调研的重要性。在产品开发前期，创业者需要深入了解市场需求，并做出精准定位，这样才能使产品更具竞争力，从而获得市场认可。

第四节 探索大学生"双创"人才培养模式

一、"双创"人才的定义与特征

在当今社会，随着科技的快速发展和经济结构的转型，"双创"逐渐成为推动社会进步的重要动力。大学生作为未来社会的主力军，其创新和创业能力的培养尤为重要。因此，明确"双创"人才的定义和特征，有助于高等教育机构和社会各界更好地进行人才培养和支持。

（一）"双创"人才的基本特质

"双创"人才的基本特质主要包括创新能力、创业精神、跨界思维和执行力。这些特质不仅是个人能力的体现，也是其在职业生涯和社会发展中能够取得成功的重要保障。

1. 创新能力

创新能力是"双创"人才的核心特质之一，它指的是个体在面对复杂问题时，能够产生新想法、新观点和新方法的能力。具备创新能力的人能够在不断变化的环境中，快速识别问题并提出创造性的解决方案。例如，许多科技创业者通过创新的产品和服务，打破了传统行业的格局，这种能力的培养对未来社会至关重要。

2. 创业精神

创业精神是一种勇于挑战、乐于冒险的态度，体现在对机会的敏感性和解决问题的积极性。具备创业精神的人能够在不确定的环境中，主动寻找机会并采取行动。对于大学生来说，培养创业精神不仅有助于他们在就业市场中脱颖而出，也能激励他们在未来的职业生涯中不断追求卓越。

3. 跨界思维

跨界思维是指能够在不同学科、行业和领域之间自由切换，运用多种知识和视角来解决问题的能力。在现代社会，问题往往是复杂和多维的，单一的学科知识难以应对各种挑战。"双创"人才需要具备跨界思维，以便从不同的角度和领域汲取灵感，寻找创新的解决方案。例如，科技与艺术的结合、医学与工程的交叉等领域，都是跨界思维所能带来的巨大潜力。

4. 执行力

在拥有创新能力和创业精神的基础上，执行力则是将想法和计划转化为实际成果的能力。无论是创业还是创新，最终的成功往往取决于执行的质量。具备高执行力的"双创"人才能够有效地将理论与实践结合，将创意转化为具体的行动方案并付诸实施。例如，在创业过程中，执行力强的团队成员能够高效协调资源，推动项目进展，确保目标的实现。

（二）适应未来社会发展的"双创"人才核心素质要求

1. 批判性思维

在信息爆炸的时代，批判性思维显得尤为重要。能够对信息进行分析和评估，从中辨别真伪，是"双创"人才的重要能力。具备批判性思维的人能够深入思考问题，提出独特的见解，并在复杂的情境中做出明智的决策。例如，在市场调研中，能够分析数据背后的深层次原因，为产品决策提供科学依据。

2. 团队合作与沟通能力

创新和创业往往需要团队协作，优秀的"双创"人才需要具备良好的团队合作与沟通能力。能够有效地与他人合作，分享信息和观点，是实现共同目标的关键。良好的沟通能力也能够帮助创业者在团队内部和外部建立信任，促进信息的流通和资源的共享。

3. 持续学习与自我更新

在快速变化的时代，终身学习的能力尤为重要。"双创"人才必须具备持续学习的意识，能够主动适应新知识、新技能的变化。通过不断学习，个人能够在职业生涯中保持竞争力，及时应对新的挑战和机遇。

4. 全球视野

在全球化的背景下，拥有国际视野的"双创"人才能够更好地理解和应对全球市场的需求和挑战。理解不同文化、市场和经济环境的差异，有助于他们在国际舞台上找到商机和合作伙伴。具备全球视野的人才能够在创业过程中制定更具前瞻性的发展战略。

（三）创新思维与创业能力结合的多维度培养

1. 课程设计

高校应开设多样化的课程，涵盖创新思维、创业管理、市场营销、技术应用等多个领域，通过跨学科的课程设计，帮助学生建立全面的知识体系。例如，结合创业案例进行课堂讨论，鼓励学生提出解决方案，从而激发他们的创新思维。

2. 实践活动

创业实践活动是培养"双创"人才的重要环节。高校可以组织创业大赛、创新工作坊、企业实习等活动，鼓励学生将理论知识应用于实践，增强他们的实际操作能力和团队协作能力。通过实际的项目体验，学生能够更深入地理解创业的挑战与机遇。

3. 校企合作

与企业的合作为学生提供了良好的实践平台。在校企合作中，企业可以为学生提供实习机会、项目指导和资源支持。通过参与企业的创新项目，学生能够在实际工作中锻炼自己的创新能力和创业意识。此外，企业的反馈能够帮助学生更好地认识市场需求，为将来的创业做好准备。

4. 培养创业文化

高校应在校园内营造良好的创业氛围，鼓励学生勇于尝试，积极创新。通过举办创业讲座、分享会和论坛，邀请成功的创业者和行业专家与学生交流经验，激发他们的创业热情。在这种文化氛围的影响下，学生更容易形成积极向上的创业意识和创新思维。

"双创"人才是未来社会发展的重要驱动力。在适应未来社会发展的核心素质要求下，大学生需要通过批判性思维、团队合作、持续学习和全球视野的培养，全面提升自身素质。同时，创新思维与创业能力的结合需要多维度的培养策略，包括课程设计、实践活动、校企合作和创业文化的营造。通过这些措施，大学生能够在未来的职业生涯中更好地应对挑战，成为推动社会进步的重要力量。

二、高校"双创"人才培养的现状分析

在当今全球经济快速变化和社会需求不断演变的背景下，"双创"教育已成为高等教育的重要组成部分。高校在"双创"人才的培养中扮演着至关重要的角色，既是培养学生创新精神与创业能力的关键场所，也是推动社会经济发展的重要力量。

（一）高校在创新创业教育中的成绩与不足

近年来，高校在创新创业教育方面取得了一定的成绩，逐步形成了以学生为中心、注重实践和理论结合的教育体系，但也存在一些不足之处，亟待改善。

1. 成绩与成就

（1）政策支持与制度建设

国家和地方政府对高校"双创"教育的重视为其发展提供了政策支持。高校纷纷设立创业指导中心、创新实验室等机构，推动创新创业教育的实施。例如，许多高校积极申请政府的创新创业项目，争取资金支持，推动创业教育的发展。

（2）课程设置与实践平台

越来越多的高校开始将创新创业课程纳入人才培养方案，设置创业基础课程、商

业计划书写作等实践性课程。同时，高校通过组织创业大赛、创新工作坊和企业实习等活动，为学生提供实践平台，帮助他们将理论知识转化为实际能力。

（3）创业孵化器与资源整合

一些高校建立了创业孵化器，提供资金、场地、技术和市场资源支持，帮助学生的创业项目顺利启动。例如，孵化器通过评审机制，选拔有潜力的创业项目进行相关资源的投入。

2. 不足与挑战

（1）教育内容与市场需求脱节

尽管高校设立了创新创业课程，但课程内容往往与实际市场需求不完全对接，导致学生的创业实践能力不足。部分课程过于理论化，缺乏实际操作的环节，致使学生在创业实践中面临困难。

（2）师资力量不足

许多高校在"双创"教育中缺乏实践经验丰富的教师，教师的教学方式和理念相对保守，难以激发学生的创新潜力。对于创新创业教育来说，具备实践经验的导师能够提供宝贵的行业见解和实战指导。

（3）支持政策落实不力

虽然国家和地方政府对"双创"教育有政策支持，但在具体实施过程中，往往存在政策落实不到位的问题。高校在实际操作中缺乏系统的资金和资源支持，导致部分创新创业项目无法顺利推进。

（二）当前高校"双创"人才培养的模式与其适用性

高校"双创"人才的培养模式多样，每种模式在不同高校的应用效果也不尽相同，大体上可归纳为以下几种类型。

1. 课堂教学与实践结合模式

课堂教学与实践结合模式强调将创新创业教育与传统课程结合，通过理论教学与实践相结合的方式培养学生的创业能力。例如，通过案例分析、模拟创业等形式，让学生在学习过程中参与实际操作。该模式适用于大多数高校，尤其是那些希望培养学生创新思维与实践能力的院校。然而，这种模式的实施需要教师具备较强的教学能力和实践经验，以便在课堂上引导学生进行有效的讨论和操作。

2. 项目驱动式培养模式

项目驱动式培养模式以实际创业项目为核心，鼓励学生在团队中开展项目，积累创业经验。学生通过参与项目管理、市场调研、产品开发等环节，提升自身的实践能力。适合那些具备较强实践基础和资源的高校，能够提供创业孵化器和项目支持。该模式能够有效激发学生的创新意识和团队合作能力，但对学校的资源整合能力要求较高。

3. 校企合作模式

校企合作是指高校与企业合作，共同开展创新创业教育。企业为学生提供实践机会、技术指导和市场支持，帮助学生在真实的商业环境中锻炼和提升能力。适用于有良好企业资源和合作关系的高校。通过校企合作，学生能够更好地接触行业前沿信息和技术，增强创业实践能力。需要注意，成功的校企合作模式需要双方的良好沟通和合作意愿。

4. 双师型师资队伍建设模式

为提高"双创"教育的质量，高校应注重建设双师型师资队伍，即既具备理论知识又拥有丰富实践经验的教师团队。这类教师可以在课堂上提供实际案例和行业见解，帮助学生更好地理解创新创业的复杂性。适用于希望加强教育质量和实践指导的高校。双师型师资队伍的建设能够有效提升学生的学习兴趣和实践能力，但需要长期的投入和政策支持。

（三）国内外"双创"教育的差异对比：借鉴与创新

在全球化背景下，国内外"双创"教育的发展差异明显，借鉴国外成功经验，并结合本土实际进行创新，将有助于提升我国"双创"教育的整体水平。

1. 教育理念的差异

在国外，特别是美国，创新创业教育更加注重培养学生的创造力和实践能力。许多高校鼓励学生进行跨学科的合作，推动学术研究与创业实践的结合。例如，斯坦福大学以创新文化著称，校园内鼓励实验和风险承担，许多成功的科技公司如谷歌、惠普等均源于校园内的创新项目。而我国的"双创"教育起步较晚，虽然近年来政策支持不断加强，但许多高校的创新创业教育仍较为传统，缺乏灵活性和多样性。

2. 课程设置与实践机会的差异

国外高校的创新创业课程设置较为灵活，注重学生的实战能力和综合素质培养，而国内高校在课程设置上往往更侧重理论知识的传授，实践机会相对不足。国外很多大学都设有创业实验室、创新中心，提供丰富的实践机会。我国高校需要在课程设置上进行改进，注重理论与实践的结合，鼓励学生在实际项目中应用所学知识。

3. 支持政策与资源配置的差异

在国外，尤其是在美国，政府和社会对创业的支持力度较大，创业资金、技术支持、市场渠道等资源丰富，帮助初创企业快速成长。我国虽然近年来也推出了一系列扶持政策，但在政策落实和资源配置上仍存在一定的差距。高校需要积极争取政府的支持，并利用社会资源，为学生的创业提供更全面的帮助。

高校"双创"人才培养的现状反映了教育改革的成就与不足。虽然在创新创业教育方面取得了一定的进展，但仍需加强教育内容与市场需求的对接、师资力量的提升，以及资源支持的落实。通过借鉴国际上成功的经验，结合国内实际，推动课程设置的创新、实践机会的增加，以及政策的支持与落实，将进一步促进"双创"人才的培养，帮助大学生更好地适应未来社会发展的需求。

三、高校"双创"人才培养模式的构建

随着创新和创业在经济发展中的重要性日益突出，高校在"双创"人才的培养上扮演的角色也越来越重要。为了有效培养具备创新精神和创业能力的人才，高校需要构建系统化的培养模式。

（一）创新创业课程体系设计

一个完善的创新创业课程体系是培养"双创"人才的基础。在设计课程时，需考虑课程的模块化、理论与实践的结合，以及跨学科整合等方面。

1. 创新与创业课程的模块化设计

课程应按主题分为多个模块，涵盖创新思维、创业管理、商业模式、市场营销等内容。模块化设计使学生可以根据自己的兴趣和需求选择学习路径。例如，一个完整的创新与创业课程可以分为"创新思维与方法""创业计划与商业模式设计""市场分析与营销策略"等模块，帮助学生从不同维度了解和掌握创新创业的核心知识。

2. 理论与实践结合的课程设计

课程不仅应包含理论知识的讲授，还应注重实践环节的设计。通过案例分析、模拟创业、实地考察等方式，让学生在实际操作中深化对理论的理解。例如，在"创业管理"模块中，可以通过企业家讲座和案例分析，让学生了解成功企业背后的管理思路和策略，进而形成自己的管理理念。此外，组织学生参与企业实习，让他们在真实的商业环境中应用所学知识，提升实践能力。

3. 跨学科整合的课程设置

创新和创业本质上是多学科交叉的领域，高校应鼓励跨学科的课程设置。课程内容可以结合技术、市场、管理等多方面的知识。例如，在技术与市场的结合课程中，教授学生如何将技术创新转化为市场机会。通过跨学科的学习，学生能够形成综合性的视野，更好地应对未来的职业挑战。

（二）实践驱动的人才培养机制

1. 校企合作模式下的"双创"实践平台

高校可以通过与企业合作，建立"双创"实践平台。校企合作不仅能够为学生提供实习机会，还可以通过项目制学习的方式，让学生参与企业的实际项目。例如，学校与科技公司合作，开展"实习+项目"的模式，让学生在实习过程中承担项目任务，深入理解企业运作与市场需求。这种实践方式能够增强学生的职业技能和创业能力。

2. 校园孵化器与创新实验室的作用

高校应设立创业孵化器和创新实验室，为学生提供创业项目的早期孵化与扶持。孵化器可以为学生提供资金支持、办公空间、技术指导等资源，帮助他们在创业初期克服困难。创新实验室则可以作为学生进行技术实验和产品开发的场所，推动创业项目的实际落地。例如，某高校的创业孵化器通过提供创业培训、法律咨询和市场推广支持，帮助学生的创业项目成功进入市场。

3. 创新创业大赛与行业对接

高校可以通过举办创新创业大赛，鼓励学生参与实践。通过竞赛，学生能够将自己的创意转化为实际项目，并获得行业专家的指导和反馈。这种竞赛不仅提升了学生的实战能力，也为他们提供了与行业接轨的机会。例如，在创业大赛中获奖的团队，可以获得企业的投资或孵化机会，为后续的发展提供支持。

（三）导师制与个性化培养

1. 创业导师、校内外专家指导的多层次模式

高校应聘请具有丰富实践经验的创业导师和行业专家，为学生提供一对一的指导。导师可以帮助学生明确创业方向，提供市场分析、商业计划书撰写和融资策略等方面的建议。通过定期的导师会议和辅导，学生能够获得专业的指导和支持，提升自身的创业能力。

2. 根据学生兴趣与特长制定个性化的培养方案

高校在人才培养过程中，应关注学生的兴趣和特长，根据其特点制定个性化的培养方案。通过对学生的职业目标、技能水平和发展需求进行评估，设计适合他们的课程和实践项目。例如，对有技术背景的学生，可以推荐与科技相关的创业项目；对具备市场营销能力的学生，则可以引导他们参与市场调研和推广活动。

3. 校内外资源整合，构建支持系统

高校应整合校内外资源，构建全面的支持系统，帮助学生在创新创业过程中获得

必要的支持，包括资金、技术、市场和人脉资源的整合等。例如，高校可以与地方政府、创业基金和行业协会等机构建立合作关系，为学生提供多元化的资源支持。此外，还可建立校友网络，让成功的校友为在校生提供指导与帮助，从而形成良好的互动关系。

高校"双创"人才培养模式的构建是一个系统工程，涉及课程体系的设计、实践驱动机制的建立，以及导师制与个性化培养等多个方面。通过创新创业课程的模块化设计、理论与实践的结合、校企合作的实践平台、创业孵化器的支持，以及导师的指导，高校能够有效培养出符合社会需求的"双创"人才。这种综合培养模式不仅能够帮助学生掌握创新和创业的核心能力，还能激发他们的创造力和实践能力，为未来的职业生涯奠定坚实基础。

四、国际化"双创"人才培养模式的借鉴

随着全球化进程的加快，国际化的"双创"人才培养模式在高等教育中日益受到重视。通过借鉴国外成功的"双创"教育经验，并结合国内实际情况，高校能够培养出更具国际视野和竞争力的创新创业人才。

（一）国外"双创"教育成功案例及其对国内教育的启示

国外许多高校在创新创业教育方面取得了显著成效，为国内教育提供了宝贵的经验和借鉴。

1. 斯坦福大学的创新创业教育

斯坦福大学以其强大的科技与创业氛围而闻名。学校通过整合科研资源、企业支持和社会网络，为学生提供了广泛的创业机会。斯坦福大学的"创业中心"鼓励学生参与创业项目，并提供指导与资金支持。许多学生通过参与创业比赛和实习项目，积累了丰富的实践经验，最终成功创业。这一案例表明，整合资源与创造良好的创业生态系统是成功的关键。

2. 麻省理工学院的创业模式

麻省理工学院鼓励跨学科的合作与创新，设有多种创业课程和实验室，学生可以自由选择参与。麻省理工学院还通过"创业加速器"项目，为学生的创业想法提供资金支持和指导，帮助他们迅速实现商业化。麻省理工学院的成功经验在于强调实践和多学科合作，国内高校可以借鉴这一模式，鼓励学生跨专业合作，共同解决实际问题。

3. 以色列的创业生态系统

以色列以其创新能力和强大的创业文化而著称。该国的高校与行业紧密合作，形成了一个良好的创业生态系统。以色列的创业教育不仅注重技能培训，还重视培养学

生的创新思维和风险管理能力。国内高校可以学习以色列的行业合作模式，加强与企业的联系，为学生提供更多实践机会。

这些成功案例为国内高校"双创"人才的培养提供了宝贵的借鉴。通过整合资源、注重实践、跨学科合作，以及行业联系，国内教育可以更加有效地培养出适应市场需求的创新创业人才。

（二）在全球化背景下培养具有国际视野的创新创业人才

在全球化的背景下，市场竞争越发激烈，培养具有国际视野的创新创业人才也越发重要。高校需要采取多种措施，以提升学生的国际视野和竞争力。

1. 国际化课程设置

高校应在课程中引入国际视野，通过设置国际经济、全球市场、跨文化管理等课程，让学生理解全球市场的运作规律和文化差异。这些课程应结合案例分析，让学生在实际情境中学习如何应对国际商业挑战。例如，可以通过引入国际成功企业的案例，让学生深入分析其市场策略和运营模式。

2. 多元文化的学习环境

创造一个多元文化的学习环境，鼓励学生接触和理解不同的文化和商业实践。高校可以通过国际合作项目、留学交换计划等方式，提供给学生走出国门、开阔视野的机会。在与国际学生的交流中，学生能够学习到不同的思维方式和解决问题的方法，增强他们的跨文化沟通能力。

3. 培养国际化的创新思维

高校应重视培养学生的国际化创新思维，通过国际化的创新课程和实践活动，鼓励学生关注全球性问题，如可持续发展、气候变化等。通过这些课程，学生能够学习如何在全球化背景下提出创新的解决方案，培养出具有社会责任感的创业者。

（三）通过国际交流项目提升"双创"人才的跨文化竞争力

国际交流项目是提升大学生跨文化竞争力的重要途径。通过参与国际交流，学生能够更好地理解全球市场需求，增强自身的适应能力和竞争力。

1. 国际实习和合作项目

国内高校可以与海外高校和企业合作，提供国际实习和交流项目。这些项目能够让大学生在国际化的工作环境中锻炼自己的实践能力，学习如何与来自不同文化背景的同事合作。例如，参与跨国公司的实习生项目，能够让学生体验到全球商业运作的真实环境，提高他们的职场适应能力。

2. 国际创业大赛的参与

鼓励学生参与国际创业大赛，通过与国际团队的合作，提升他们的团队协作能力和跨文化沟通能力。通过比赛，学生不仅能够展示自己的创业想法，还能获得来自全球各地的反馈和建议，这对他们未来的创业实践具有重要的指导意义。

3. 跨文化交流与合作

通过组织跨文化交流活动，如国际论坛、文化交流日等，促进学生与国际学生之间的互动。这种互动能够帮助学生在实际交流中提高语言能力，理解不同文化背景下的商业运作方式，从而提升他们的国际竞争力。

在全球化的背景下，高校在"双创"人才的培养上面临着新的机遇和挑战。通过借鉴国际成功的"双创"教育案例，结合国内实际情况，高校可以更有效地培养具备创新精神和创业能力的人才。创新创业课程体系的建设、实践驱动的人才培养机制，以及国际交流项目的实施，都是提升"双创"人才国际视野和跨文化竞争力的有效途径。只有通过系统化和国际化的培养模式，才能帮助大学生在日益激烈的全球竞争中脱颖而出，为未来社会的发展做出积极贡献。

五、"双创"人才培养中的评估机制

在"双创"人才培养过程中，建立科学合理的评估机制至关重要。评估不仅能够帮助高校了解教育效果，还能为未来的教育改革和人才培养提供有价值的数据支持。

（一）创新创业能力评估标准

在评估"双创"人才培养效果时，需要建立一套科学的评估标准，以全面反映大学生的创新创业能力。评估标准可包括以下几个方面。

1. 项目成果

评估大学生的创业项目成果是衡量其创新创业能力的重要指标。这可以通过对创业项目的商业计划书、市场表现、盈利能力等方面进行评估。例如，评估学生的创业项目是否实现了预定的商业目标，项目的产品或服务是否得到了市场的认可，这些都是衡量项目成果的关键因素。此外，评估过程中还可以考虑项目的可持续性和社会价值，例如对环境的影响和社会责任的承担。

2. 市场反响

市场反响是评估创业项目成功与否的重要指标之一。可以通过市场调研、客户反馈、销售数据等多种方式获取相关信息。评估学生的创业项目在市场中的表现，包括用户接受度、市场占有率、客户满意度等，可以帮助高校了解学生在实际商业环境中的表现。这种评估不仅关注结果，还要重视项目在市场中的竞争力和创新性。

3. 就业反馈

除了项目成果和市场反响，大学生在就业市场中的表现也是评估其"双创"能力的重要标准。通过调查毕业生的就业情况、岗位类型、职业发展等，可以了解他们在创业教育过程中所掌握的技能和知识在实际工作中的应用情况。例如，评估毕业生在职场中的晋升速度、工作满意度和自我发展的机会，能够反映其创新创业教育的成效。

（二）通过数据分析追踪"双创"教育成效

数据分析在评估"双创"教育成效中发挥着重要作用。通过系统的数据收集和分析，可以为高校的教育决策提供科学依据。

1. 建立数据收集系统

高校应建立一套完善的数据收集系统，涵盖学生的学业表现、创业项目的成果、就业情况等多方面的信息。这些数据可以通过问卷调查、访谈、市场调研等多种方式获取。通过定期收集和整理数据，可以为后续的分析提供基础。

2. 运用数据分析技术

通过数据分析技术，对收集到的数据进行深入分析，挖掘其中的规律和趋势。比如，可以运用统计学方法分析创业项目的成功率与不同因素之间的关系，如团队构成、市场调研的充分性等。此外，通过分析毕业生的就业数据，可以了解哪些专业或课程更能提升其就业能力，从而为课程设置提供参考依据。

3. 评估"双创"教育成效

数据分析的结果可以帮助高校评估"双创"教育的整体成效。例如，通过对比不同学年的数据，可以观察到大学生在创业能力、就业率等方面的变化，进而判断教育措施的有效性。此外，高校还可以借助数据分析，识别出在培养过程中存在的问题，从而制定相应的改进措施。

（三）建立长效跟踪机制：毕业生就业与创业发展路径分析

建立长效跟踪机制是确保"双创"人才培养效果持续提升的重要环节。通过对毕业生的跟踪分析，高校能够获取宝贵的反馈信息，进一步优化教育模式。

1. 跟踪毕业生就业情况

高校应定期对毕业生的就业情况进行跟踪，收集有关就业单位、岗位、薪资水平和职业发展等信息。这种跟踪可以通过定期的问卷调查、校友会或职业发展活动进行。通过对就业数据的分析，高校能够了解哪些方面的知识和技能对毕业生的就业最为重要，从而在课程设置上进行调整。

2. 创业发展路径分析

对于选择自主创业的毕业生，高校同样需要建立跟踪机制，了解他们的创业项目的进展、市场表现，以及面临的挑战。这可以通过与校友的定期交流、创业分享会等方式实现。通过对创业发展路径的分析，高校能够总结出成功创业者的共性特点和经验，为后续的创业教育提供指导。

3. 反馈机制的建立与调整

基于对毕业生就业和创业情况的跟踪分析，高校应建立反馈机制，将调查结果及时反馈到教育教学中。通过不断调整和优化课程内容、教学方法和实践环节，提升"双创"人才培养的质量和针对性。例如，如果发现某个专业的毕业生就业率偏低，学校可以与行业合作，调整课程设置，增加相关的实习和实践机会。

在"双创"人才培养过程中，建立科学合理的评估机制是确保教育质量和效果的关键。通过明确创新创业能力的评估标准、运用数据分析追踪教育成效，以及建立长效跟踪机制，高校能够全面了解学生的学习与发展情况，及时调整和优化教育方案，以培养出符合社会需求的创新创业人才。在这个过程中，高校应不断加强与行业的联系，积极借鉴国内外成功经验，推动"双创"教育的持续发展，为国家的经济转型与创新发展贡献力量。

第五章　大学生就业与创业的融合

在全球经济形势不断变化、技术迅猛发展的当下，大学生就业与创业之间的界限逐渐模糊，就业与创业的融合成为一种新的趋势。传统的就业观念已无法满足大学生多样化的职业需求，而创业也不再仅仅是少数具有商业天赋者的选择。如今，越来越多的大学生在追求稳定职业的同时，积极探索自主创业的可能性，借助兼职创业、项目孵化等形式，实现从职场人到创业者的角色转换。就业与创业的融合不仅拓宽了大学生的职业发展道路，还为他们提供了更多提升综合能力和应对职场挑战的机会。高校和社会应构建更加灵活、多元的支持体系，引导学生将就业与创业紧密结合，从而助力他们更好地融入社会，实现个人与社会的共同发展。

第一节　就业与创业的融合路径

一、就业与创业的互补性分析

在当今快速发展的经济环境中，大学生的就业形势日益复杂，传统的就业路径逐渐被多元化的选择所替代。创新创业不仅被视为一种促进经济增长的重要方式，也为大学生提供了新的就业机会和职业发展路径。通过分析创新创业与就业之间的互补性，可以更好地理解大学生在当前就业市场中的角色和机遇。

（一）自主就业与创业的关系

创新创业是大学生实现自主就业的重要途径。在传统的就业观念中，许多大学生往往将就业简单理解为为他人工作，但随着创业教育的推广和社会对创新创业的重视，大学生逐渐意识到创业不仅也是一种就业方式，而是一种自我实现和自我价值的追求。

1. 自主就业的概念

自主就业是指个体通过创办企业、从事自由职业或自雇等方式来实现个人的职业发展。对于大学生而言，自主创业使他们能够将所学知识与市场需求相结合，创造属于自己的职业道路。例如，一些大学生利用在校期间的技能和资源，创办了自己的电商平台或科技初创公司，直接将自己的创意转化为实际的商业活动。

2. 创业与传统就业的关系

创业与传统就业并不是对立的，而是可以相辅相成的。许多大学生在求职过程中，发现自身更适合创业的方式，从而选择自主创业。这种趋势不仅反映了大学生对传统就业模式的挑战，也显示了他们在面对经济形势变化时，寻求自我发展的新选择。

（二）创业实践对提升就业竞争力的作用：技能、经验、网络

创业实践对大学生的职业发展有着积极的推动作用，通过实践，大学生能够提升自己的就业竞争力，获得在职场中占据优势的能力。

1. 技能的提升

创业过程中，大学生需要掌握多种技能，包括市场调研、财务管理、项目管理、营销策划等。这些技能不仅对创业成功至关重要，也是职场中极为重要的能力。通过创业实践，大学生能够在实际操作中积累这些技能，为未来求职增添了有力的竞争筹码。例如，创业者在制订商业计划书时，能够提升其战略思维和计划能力；而在产品推广中，能提高沟通和营销技能。

2. 经验的积累

创业实践为大学生提供了宝贵的实践经验。在创业的过程中，他们面临各种挑战和不确定性，这些经历使他们在解决问题的能力、应对压力的能力和决策能力上得到了显著提升。这些经验不仅能够增强学生的自信心，也让他们在求职过程中展现出更为成熟的职业素养。

3. 建立人脉网络

创业不仅需要资金和技术支持，还需要建立良好的人脉网络。通过创业活动，大学生能够接触到各类资源，包括潜在客户、投资者、行业专家等。建立的人脉网络在未来的就业和职业发展中能够提供重要的支持与帮助。例如，通过参加创业活动或行业展会，学生不仅能与同行交流经验，还能获得寻找合作伙伴或客户的机会。

（三）创新思维提升就业市场中的岗位适应力

创新思维是当今职场中备受重视的能力之一，它不仅影响着个体在工作中的表现，也决定了其在快速变化的就业市场中的适应力。

1. 适应市场变化

在科技迅猛发展和市场环境不断变化的今天，企业对员工的要求也在不断提升。通过培养创新思维，大学生能够更快速地适应岗位需求的变化。比如，在面对新技术的应用时，具备创新思维的员工能够迅速学习并融入新的工作模式，而那些缺乏创新

思维的人可能会在适应新环境时遇到困难。

2. 提升解决问题的能力

创新思维使大学生在工作中得以更有效地识别问题并提出解决方案。相较于传统思维方式，创新思维鼓励员工从多角度分析问题，并探索非传统的解决办法。这种能力在多变的市场环境中尤为重要，能够帮助员工在工作中更好地应对挑战，提升工作效率和质量。

3. 增强竞争优势

具备创新思维的大学生在求职中往往更具竞争优势。用人单位越来越重视员工的创新能力，因为这关系到企业的长远发展。那些能够带来新思路和新方法的求职者，往往更容易受到企业的青睐。通过在校期间参与创新创业项目，大学生能够有效培养这一能力，使自己在就业市场中脱颖而出。

（四）创业精神对就业心态的影响

创业精神是一种积极向上的态度，它影响着大学生的就业心态和职业发展。具有创业精神的大学生往往在面对就业市场时表现出更强的自我驱动和主动性。

1. 自我驱动

创业精神鼓励大学生主动探索和追求自己的职业目标。他们不仅仅满足于找一份稳定的工作，而是努力寻求能够发挥自身潜力和实现价值的职业发展路径。这种自我驱动的心态使他们在求职过程中更加积极主动，愿意通过实习、兼职和社交活动不断提升自己的能力。

2. 灵活应变

具备创业精神的大学生在就业市场中表现出更强的适应能力和应变能力。在面对不确定性和变化时，他们往往能够保持积极的态度，并快速调整自己的目标和策略。这种灵活性使他们能够在职业发展中抓住机遇，应对挑战，这在当前变化迅速的职场环境中显得尤为重要。

3. 主动创新

创业精神还激发了大学生的创新意识。在就业过程中，他们不仅关注自身岗位的完成，还关注如何通过创新提升工作效率和质量。比如，许多大学生在实习或工作期间，主动提出改进建议，参与项目创新，这种积极的表现不仅提升了他们的职业形象，也为企业创造了更多价值。

通过对创新创业与就业的互补性分析，我们可以看到创业不仅是大学生的一种就业选择，也是提升个人职业能力的重要途径。创新创业为大学生提供了积累实践经验、提升就业竞争力、培养适应市场变化的能力及塑造积极就业心态的机会。未来，高校应进一步加强创业教育与实践，鼓励学生通过创新创业实现自我价值，并为社会培养出更多具有创新精神和实践能力的优秀人才。

二、从创业到就业的过渡

随着社会经济的发展，越来越多的大学生选择创业作为职业发展的路径。然而，创业并不总是顺风顺水的，许多初创企业在市场竞争中遭遇挫折，导致创业失败。在这样的情况下，创业者如何成功地从创业转向就业，成了一个重要课题。

（一）创业失败后的职业路径选择：就业市场中的转型策略

创业失败对大学生而言，虽然是一次挫折，但也是重新审视自我、调整职业方向的机会。面对失败，大学生创业者需要有效选择职业路径，并制定相应的转型策略。

1. 重新评估职业目标

在经历创业失败后，大学生首先需要对自己的职业目标进行重新评估。失败可能导致他们对创业的热情降低，因此在选择就业时，可能会考虑更加稳定的工作。此时，最重要的是明确自身的职业兴趣和发展方向，从而在就业市场中找到最合适的位置。例如，如果某位创业者在创业过程中积累了市场营销的经验，那么可以选择进入相关行业，寻找与市场营销相关的工作岗位。

2. 制定明确的求职计划

在决定转向就业后，创业者应制订明确的求职计划，包括目标公司、职位类型、所需技能和准备材料等。制订计划有助于创业者厘清思路，集中精力提升个人能力，并为进入职场做好准备。此外，他们还应利用网络平台、职业咨询和校友资源，拓宽求职渠道，增加找到合适工作的机会。

3. 灵活选择岗位

在转型过程中，创业者可以考虑灵活选择一些与之前创业经历相关的岗位，如产品经理、市场分析师或项目管理等角色。这些岗位不仅能够利用他们的创业经验，还能在职业生涯中为他们提供成长的机会。创业者应避免对自己能力的过度限制，要看到自己在创业过程中所积累的多样化技能和知识，选择合适的职位并进行有效申请。

（二）创业积累经验转化为就业优势

尽管创业失败，但创业者在这个过程中积累的经验往往可以转化为他们在就业市场中的优势。这些优势主要体现在管理能力、市场洞察和技术专长等方面。

1. 管理能力的提升

创业者在经营自己的企业过程中，必然涉及团队管理、资源配置、项目推进等多方面的管理工作。这些管理经验能够帮助他们在求职时展现出良好的领导能力和组织协调能力。例如，在面试中，创业者可以分享他们在管理团队时遇到的挑战和成功案例。这将为招聘方提供信心，认为他们能够有效管理团队并完成目标。

2. 市场洞察力

创业者在进行市场调研和竞争分析时，通常会积累对市场趋势和消费者需求的深刻理解。这种市场洞察力在职场中也是一种宝贵的技能，能够帮助企业在产品开发、市场营销等方面做出更为精准的决策。在求职过程中，创业者可以利用这一点，展示自己对行业的见解和分析能力，使自己在面试中脱颖而出。

3. 技术专长的转化

对于那些在技术领域进行创业的大学生，技术专长则是他们进入职场的重要优势。无论是软件开发、产品设计还是数据分析等，创业者在技术开发过程中积累的知识和技能，都能够为他们在相关职位中提供强有力的竞争优势。技术能力的展示可以通过项目作品、代码示例或技术证书等方式在简历中体现，吸引用人单位的关注。

（三）创业者向职业经理人角色的转变

当创业者成功转型为职业经理人时，他们需要适应新的工作环境，改变角色并提升管理能力，以更好地适应企业的需求。

1. 角色的转变

创业者的角色主要是创造和推动新业务，而职业经理人更注重运营和管理。转型后，创业者需要调整自己的思维方式，从最初的"做老板"转变为"服务团队"，从而更好地融入企业文化和团队合作。例如，职业经理人需要关注团队成员的需求，激励团队达成共同目标，而是不仅仅专注于自己的创业理念。

2. 资源整合能力的增强

在创业过程中，创业者通常需要整合多种资源，包括资金、人才、技术和市场资源。转型为职业经理人后，这种资源整合能力依然是成功的关键。职业经理人需要通过有效的沟通与协调，整合公司内部和外部的资源，实现更高效的运营和决策。优秀的职业经理人能够利用自己的创业经历，形成资源整合的能力，并在企业中发挥积极作用。

3. 执行力的强化

创业者往往具备较强的执行力，因为他们在创业过程中面对各种挑战时必须迅速采取行动。转型为职业经理人后，这种执行力仍然是关键，能够帮助他们有效推动团队达成目标。职业经理人需要在团队中发挥领导作用，确保战略得到有效实施，并能及时应对市场变化。通过这种执行力的强化，创业者能够在职场中展现出良好的工作效率和结果导向。

三、从就业到创业的路径

在当今快速变化的经济环境中，越来越多的大学生选择从就业过渡到创业。就业不仅是大学生职业生涯的起点，也是他们积累经验、提升能力的重要阶段。通过充分利用在职场中获得的知识和资源，大学生可以为未来的创业奠定坚实的基础。

（一）就业经验积累对创业的支持

1. 行业知识的获取

在就业过程中，大学生能够深入了解所在行业的运作模式、市场需求及竞争格局。这些行业知识是创业者在进入市场时必不可少的基础。例如，一名在科技公司工作的大学生，能够了解到当前技术发展的趋势、用户的真实需求，以及市场竞争的动态，这为他在创业时制订商业计划提供了有力的数据支持。

2. 专业技能的提升

通过在职场的实际操作，大学生能够获得一系列专业技能，包括项目管理、市场营销、产品开发等。这些技能不仅在日常工作中发挥作用，也为创业打下了基础。例如，一名在市场营销部门工作的员工可以学习到如何制定市场策略和进行用户分析，这些经验在其未来的创业过程中将直接影响产品的定位和市场推广。

3. 市场资源的获取

在就业过程中，大学生能够接触到丰富的市场资源，如客户网络、供应商、合作伙伴等。这些资源在创业时可以提供重要的支持，帮助创业者降低风险并加快市场渗透。例如，在某企业工作的大学生，可以通过职务关系了解行业内的潜在客户，并在创业时快速建立客户基础。

（二）就业中的创业意识培育

就业不仅是获得经济收益的过程，也是培养创业意识的重要阶段。在企业内，大学生可以通过参与创新项目和内部创业，激发自己的创业意识。

1. 参与企业创新项目

许多企业会鼓励员工参与内部创新项目，让他们能够尝试新想法并推动项目的发展。这种经历可以帮助大学生认识到创新和创业之间的密切关系，培养他们的创新思维和创业意识。例如，一些大企业设立"创新实验室"，鼓励员工提出并实现自己的创意，这种环境能够激发大学生的创业热情和能力。

2. "内部创业"的实践

一些企业实施"内部创业"模式，鼓励员工在公司内部开展创业项目。这种模式允许员工在不离开公司的情况下尝试新的商业想法，从而获得实践经验并了解创业的挑战。这为大学生提供了一个安全的环境，让他们能够在实践中积累经验，发展创业意识。例如，在一家大型互联网公司工作的大学生，可以借助公司的资源和平台，测试自己的创业项目，从而为未来的独立创业积累经验。

3. 培养风险意识与解决问题的能力

通过参与企业的创新活动，大学生能够培养对风险的认知与应对能力。这种能力在创业过程中至关重要，因为创业本身就是一个高风险的过程。通过在企业内的创新实践，大学生可以学会如何识别风险、制定应对策略，并在面对问题时进行快速反应和调整。

(三) 从员工到创业者的转型

从员工转型为创业者，需要具备一定的关键能力和心态的准备。这种转型并不是简单的角色变化，而是对个人能力和职业规划的全面调整。

1. 关键能力的培养

大学生在就业期间应着重提升与创业相关的能力，如领导力、决策能力、财务管理能力等。这些能力将帮助他们在创业过程中有效管理团队和资源。例如，作为一名项目经理，可以锻炼自己的团队管理能力和项目规划能力，这些都是日后创业时不可或缺的技能。

2. 心态的调整

创业者需要具备积极的心态和坚定的决心，面对市场的不确定性和风险。在转型过程中，大学生需要调整心态，从稳定的员工角色转变为具有创业精神的企业家。这包括学会从失败中反思、勇于尝试新事物，以及接受不确定性。在这一过程中，建立良好的心理素质至关重要，这将影响创业者在艰难时刻的决策能力。

3. 学习适应性与灵活性

在转型过程中，大学生应培养适应性和灵活性，以应对创业过程中遇到的各种挑战。创业者必须面对快速变化的市场环境、客户需求和技术革新，因此能够迅速调整思路和策略，成为成功创业的重要因素。

(四) 通过职场人脉与资源支持创业

在从就业转向创业的过程中，建立人脉关系和资源网络将极大促进创业的成功。

1. 人脉关系的建立

在职场中，大学生可以通过与同事、客户和行业人士建立联系，积累人脉资源。这些人脉在创业过程中可以成为宝贵的支持，包括获取客户、融资和寻找合作伙伴等。例如，通过在职场中结识的投资者，创业者可以为项目融资提供帮助。

2. 合作机会的挖掘

职场人脉不仅可以提供资金支持，还可以为创业者带来合作机会。在创业过程中，与行业内的其他企业建立合作关系，可以帮助创业者迅速扩展市场、降低成本、提高竞争力。例如，创业者可以与自己曾经的用人单位或合作伙伴进行业务合作，借助对方的资源和渠道快速进入市场。

3. 融资渠道的获取

就业期间，创业者可以通过与投资机构、银行等金融机构的接触，了解融资渠道和方式，从而为未来的创业融资提供必要的基础。熟悉融资流程和资金管理能够帮助创业者更有效地筹集到所需的资金，并在创业初期维持企业的运转。

4. 供应链整合的优势

在职场中，大学生可能会接触到供应链管理的相关知识和人脉。创业后，良好的供应链管理能力能够帮助他们降低成本、提升效率，实现资源的最优配置。通过与之前工作过的供应商建立联系，创业者可以更顺利地开展业务。

从就业到创业的过渡是大学生职业发展的重要阶段，充分利用在职场中获得的经验和资源，能够为创业成功打下坚实的基础。通过积累行业知识、专业技能，以及市场资源，大学生可以更好地支持自己的创业梦想。此外，通过就业过程中的创业意识培育、关键能力与心态的准备、职场人脉的建立与资源的整合，大学生能够有效地从就业转向创业，实现个人职业发展的新阶段。在这个过程中，创业者需保持灵活应变的能力和持续学习的态度，以适应不断变化的市场环境，最终实现自身的创业目标。

四、就业与创业的交互发展路径

随着经济结构的转型和社会需求的变化，大学生的职业发展路径日益多样化。在这种背景下，就业与创业之间的交互发展路径逐渐受到关注。兼职创业、阶段性融合，以及"双创"背景下的多样化职业发展路径为大学生提供了更多选择，使他们能够在职场中找到适合自己的道路。

(一) 兼职创业与灵活就业：双重发展路径的可行性

兼职创业是大学生在保持原有就业的基础上，进行创业探索的一种灵活发展方式。通过这种双重发展路径，大学生能够在减少风险的同时，积累创业经验和资源。

1. 兼职创业的定义与特点

兼职创业是指大学生在全职工作之外，利用业余时间开展自己的创业项目。这种方式允许他们在拥有稳定收入的同时，探索个人的创业想法。兼职创业的特点在于风险相对较低，因为大学生可以在实际工作中积累经验，并评估创业项目的可行性。例如，许多大学生在校期间通过电商平台销售手工艺品或自制产品，既能利用业余时间，又能获得实践经验。

2. 灵活就业的优势

灵活就业为大学生提供了更大的时间和地点上的自由，便于他们同时进行创业。随着共享经济的发展，许多大学生选择灵活就业，如自由职业者、远程工作者等。灵活就业的方式使他们得以根据自己的时间安排进行创业，而不必全职投入，减少了因创业失败而带来的经济压力。

3. 相互促进的关系

兼职创业与灵活就业之间是相辅相成的。通过兼职创业，大学生能够不断探索市场需求，获取真实反馈，从而优化创业项目。而灵活就业为他们提供了必要的经济支持和时间灵活性，使他们在创业过程中不至于陷入经济困境。长期来看，这种双重发展路径能够促进大学生在创业与就业之间的平衡发展，提升其职业竞争力。

（二）就业与创业的阶段性融合

在大学生的职业生涯中，就业与创业并不是孤立存在的，而是可以在不同阶段相互融合的。合理的融合策略可以帮助大学生在职业发展的不同阶段有效平衡这两者。

1. 阶段性发展特点

在大学生的职业生涯早期，往往选择就业作为主要路径，以积累行业经验和职业技能。随着职业发展的深入，他们可能会逐渐形成自己的职业定位，意识到创业的潜力。这时，大学生可以在已有的就业基础上，逐步尝试创业项目，实现从员工到创业者的转变。

2. 职业发展规划

大学生在进行职业生涯规划时，应考虑到就业与创业的交替和融合。初期可以专注于就业，通过工作学习行业知识和技能，建立人脉网络；当积累了一定的经验和资源后，创业成了自然的发展选择。在此过程中，大学生可以利用工作期间获得的知识和人脉来支持自己的创业项目，从而实现无缝衔接。

3. 灵活调整策略

大学生在职业生涯中应保持灵活性，随时调整自己的就业和创业策略。例如，若在就业过程中发现某个市场机会，大学生可以选择在工作之余进行兼职创业，逐步转向全职创业；反之，若创业过程中遇到困难，他们也可以重新选择回归稳定的职场。这种灵活调整的能力，使大学生能够在不同阶段自如应对职业发展中的挑战。

第二节 大学生创业能力与就业能力的联合提升

一、创业能力与就业能力的共同发展模型

在当前经济形势日益复杂和多变的背景下，大学生的就业与创业能力显得尤为重要。随着社会对创新型人才的需求不断增加，创业能力与就业能力之间的关系愈加密切。

（一）创业能力与就业能力的交集

1. 创造性问题解决

创业能力强调在面对问题时提出新颖的解决方案。具备创造性问题解决能力的大学生能够在工作中更有效地应对挑战，提出具有建设性的建议。例如，在一个团队项目中，面对客户的反馈问题，具有创新创业能力的团队成员能够从不同的角度分析问题，提出新的思路和解决方案。这种能力不仅在创业过程中至关重要，而且在就业过程中能够帮助员工在职场上展现出色的工作能力。

2. 市场机会识别

创新创业人才通常具备敏锐的市场洞察力，能够识别市场中的机会并进行有效的评估。这种能力对于大学生在进入职场后寻找发展机会、进行职业规划尤为重要。例如，大学生在实习过程中，通过市场调研识别潜在客户需求，为企业制定相应的市场策略提供支持。这一能力的培养能够提高学生在就业市场中的竞争力。

3. 资源整合

无论是创业还是就业，资源整合能力都是一项基本技能。在创业过程中，大学生需要有效整合资金、技术、人才等资源来推动项目的成功。而在就业中，员工同样需要整合公司内部和外部资源，优化工作流程和提高工作效率。例如，一个成功的项目经理不仅需要管理团队成员的工作，还需要与其他部门协作，整合各方资源以实现项目目标。

（二）就业能力中的创新要素

在现代职场中，创新思维已成为提升就业能力的重要组成部分。将创新要素融入

岗位工作，对于大学生提升职业竞争力具有重要意义。

1. 创新思维的培养

大学生在校期间应当积极参与各类创新活动，通过课程、社团和竞赛等多种方式，培养自己的创新思维。例如，参加创新创业大赛，能够激励学生在团队中思考如何将创意转化为可行的商业项目。这种思维的培养将帮助他们在未来的职业生涯中，面对复杂问题时能够更灵活地思考和应对。

2. 将创新融入工作流程

在就业过程中，大学生应当主动将创新思维应用于日常工作。例如，在处理日常任务时，可以寻找更高效的工作方法，提出改进建议，或尝试使用新工具来提高工作效率。企业通常会对那些能够带来新想法并推动改进的员工给予积极评价，从而提升他们的职业发展机会。

3. 培养创新型领导能力

在职场中，具备创新思维的员工往往能够成为团队中的领导者。他们能够激励团队成员提出新想法，并带领团队进行创新实践。大学生在学校期间可以通过担任班级或社团的干部，锻炼自己的领导能力，培养在团队中引导创新的能力。

（三）创业实践中的就业能力提升

在创业实践中，大学生不仅可以锻炼创业能力，还能够提升自身的就业能力。具体体现在以下几个方面。

1. 管理能力的提升

通过参与创业项目，大学生能够学习如何有效管理团队、协调资源和推动项目进展。这种管理能力在就业市场中是受到高度重视的技能。例如，在一个创业项目中，学生需要负责制订项目计划、分配任务和监督进度，这些管理经验将为他们进入职场后承担更复杂的工作奠定基础。

2. 沟通能力的提高

在创业过程中，团队成员之间的沟通至关重要。大学生通过团队合作，能够锻炼与不同背景和专业的团队成员有效沟通的能力。这种能力在就业中同样重要，尤其是在跨部门合作和客户沟通时，良好的沟通能力能够帮助员工更顺利地完成工作。例如，在职场中，能够清晰地表达自己的观点和听取他人的意见，有助于提升团队的协作效率。

3. 团队合作的锻炼

创业往往是团队活动，大学生在创业实践中需要与他人密切合作，这将培养他们的团队合作精神和协调能力。在团队中，学生能够学习如何处理冲突、发挥各自的优势、达成共识。这种团队合作的经验将使他们在就业后能够更好地融入团队，推动团队目标的实现。

创新创业能力与就业能力之间存在着密切的交集，双方相辅相成，形成了共同发展的模型。大学生通过在校期间的创业实践，不仅能够提升自身的创新创业能力，还能够在管理能力、沟通能力、团队合作等方面增强就业能力。未来，高校在培养"双创"人才时，应注重将创新思维融入课程与实践，为学生提供更多机会，帮助他们在不断变化的职场中脱颖而出。通过这种系统化的培养模式，大学生能够为未来的职业发展打下坚实的基础，实现个人价值的最大化。

二、综合能力的全面提升策略

在当今复杂多变的经济环境中，大学生面临的就业压力不断增加。为了更好地适应职场需求，大学生不仅需要具备专业知识，还需掌握一系列综合能力，包括领导力、市场洞察、执行能力，以及跨学科与跨行业的协作能力。通过有效的提升策略，大学生能够在就业和创业中游刃有余，更好地实现个人的职业目标。

（一）领导力与决策能力

在创业过程中，领导力与决策能力的培养尤为重要。大学生通过创业实践不仅锻炼了自己的领导能力，还提升了在复杂环境中进行快速决策的能力。

1. 在创业中锻炼的领导力如何应用于就业岗位

创业本质上是一种自我驱动的活动，创业者需要领导团队，协调资源，确保项目按时推进。在这个过程中，大学生学会了如何激励团队成员、设定目标、分配任务等关键领导技巧。进入就业岗位后，这些技能能够直接转化为对团队的有效管理。例如，一位曾参与创业的大学生在职场中可以利用其领导能力组织团队完成项目，提高工作效率和团队士气。企业会更倾向于选择具备实战经验和领导能力的员工，因为这样的员工能够在压力下保持冷静，并带领团队朝着目标前进。

2. 快速决策与应对变化的能力：创业经验的迁移应用

创业过程中的不确定性要求创业者具备快速决策的能力。大学生在创业实践中学会了如何在短时间内分析信息、评估风险并做出决策。这种能力在职场中同样重要，尤其是在面对突发事件时，能够迅速调整策略，采取有效措施。例如，当遇到市场变化时，拥有创业经验的员工能够迅速做出反应，提出新的市场策略，为公司争取机会。

（二）市场洞察能力与执行能力

市场洞察能力和执行能力是推动个人职业发展的两个重要因素。大学生通过创新创业的学习与实践，能够在这两个方面获得显著提升。

1. 就业岗位中市场敏感度的提升

在创业过程中，市场洞察力是成功的重要前提。大学生在研究市场趋势、分析消费者需求和竞争对手的过程中，提升了对市场的敏感度。这种能力能够帮助他们在就业岗位上快速适应市场变化，制定合理的市场策略。通过在课堂学习与实际项目的结合，大学生能够积累对市场的深刻理解，使其在进入职场后具备强大的市场分析能力，能够准确把握行业动态，为企业提供战略指导。

2. 在企业岗位中实施创业式创新：内部创业与企业创新

在职场中，大学生可以将创业思维应用于企业内部，推动创新。许多企业鼓励员工进行"内部创业"，即在企业内部开展新的项目或产品开发。大学生可以通过应用其在创业过程中获得的知识与经验，积极参与企业创新项目，提出新想法，推动企业发展。例如，技术公司的员工通过内部创业项目，不仅能够推动新技术的开发，还能提升自身的市场竞争力和职业发展空间。

（三）跨学科与跨行业能力

跨学科与跨行业能力的培养对大学生的职业发展具有重要意义。通过多样化的学习与实践，大学生可以在不同领域获得丰富的经验，为创业或就业提供竞争优势。

1. 就业中的跨职能协作经验如何转化为创业优势

在现代企业中，跨职能团队合作日益普遍。大学生通过参与跨学科项目，能够与来自不同背景的同事合作，提升自己的协作能力和综合素质。例如，参与一项涉及市场、设计和技术的团队项目，可以让学生了解各个职能之间的协作方式，并锻炼他们的沟通与协调能力。在未来的创业过程中，这种跨职能的协作经验将成为他们推动项目成功的宝贵资产，能够帮助他们在团队中发挥桥梁作用，协调不同专业的需求和目标。

2. 通过跨领域经验增强就业市场竞争力

具备跨领域经验的创业者往往能够在就业市场中脱颖而出。通过在不同领域的工作和学习，大学生可以积累丰富的知识和技能。例如，一名大学生在计算机、市场营销和管理等多个领域的学习经历，使其在就业时具备较强的适应能力，能够胜任多种岗位。在创业过程中，能够灵活运用多领域知识的创业者，通常会更具创新能力，能够开发出符合市场需求的独特产品或服务。

大学生在创新创业过程中，通过提升领导力、决策能力、市场洞察力、执行能力，以及跨学科与跨行业的协作能力，能够为自身的就业和创业奠定坚实的基础。各项综合能力的提升不仅使他们在求职中更具竞争力，还为未来的创业实践提供了丰富的经验和资源。高校应关注这些能力的培养，通过实践项目、课程设置和行业合作，为学生提供更好的学习和成长机会，帮助他们在复杂的职场中取得成功。通过系统化的培养策略，大学生能够在就业与创业之间找到最佳平衡，从而实现个人的职业理想。

三、双向赋能的实践途径

在当前经济环境中，大学生的就业与创业面临诸多挑战。为了更好地应对这些挑战，高校在培养学生的过程中应注重双向赋能的实践途径，将创业实训与就业实习相结合，创造创业项目中的就业机会。这种双向赋能不仅有助于提升学生的综合素质和能力，也为社会创造了更多的就业机会。

（一）创业实训与就业实习的结合

创业实训与就业实习的结合是一种有效的双向赋能实践途径。通过这种结合，学生可以在实践中提高自身的创业能力和就业技能。

1. 实训项目中的创业模拟与就业技能锻炼相结合

高校可以通过设计创业模拟项目，让学生在模拟环境中体验创业的全过程。在这个过程中，学生不仅需要制订商业计划、进行市场调研、开展财务管理，还需要处理团队合作中的各种问题。例如，组织学生参加"模拟创业大赛"，要求他们组成团队，共同开发产品和服务，并在限定时间内完成相关任务。在模拟过程中，学生能够锻炼他们的决策能力、领导力和团队协作能力，同时也会提高他们对市场需求的敏感度和应变能力。

2. 校内外实习与实践机会对创业与就业能力的双重提升

学校应积极搭建与企业的合作平台，为学生提供丰富的实习机会。这些实习机会不仅限于传统的就业岗位，还应包括与创业相关的项目。例如，学生可以在创业公司进行实习，直接参与项目的实施，从而在实践中提高自己的创业能力和就业竞争力。在实习过程中，学生能够学习到企业运营的实际操作，了解行业的最新动态，积累丰富的人脉资源。这种实习不仅有助于他们的职业发展，也为将来的创业打下了基础。

（二）创业项目中的就业机会发掘

在创业项目的实施过程中，往往会产生新的就业机会。学生通过参与创业项目不仅可以提升自身能力，还能够为社会创造更多的就业岗位。

1. 创业项目发展中产生的就业机会

随着创业项目的成长，团队往往需要扩展以满足业务需求。这就意味着，创业者需要招聘新的员工来支持业务的发展。例如，一家初创企业在成功推出新产品后，可能需要增加市场营销人员、客户服务人员，以及技术支持团队。大学生通过参与这些创业项目，不仅可以锻炼自己的创业能力，还能够利用创业团队的扩张机会找到就业岗位。

2. 从创业过程中创造就业岗位，为社会贡献就业机会

创业者在实现自身梦想的同时，也肩负着为社会创造就业机会的责任。大学生在创业过程中，可以关注如何通过项目的成功，为他人创造就业机会。比如，在开发一款新应用时，创业团队可以考虑为当地居民提供就业机会，如技术培训、客服等。这样的做法不仅能解决社会就业问题，还能增强创业者的社会责任感和使命感。

3. 创业成功后的持续影响

当创业项目成功后，往往会引发一系列的经济活动和社会效应，从而创造更多的就业机会。例如，一家成功的本地咖啡馆可能会吸引周边的小商家，如手工艺品店、书店等，形成一个良好的商业生态系统，进一步带动就业。在这种情况下，大学生创业者不仅为自己创造了岗位，还为社会的经济发展做出了贡献。

双向赋能的实践途径在大学生的就业与创业培养中具有重要意义。通过结合创业实训与就业实习，大学生能够在实践中提升自身的能力，锻炼领导力、决策能力，以及市场敏感度。同时，创业项目的发展也为社会创造了新的就业机会，促进了经济的繁荣。在未来，高校应进一步完善"双创"教育体系，通过建立与企业的深度合作关系，为学生提供更多的实习与实践机会，帮助他们在双向赋能的过程中实现自身的职业目标与社会价值。通过这种全面的能力提升，大学生能够更好地适应变化的职场环境，实现自身的职业理想，为社会的可持续发展贡献力量。

四、创新创业竞赛与职业能力提升

在当前全球经济不断变化的背景下，大学生面临着日益激烈的就业竞争和不断变化的市场需求。为了提升自身的职业能力和创新创业能力，参与创新创业竞赛已成为一条重要途径。通过这些竞赛，大学生不仅能够锻炼各种职业技能，还能够将竞赛成果转化为实际应用，增强其就业竞争力。本部分将探讨创新创业竞赛中的能力锻炼及其成果转化应用。

（一）竞赛中的能力锻炼

1. 创新创业竞赛的实践价值

在参与竞赛的过程中，大学生需要围绕一个创新创业项目进行研究、策划并实施。这一过程能够锻炼以下方面的能力。

（1）项目管理

大学生在竞赛中负责项目的整体规划和实施，包括时间管理、资源配置、任务分配等。通过实际管理项目，大学生可以提高自己的组织协调能力和时间管理能力。例如，在一个团队项目中，大学生需要制订详细的项目计划，确保各个环节按时完成，这种实践经验将极大地提升其项目管理能力。

（2）团队合作

创业竞赛通常需要以团队的形式进行，大学生必须与队友协作，分工明确，以实现共同目标。在这个过程中，大学生能够锻炼沟通能力、协作能力，以及解决冲突的能力。例如，团队成员之间需要及时沟通各自的工作进展，分享意见，并协商解决问题，这种团队合作的经验将在今后的工作中发挥重要作用。

（3）市场推广

竞赛中，大学生还需要进行市场调研、分析竞争对手、制定市场推广方案。这一过程不仅能够提升他们的市场敏感度，还能锻炼他们的营销策划能力。例如，在准备推介会时，必须清晰地表达产品的核心价值和市场定位，这将增强他们在实际工作中进行市场推广的信心与能力。

2. 通过竞赛提升就业市场中的职业能力

（1）技能提升

竞赛过程中，大学生会接触到实际的商业运作和创业流程，学习相关的知识与技能。这些能力的提升将为其今后的职业生涯奠定基础，使其更具市场适应能力。

（2）增强自信

成功参与竞赛并获得认可，能够增强大学生的自信心。这种自信不仅体现在学术能力上，也将体现在未来的职场表现中，帮助他们更好地应对挑战。

（3）建立人脉网络

竞赛通常吸引来自各界的专家和企业代表，大学生通过参与可以建立广泛的行业人脉。这些人脉在日后的求职中可能成为重要的资源，帮助他们获得更多的就业机会。

（二）竞赛成果的转化应用

除了能力的提升，创新创业竞赛的成果转化同样重要。通过将竞赛成果应用于实际，大学生不仅能获得成就感，也能够为自身的职业发展创造更大价值。

1. 创业竞赛成果与就业竞争力的关系

竞赛过程中所取得的成果，包括商业计划书、产品原型等，可以直接影响大学生的就业竞争力。

（1）技术与项目的商业化应用

大学生在竞赛中所开发的技术或产品，如果能够成功实现商业化，将极大提升其市场价值和就业竞争力。例如，一些大学生通过创业竞赛成功开发出一款创新型应用，在市场上获得了认可。这样的成功案例不仅提升了他们的知名度，也为他们今后的求职增添了亮点。

（2）创业经验的积累

竞赛中的成功与否直接关系到大学生的创业经验积累。成功的创业经历将成为他们在求职时的重要资历，帮助他们在众多求职者中脱颖而出。用人单位通常更倾向招聘有实践经验的人才，因此竞赛成果的商业化将为学生创造更多的职业机会。

2. 通过创新创业竞赛获得的行业资源如何帮助就业

参与竞赛不仅仅是获取奖项，更多的是建立与行业的联系，为就业创造机会。

（1）资源整合

通过创新创业竞赛，大学生能够获得来自行业、企业的资源支持，包括资金、技术、市场渠道等。这些资源将为其今后的创业或就业提供重要支持。例如，一些成功的创业团队在竞赛中获得的投资和合作机会，能够帮助他们在项目推进中更顺利。

（2）行业认知与适应

参与竞赛的过程让大学生对行业的运作有了更深入的了解，能够帮助他们在进入职场时快速适应。例如，在竞赛中接触到的行业专家的意见和建议，能够为他们提供宝贵的职业指导，帮助他们明确职业方向。

创新创业竞赛为大学生提供了一个极具实践价值的平台，不仅能锻炼大学生的多项职业能力，还能将竞赛成果转化为实际应用。通过参加竞赛，大学生可以在项目管理、团队合作、市场推广等方面获得提升，从而增强其就业竞争力。此外，竞赛所获得的行业资源和人脉关系，将为其未来职业发展提供坚实的支持。在未来，高校应积极鼓励学生参与各类创新创业竞赛，并提供相应的资源和支持，以帮助他们在职业能力的提升和就业机会的创造中取得更大的成功。

五、推动"双创"与就业能力的融合

在现代社会中，"双创"与就业能力的提升密切相关。大学生作为未来社会的主力军，面对着就业市场的激烈竞争，以及创业的广阔前景，高校在这一过程中承担着重要的责任。为了更好地培养具备创新精神和创业能力的人才，高校需要推动"双创"与就业能力的融合。

（一）"双创"课程与就业指导的协同作用

高校在课程设置上，应充分考虑如何同时培养学生的创新创业能力与就业能力，通过协同作用实现双向提升。

1. 通过课程设置同时培养创新创业与就业能力

高校可以设计一系列综合性课程，既包括创新创业相关的知识与技能，又涵盖职业发展所需的就业能力。例如，开设创业管理与职业规划课程，使学生在学习创业知识的同时，了解如何进行职业规划和提升求职能力。课程中可以结合案例分析、团队项目和模拟实战等多种形式，提升学生的实践能力。通过这些课程，学生不仅能掌握创业所需的技能，还能够培养就业能力。

2. 创业指导中心与就业指导中心的资源整合与联动

高校应推动创业指导中心与就业指导中心的资源整合，形成合力。例如，创业指导中心可以邀请就业指导专家参与创业课程的设计和实施，确保课程内容能够满足就业市场的需求。同时，双方可以共同举办讲座、工作坊和招聘会等活动，帮助学生更好地了解市场动态，拓宽就业和创业的视野。这种联动将为学生提供更多元化的支持，提升他们的综合能力。

（二）创业导师与职业发展导师的双重指导

在大学生的职业发展过程中，导师的指导作用不可忽视。通过创业导师与职业发展导师的双重指导，大学生可以在创业与就业能力提升中受益。

1. 导师在创业与就业能力双向提升中的角色

创业导师通常具备丰富的创业经验，能够为学生提供实际的创业指导和市场洞察。而职业发展导师关注学生的职业规划与就业能力提升，能够帮助学生了解职业发展路径和就业市场需求。通过这两类导师的协作，学生可以在创业与就业之间找到平衡点，获得多方面的支持。

2. 通过"双导师制"帮助学生平衡创业与就业需求

高校可以实施"双导师制"，为每位学生配备创业导师和职业发展导师。创业导师可以帮助学生明确创业目标，提供项目指导；而职业发展导师可以帮助学生进行职业规划，提升求职技能。定期组织导师与学生的沟通会，鼓励学生在创业与就业之间进行反思和选择，确保他们能够在职业发展中找到最合适的路径。

（三）校企合作中的创业与就业并行模式

1. 企业在校企合作中的双重角色：创业平台与就业机会的提供

企业在校企合作中不仅充当学生的实习单位，还可以为学生提供创业平台。例如，一些企业会设立创新实验室或孵化器，与高校合作，支持学生的创业项目。通过这种合作，学生不仅可以获得实习经验，还能在企业的支持下开展自己的创业项目，获得实战经验和资源支持。

2. 实现产学研结合，推动创新创业与就业市场的接轨

高校与企业的合作应注重产学研结合，通过联合研发、项目合作等方式，实现创新创业与就业市场的对接。企业可以向高校反馈行业人才需求，帮助学校调整课程设置，培养符合市场需求的人才。同时，学生在企业实习和参与项目的过程中，能够更好地理解行业发展趋势和市场需求，为自己的创业或就业做好准备。

在大学生的职业发展过程中，推动"双创"与就业能力的融合是高校的重要任务。通过"双创"课程与就业指导的协同作用、创业导师与职业发展导师的双重指导，以及校企合作中的创业与就业并行模式，高校能够为学生提供全面的支持，帮助他们在就业和创业之间找到最佳的平衡。系统的培养策略，将使大学生具备更强的创新精神和创业能力，从而为未来的职业发展打下坚实的基础。实现"双创"与就业能力的深度融合，不仅有助于大学生的个人成长，也将为社会经济的发展注入新的活力。

第六章　大学生创业的商业模式

大学生创业已成为推动社会经济发展的重要力量。然而，如何构建适合自身的商业模式，成为大学生创业者面临的关键挑战。商业模式不仅决定着创业项目的生存与发展，更是创业者将创意转化为市场价值的核心路径。当前，大学生创业在商业模式的选择上呈现多元化趋势：从传统的产品和服务型模式，到基于互联网平台的创新型模式，再到社会公益与商业利益相结合的社会企业模式，不同类型的商业模式为大学生创业者提供了丰富的选择。通过深入理解市场需求、合理配置资源、有效利用新兴技术，大学生创业者能够打造出具有竞争力的商业模式，为创业的成功奠定坚实基础。

第一节　商业模式的定义和本质

一、商业模式的基本定义

在当今快速发展的商业环境中，理解商业模式的概念和重要性至关重要。商业模式不仅是企业的核心战略组成部分，也是推动企业成功的关键因素。尤其对于大学生创业者而言，明确商业模式的基本定义有助于他们在创业过程中制定有效的策略。

（一）商业模式的基本概念

商业模式可以被定义为企业如何创造、传递和捕获价值的框架。它涉及企业的价值主张、目标客户、渠道与客户关系、收入来源与成本结构等多个方面。具体而言，商业模式包含以下几个关键要素。

1. 价值主张

价值主张是商业模式的核心，指的是企业为客户提供的独特价值。无论是产品、服务还是解决方案，价值主张应满足客户的需求，解决他们的问题。例如，一家新兴的科技公司可能会通过提供创新的应用软件，帮助用户提高工作效率，从而实现其价值主张。

2. 目标客户

商业模式必须明确针对哪些客户群体。这涉及市场细分和目标市场的选择。企业需要了解目标客户的需求和偏好，从而设计出适合他们的产品或服务。比如，一家针对年轻人的时尚品牌，可能会通过社交媒体进行市场推广，以吸引其目标客户。

3. 渠道与客户关系

企业需要选择合适的渠道将产品或服务交付给客户，并与客户建立良好的关系。渠道可以是线上电商平台、实体店、社交媒体等，而客户关系的建立可能通过优质的售后服务、定期的客户反馈机制等方式实现。

4. 收入来源与成本结构

商业模式还需明确企业如何获得收入，以及运营过程中所需的成本。这包括定价策略、销售模式、成本控制等方面的设计。成功的商业模式应能够确保企业的盈利能力与可持续发展。

（二）商业模式与企业战略的区别与联系

商业模式与企业战略密切相关，但二者并不相同。理解二者的区别与联系有助于大学生在创业过程中更好地制定相关策略。

1. 区别

（1）定义层面

商业模式侧重具体的运营方式和价值传递的机制，关注的是如何创造和捕获价值；而企业战略是从更高的层面上规划企业的发展方向和目标，涉及资源配置、市场定位、竞争策略等内容。

（2）实施层面

商业模式通常涉及具体的日常运营与执行，关注的是产品、服务、客户和收入流等细节；而企业战略是一个更宏观的概念，涉及长远规划和重大决策。

2. 联系

（1）相辅相成

商业模式是企业战略的具体实施载体。企业的战略目标需要通过有效的商业模式来实现，而商业模式的成功与否又直接影响到战略目标的达成。因此，企业在制定战略时，必须充分考虑商业模式的可行性和实际操作性。

（2）动态调整

在市场环境变化、竞争格局变化等情况下，企业需要根据新的外部环境和内部资源对商业模式和企业战略进行动态调整。一个成功的企业应当能够灵活应对市场的变化，通过创新商业模式来实现战略目标。

（三）商业模式在不同产业中的具体表现形式

商业模式在不同行业中会有不同的表现形式，这些形式与行业特性、市场需求和竞争环境密切相关。以下是几种主要的商业模式类型及其具体表现。

1. 平台型商业模式

平台型商业模式通过提供一个互动平台连接供需双方，常见于电子商务和社交网络等领域。例如，阿里巴巴和亚马逊作为电商平台，通过连接买卖双方，获取交易佣金和广告收入。平台型商业模式的成功依赖用户的持续参与和网络效应的增强。

2. 服务型商业模式

服务型商业模式强调提供专业的服务而非具体的产品，常见于咨询、教育和医疗等行业。例如，软件即服务（SaaS）公司通过订阅模式为客户提供云端软件，用户按需付费。服务型商业模式通常注重客户关系管理和客户体验的提升。

3. 产品型商业模式

产品型商业模式以销售具体的产品为核心，企业通过生产和销售产品来实现盈利。例如，传统制造业企业如汽车制造商，依赖产品的销售获得收入。产品型商业模式需要关注生产效率、成本控制和产品质量。

4. 订阅型商业模式

订阅型商业模式通过定期收费为客户提供服务或产品，常见于数字内容和会员服务等领域。例如，网飞通过月度订阅收费为用户提供流媒体服务。订阅型商业模式强调用户的长期价值和用户黏性的维护。

5. 共享经济模式

共享经济模式通过共享资源、实现价值，常见于出行和住宿等行业。例如，优步和爱彼迎通过共享汽车和房屋，打破传统服务的局限，实现资源的高效利用。共享经济模式的成功依赖用户的信任和平台的安全性。

商业模式是企业创造、传递和捕获价值的重要框架，涵盖了从产品设计到市场营销的全流程。在理解商业模式的基本定义后，大学生在创业时需要关注商业模式与企业战略的关系，并灵活运用不同产业的商业模式表现形式。通过对商业模式的深入理解，大学生可以更好地为自己的创业项目制定有效的战略，从而在激烈的市场竞争中脱颖而出。

二、商业模式的核心要素

在当今竞争激烈的商业环境中，商业模式的设计对企业的成功至关重要。商业模式不仅涉及如何创造价值、传递价值，还包括如何捕获价值。因此，了解商业模式的核心要素，可以帮助大学生在创业时制定有效的策略，提升其市场竞争力。

（一）价值主张

价值主张是商业模式的核心，指的是企业为客户解决什么问题，以及为客户提供的独特价值。企业需要明确其产品或服务能够满足客户的哪些需求或解决哪些痛点。

1. 问题解决

企业首先需要识别客户面临的问题，并提供相应的解决方案。例如，某款智能家居产品可以通过远程控制提高用户的生活便利性。这种解决方案不仅满足了客户的实际需求，也提高了其生活质量。

2. 独特价值

在众多竞争者中，企业需要明确自身的独特价值，以吸引目标客户。例如，一家餐饮企业可以通过提供独特的健康饮食和个性化的用餐体验来获得客户青睐。这种差异化的价值主张能够帮助企业在市场中脱颖而出。

3. 客户反馈与调整

企业还需通过市场调研和客户反馈，不断优化其价值主张。了解客户的真实需求变化，可以帮助企业更好地调整产品或服务，提高客户满意度。

（二）客户细分

客户细分是指企业如何精准定义目标客户群体。不同的客户群体对产品和服务的需求不同，企业需要根据市场需求进行细分，以便更好地满足客户需求。

1. 市场细分的维度

客户细分可以基于多种维度进行，如地理位置、人口特征、心理特征和行为特征等。通过这些维度，企业能够识别出不同类型的客户群体，从而制定针对性的市场策略。

2. 目标市场的选择

在细分市场之后，企业需要选择最具潜力的目标市场。通过对不同细分市场的分析，企业可以确定最有可能实现盈利的客户群体。这一过程对于大学生创业者来说尤为重要，合理的目标市场选择能够帮助他们集中资源，减少市场风险。

3. 客户需求分析

了解目标客户的需求和购买行为是客户细分的关键。企业可以通过问卷调查、访谈和市场调研等方式，获取客户的反馈和需求，帮助其更好地设计产品和市场推广策略。

（三）收入模式

收入模式是指企业如何通过产品或服务实现盈利的方式。选择合适的收入模式对企业的可持续发展至关重要。

1. 销售收入

销售收入是最常见的收入模式，企业通过直接销售产品或服务获得收入。例如，零售商通过销售商品获取利润。

2. 订阅模式

在订阅模式下，客户按期支付费用以获得产品或服务。很多软件和在线服务企业（如网飞、声田）采用订阅模式，确保稳定的收入来源。

3. 广告收入

某些企业通过向第三方出售广告位获得收入。这种模式通常适用于流量较大的平台，如社交媒体和搜索引擎。

4. 混合模式

一些企业采用多种收入模式的组合，以提高盈利能力。例如，一些在线教育平台可能同时提供课程销售和会员订阅服务。

（四）渠道模式

渠道模式描述了企业如何将产品或服务传递给客户。有效的渠道选择能够帮助企业更好地满足客户需求。

1. 直接渠道

企业可以通过自有渠道直接向客户销售产品或服务，例如自有网站、实体店等。这种模式能够减少中间环节，提高利润。

2. 间接渠道

企业可以通过分销商、代理商和零售商等间接渠道销售产品。这种方式能够扩大市场覆盖范围，但也可能降低利润率。

3. 线上与线下结合

在数字化转型的背景下，企业越来越多地采用线上与线下结合的渠道模式。例如，零售商可以通过电商平台在线销售，同时在实体店提供体验和服务，增强客户体验。

（五）关键合作伙伴

关键合作伙伴指的是在商业模式中与企业合作的外部组织或个人。这些合作关系能够帮助企业实现战略目标并提升竞争力。

1. 合作的必要性

在复杂的商业环境中，企业往往需要依赖合作伙伴的资源、技术和市场渠道。例如，技术公司可能需要与供应商、开发者和销售渠道建立合作关系，共同推动产品的发展。

2. 伙伴关系的建立

企业在建立关键合作伙伴关系时，应考虑伙伴的资源与能力，确保合作的互惠互利。这可以通过正式的合作协议、战略联盟或联合开发项目等方式实现。

3. 合作的管理

与合作伙伴的关系需要持续的管理和沟通，以确保双方的目标一致，减少潜在的冲突。企业应定期评估合作效果，及时调整合作策略。

（六）成本结构

成本结构是指企业在运营过程中产生的主要支出及其成本控制策略。了解成本结构有助于企业实现盈利和可持续发展。

1. 固定成本与变动成本

企业的成本结构通常包括固定成本（如租金、工资等）和变动成本（如材料费、生产成本等）。通过合理控制成本，企业能够在提高效率的同时实现盈利。

2. 成本控制策略

企业可以通过优化生产流程、采购策略和运营管理降低成本。例如，通过采用新技术或改进流程，企业可以降低生产成本，提高利润率。

3. 成本与价值的平衡

在追求成本控制的同时，企业还需要关注产品或服务的价值。过度削减成本可能会影响产品质量和客户满意度。因此，企业需要在成本控制与价值提供之间找到平衡。

商业模式的核心要素涵盖了企业运营的方方面面，包括价值主张、客户细分、收入模式、渠道模式、关键合作伙伴、成本结构和资源配置。对于大学生创业者而言，深入理解这些核心要素不仅有助于他们在创业过程中制定有效的策略，也能够为他们在就业市场中提供宝贵的经验。通过合理的商业模式设计，大学生能够在激烈的市场竞争中立足，实现个人的职业目标和社会价值。

三、商业模式的本质

在当今竞争激烈且变化迅速的市场环境中，商业模式作为企业成功的关键因素之一,扮演着至关重要的角色。商业模式不仅涉及企业如何创造、传递和获取价值的全过程,还体现了企业在特定环境下的生存与发展策略。

(一) 商业模式的核心

1. 价值创造

企业通过识别市场需求、解决客户问题创造价值。这通常涉及产品的设计、服务的优化,以及技术的应用。例如,一家科技公司通过研发创新的软件产品,解决用户在工作中的痛点,从而创造了市场价值。商业模式的设计需要充分考虑目标客户的需求,确保所提供的价值能够真正吸引客户。

2. 价值传递

在创造出价值之后,企业需要将其有效将其传递给客户。这包括选择合适的渠道、沟通方式,以及市场策略。例如,电商平台通过优化物流配送和客户服务,提高用户的购物体验,从而更有效地将产品价值传递给消费者。此外,价值传递还涉及与客户建立良好的关系、增加客户的忠诚度和满意度。

3. 价值获取

企业必须确保其商业模式能够从客户那里获取相应的价值回报。这通常通过销售收入、订阅费用、广告收入等多种形式实现。成功的商业模式能够在价值创造和价值获取之间形成良好的循环。例如,一些 SaaS 公司通过按月收费的订阅模式,实现持续的收入流,从而维持业务的可持续发展。

(二) 商业模式的动态性

1. 市场变化的响应

随着市场环境、客户需求和技术的变化,企业的商业模式也必须不断调整。一个成功的商业模式能够灵活适应这些变化。例如,疫情期间,许多传统零售商迅速转型为在线销售,通过改变商业模式满足了客户的购买需求。

2. 创新与调整

企业应当不断进行商业模式的创新和调整,以保持其竞争力。这可以通过引入新技术、改进产品、拓展市场等方式实现。例如,一些企业通过引入人工智能和大数据分析,提高了运营效率和客户满意度,从而增强了市场竞争力。

3. 反馈机制

有效的反馈机制是商业模式动态调整的基础。企业应定期收集市场反馈和客户意见,分析其对商业模式的影响,从而及时进行调整。通过这种方式,企业能够持续改进其产品和服务，保持市场相关性。

（三）商业模式与企业竞争优势的关系

商业模式与企业的竞争优势密切相关，一个成功的商业模式能够帮助企业建立市场壁垒，使其在竞争中立于不败之地。

1. 构建竞争壁垒

企业通过独特的商业模式设计，能够创造出竞争壁垒。这些壁垒可能包括品牌影响力、客户忠诚度、专有技术和渠道优势等。例如，苹果公司的商业模式不仅依赖高质量的硬件产品，还通过其生态系统（如 App Store、iCloud 等）形成了强大的品牌壁垒和用户黏性。

2. 差异化竞争

通过独特的价值主张和市场定位，企业可以实现差异化竞争，吸引特定的目标客户。例如，某些高端品牌通过提供奢华的产品和个性化的服务，成功在市场中创建了独特的竞争地位。这种差异化策略不仅能够增强企业的市场份额，还能够提高其盈利能力。

3. 建立长期客户关系

一个成功的商业模式能够通过提供优质的客户体验，建立长期的客户关系。这种关系有助于企业维持稳定的收入来源，并在竞争中形成护城河。例如，亚马逊通过其卓越的客户服务和快速的配送体验，赢得了大量忠实客户，形成了强大的市场竞争优势。

（四）商业模式的可持续性与可复制性

1. 可持续性

商业模式的可持续性指的是其在资源和环境限制下，能够长期维持盈利能力和市场竞争力的能力。企业需要关注资源的有效利用、环境保护和社会责任，从而确保商业模式的可持续发展。例如，越来越多的企业开始关注绿色商业模式，通过采用环保材料和可再生能源，实现经济效益与环境效益的双赢。

2. 可复制性

成功的商业模式应具备一定的可复制性，便于其他企业学习和实施。企业可以通过标准化的流程和系统，帮助其他分支机构或合作伙伴复制其商业模式。例如，特许经营模式（如麦当劳）通过标准化的操作流程，实现了商业模式的快速复制和扩展。这种可复制性不仅能够加速企业的市场扩展，还能帮助其在不同地区实现稳定的盈利。

3. 创新与适应

在追求可持续性与可复制性的同时，企业还需保持创新意识。市场环境和消费者需求的不断变化，要求企业在商业模式上保持灵活性和适应性。通过持续创新，企业能够在保持核心竞争力的同时，满足不断变化的市场需求。

商业模式的本质在于为企业创造、传递和获取价值。理解商业模式的核心要素，如价值主张、客户细分、收入模式、渠道模式、关键合作伙伴、成本结构和资源配置，对大学生创业者来说至关重要。通过掌握这些要素，大学生能够更好地构建和实施有效的商业模式，增强其在市场中的竞争力。此外，关注商业模式的动态性、与企业竞争优势的关系，以及可持续性与可复制性，将帮助他们在激烈的商业环境中立足，实现自身的创业目标。

四、大学生创业中的商业模式特殊性

在当今经济形势复杂多变的背景下，大学生创业已成为一种重要的职业选择。然而，大学生在创业过程中面临资源有限、经验不足等挑战，因此在设计商业模式时需要考虑其特殊性。有效的商业模式不仅能够帮助大学生更好地利用有限资源，还能适应市场变化，提高项目成功的可能性。本部分将探讨大学生创业中的商业模式特殊性，具体包括在资源有限的情况下如何设计有效的商业模式、创业初期商业模式的灵活性，以及创新元素如何嵌入商业模式。

（一）大学生创业资源有限的情况下如何设计有效商业模式

1. 资源整合与优化配置

在资源有限的情况下，大学生需要通过整合和优化现有资源来设计商业模式。这包括对人力资源、技术资源和财务资源的合理配置。例如，大学生可以利用校园内的资源，如实验室、图书馆和导师的指导，降低创业成本。此外，还可以利用校友网络和行业协会，建立起支持系统，获取必要的资源和信息。

2. 选择适合的收入模式

在商业模式设计中，选择适合的收入模式对创业者的成功至关重要。大学生可以考虑采用低成本的收入模式，如订阅服务、增值服务等，以降低前期投入风险。例如，某些大学生创业者可以选择通过提供在线课程或咨询服务来实现收入，这种模式不仅门槛低，而且可以通过社交媒体和网络平台进行推广，扩大客户群体。

3. 聚焦核心价值与市场需求

在设计商业模式时，大学生创业者应聚焦于其产品或服务的核心价值，确保满足目标市场的需求。通过市场调研，了解客户的痛点和需求，设计出具有针对性的解决方案。例如，如果大学生创业项目涉及环保产品，他们需要确保所提供的产品不仅环保，还能满足客户在功能和价格上的需求，从而增强市场竞争力。

（二）创业初期的商业模式灵活性

1. 敏捷开发与快速迭代

大学生创业者可以采用敏捷开发的方法，通过快速原型和反馈迭代来调整商业模式。这意味着在产品开发过程中，创业者可以不断收集用户反馈，快速调整产品特性和市场策略。例如，一家初创的应用开发公司可以在推出测试版本后，迅速根据用户反馈进行功能调整，从而更好地满足用户需求。

2. 市场反馈机制的建立

建立有效的市场反馈机制对于商业模式的灵活调整至关重要。大学生创业者应定期与用户进行沟通，了解他们的需求和意见。通过在线调查、社交媒体互动和面对面访谈等方式，创业者可以及时获取市场信息，指导商业模式的调整。

3. 多样化商业模式的探索

在创业初期，大学生创业者应探索多样化的商业模式，以应对市场的不确定性。例如，某些创业项目可以同时采用 B2C（直接面向消费者）和 B2B（面向企业）的模式，通过多样化的收入来源来降低风险。这样的灵活性可以帮助创业者在面临市场变化时，迅速调整方向和策略。

（三）大学生创业项目中的创新元素

1. 产品或服务的创新

大学生创业者应致力于提供独特的产品或服务，通过创新满足市场的特定需求。例如，一些大学生在校园内推出了基于本地特色的食品外卖服务，不仅满足了学生的用餐需求，还通过独特的口味和文化背景吸引了顾客的关注。这种创新的产品设计能够帮助创业者在竞争中获得优势。

2. 商业模式创新

除了产品或服务的创新，大学生创业者还应关注商业模式本身的创新。通过重新思考商业模式的结构和流程，创业者可以找到新的市场机会。例如，某些初创企业通过"免费增值"模式吸引用户，提供基本服务免费，而对高级功能收取费用，这种模式在技术领域得到了广泛应用。

3. 技术的应用与创新

大学生创业者可以利用新技术增强其商业模式的创新性。例如，运用人工智能、大数据分析和区块链等前沿技术，创业者可以提升产品的智能化水平和服务的个性化。这不仅能够提高用户体验，也能为创业者提供更强的市场竞争力。

大学生在创业过程中面临资源有限和市场不确定性的挑战，因此在商业模式设计上需要特别关注其特殊性。通过有效的资源整合、灵活的商业模式调整，以及将创新元素嵌入商业模式，大学生创业者能够提升其项目的成功率。高校和社会应为大学生提供更多的支持与资源，帮助他们在创业过程中克服困难，实现个人价值与社会价值的统一。在未来，大学生创业者将在经济发展中发挥越来越重要的作用，为社会创造更多的就业机会和创新成果。

第二节　商业模式设计的思路和方法

一、商业模式画布

在现代创业和商业管理中，商业模式画布（business model canvas）是一个极为重要的工具，它能够帮助创业者清晰地描绘其商业模式的各个要素。这一工具不仅适用于新兴企业的商业模式设计，也能用于现有企业的商业模式创新。

（一）商业模式画布的九大模块

（1）价值主张（value proposition）：企业为客户解决的具体问题或提供的独特价值。价值主张是商业模式的核心，明确了产品或服务的竞争优势。

（2）客户细分（customer segmentation）：企业针对的不同客户群体。有效的客户细分能够帮助企业确定目标市场，并设计出符合客户需求的产品和服务。

（3）渠道（channel）：产品或服务如何传递给客户的方式。渠道不仅包括销售和分销渠道，还包括与客户沟通和交互的方式。

（4）客户关系（customer relationship）：企业与客户之间建立和维护的关系类型。这可能包括个性化服务、自动化服务或社区参与等。

（5）收入来源（revenue streams）：企业从客户那里获取收入的方式。这可能包括直接销售、订阅服务、广告收入等。

（6）关键资源（key resources）：企业为实现其商业模式所需的关键资产和资源。这可以是物理资源、知识产权、人员和财务资源等。

（7）关键活动（key activities）：企业为实现其价值主张而需开展的主要活动。这包括生产、营销、销售和服务等。

（8）合作伙伴（key partnerships）：企业与其他组织或个人建立的合作关系，以实现业务目标。这包括供应商、渠道合作伙伴和战略联盟等。

（9）成本结构（cost structure）：企业运营所需的主要支出。了解成本结构有助于企业在盈利的同时控制成本。

（二）利用商业模式画布进行创业项目的初期设计与规划

商业模式画布为创业者提供了一种系统化的思维框架，帮助他们在初期设计与规划阶段厘清思路。

1. 系统化思维

使用商业模式画布，创业者可以将各个模块进行可视化，系统性地考虑创业项目的各个方面。这种方法可以帮助创业者厘清思路，确保在设计商业模式时不遗漏重要因素。

2. 迭代与调整

在创业初期，市场环境和客户需求常常会变化。创业者可以利用商业模式画布进行迭代与调整，通过不断填充和修改不同的模块，快速适应市场变化。例如，初步确定目标客户群体后，可以根据市场反馈调整价值主张和收入来源，确保商业模式的灵活性和适应性。

3. 团队协作

商业模式画布可以作为团队讨论和协作的工具。团队成员可以围绕画布中的各个模块进行头脑风暴，集思广益，从不同角度探讨创业项目的可行性。这种协作方式能够激发创意，增强团队凝聚力。

4. 资源分配

通过明确关键资源和关键活动，创业者可以有效地进行资源分配，确保在有限的资源下最大化价值创造。商业模式画布能够帮助创业者识别出哪些资源是实现商业模式成功的关键，从而合理分配资源，降低风险。

二、设计商业模式的关键步骤

在创业过程中，设计一个有效的商业模式是确保成功的关键。商业模式不仅决定了企业如何创造和传递价值，还影响着其可持续发展。以下是一些对帮助大学生创业者有效设计商业模式的关键步骤的详细讨论，包括市场调研、竞争分析、客户细分与定位、价值主张的明确、资源配置与合作伙伴的选择，以及成本与收入模型设计。

（一）市场调研：确定客户需求和市场机会

市场调研是设计商业模式的第一步，也是最重要的一步。通过市场调研，创业者可以深入了解客户需求、市场趋势，以及潜在的商业机会。

1. 客户需求的识别

创业者应通过问卷调查、焦点小组讨论和一对一访谈等方法，收集目标客户的反馈。了解客户的痛点、期望和使用习惯，这样才能在后续的商业模式设计中设计出更具针对性的产品或服务。例如，若发现目标客户对某类产品的价格敏感，创业者可以在定价策略上进行相应调整。

2. 市场机会的评估

市场调研还应评估市场规模、增长潜力和行业趋势。创业者可以通过分析行业报告、市场数据和专家意见，判断是否值得进入该市场。识别出尚未被满足的市场需求，可以帮助创业者找到创新的切入点，制定出有竞争力的商业模式。

（二）竞争分析：分析市场中现有竞争者的商业模式

在了解市场需求之后，创业者需要对现有的竞争者进行深入分析，理解他们的商业模式，从中找到自己的定位。

1. 竞争者识别

创业者应识别出与自己目标市场相同的竞争对手，包括直接竞争者（提供相似产品或服务的企业）和间接竞争者（满足相同客户需求但提供不同产品的企业）。

2. 商业模式对比

通过分析竞争者的价值主张、客户群体、收入来源和渠道等，创业者可以识别出竞争者的优势和劣势。例如，竞争对手可能在品牌影响力上占优，而创业者可以通过提供更个性化的服务进行差异化竞争。

3. 市场定位

了解竞争对手后，创业者可以更好地定义自身的市场定位。通过明确自己的优势和独特价值，找到差异化的市场切入点。

（三）通过细分市场找到创业项目的核心客户

1. 市场细分方法

创业者可以根据地理位置、人口统计特征、心理特征和行为特征等多个维度对市场进行细分。例如，在针对年轻人的时尚品牌中，细分市场可以根据消费者的生活方式和购物习惯进行。

2. 核心客户的识别

通过市场细分，创业者可以找出最具潜力的核心客户群体。确保商业模式能够有效满足这些客户的需求是成功的关键。

3. 客户画像的建立

为目标客户创建详细的客户画像，描述其特征、需求、行为和痛点。这将帮助创业者在产品设计、市场推广和客户关系管理上做出更有针对性的决策。

（四）根据客户需求制定具有竞争力的价值主张

1. 独特性与差异化

创业者需要确保其价值主张能够清晰地传达出与竞争对手的区别。这可能涉及产品的功能、质量、价格或客户体验等方面。例如，如果某初创公司提供的产品在功能上具有独特性，创业者应强调这一点。

2. 客户利益的突出

创业者在制定价值主张时，应清楚地传达出客户将获得的具体利益。这包括节省时间、降低成本、提高效率等。明确的价值主张将吸引目标客户的关注，并促使其做出购买决策。

3. 测试与调整

在初步确定价值主张后，创业者应通过小规模测试市场反应。根据客户反馈进行调整和优化，确保价值主张真正符合市场需求。

（五）确定创业所需的核心资源和关键合作伙伴

在确定商业模式的框架后，创业者需要识别实现商业模式所需的资源和合作伙伴。

1. 核心资源的识别

包括人力资源、技术资源、财务资源、物理资源和知识产权等。创业者应明确哪些资源是实现其价值主张和核心活动所必需的。

2. 关键活动的确定

创业者需要识别并定义实施商业模式所需的关键活动。这包括生产、营销、销售、客户服务等。确保这些活动能够高效地实现价值创造。

3. 合作伙伴的选择

选择合适的合作伙伴是成功商业模式的重要一环。通过建立战略联盟、合作协议或供应链合作，创业者可以获取关键资源、降低风险并提高竞争力。例如，一家初创企业可能会与技术公司合作，共同开发新产品，从而利用彼此的优势实现互利共赢。

（六）确定盈利模式及支出结构

1. 收入模型的确定

明确企业将通过哪些方式获得收入，可能包括销售收入、订阅费、广告费等。创业者需要确保收入模型能够有效支持业务的可持续发展。

2. 成本结构的分析

创业者应识别出主要的成本支出，包括固定成本和变动成本。在设计成本结构时，控制成本以实现盈利至关重要。通过合理规划和管理资源，创业者可以在降低成本的同时保证产品和服务的质量。

3. 财务预测与风险评估

通过财务预测，创业者可以对未来的收入和支出进行估算。这将帮助他们评估商业模式的可行性并识别潜在风险，从而制定相应的应对策略。

设计商业模式的关键步骤为创业者提供了系统的思考框架，帮助他们从市场调研到资源配置，全面构建有效的商业模式。在大学生创业的过程中，理解并应用这些步骤，不仅能提高商业模式的成功率，还能增强创业者的市场适应能力。通过对商业模式的深入研究与实践，大学生能够为自己的创业项目打下坚实的基础，实现自身的职业目标和社会价值。

三、不同类型创业项目的商业模式设计思路

在创业的过程中，不同类型的创业项目需要采用不同的商业模式设计思路。商业模式不仅是创业项目成功的基础，还能直接影响到企业的盈利能力和市场竞争力。本部分将探讨四种主要类型的创业项目，即平台型、产品型、服务型和社交与内容型，分析它们各自的商业模式设计思路。

（一）平台型创业项目

平台型创业项目通常涉及多个用户群体的交互，例如买方与卖方、服务提供者与消费者等。设计双边或多边平台的商业模式时，需要考虑以下几个关键因素。

1. 明确价值主张

平台必须清楚地定义为不同用户群体提供的价值。例如，一个在线市场平台的价值主张可能是为消费者提供多样化的产品选择，同时为卖家提供更广泛的销售渠道。

2. 用户获取策略

平台在初期往往面临"鸡与蛋"的困境，即如何吸引用户到平台上。创业者需要

设计有效的用户获取策略，比如，通过免费试用、引入用户激励机制（如推荐奖励）等方法，吸引早期用户。这一阶段可能需要对初始用户进行补贴，以迅速增加用户基数。

3. 双边市场的定价策略

在平台型商业模式中，定价策略非常关键。创业者需要考虑如何在不同用户群体之间分配成本和收益。例如，许多在线市场会选择对卖家收取佣金而对买家提供免费的模式。这种模式既能吸引更多买家，也能确保卖家愿意入驻平台。

4. 用户黏性与网络效应

平台型项目需要设计增强用户黏性的方法，通过提供良好的用户体验和价值，鼓励用户持续使用平台。例如，社交媒体平台通过增强用户之间的互动来提高用户黏性，利用网络效应推动平台的成长和扩展。

（二）产品型创业项目

产品型创业项目主要围绕具体产品进行商业模式的设计。创业者在这一领域的重点应放在产品创新和市场策略上。

1. 产品创新与差异化

产品的独特性是吸引消费者的重要因素。创业者需要通过市场调研和用户反馈，不断改进产品设计，确保其在功能、质量或用户体验上具有竞争优势。例如，一款智能家居产品可以通过独特的设计和智能化功能脱颖而出。

2. 商业模式创新

创业者可以通过创新的商业模式提升产品的市场竞争力。例如，采用"按需付费"或"订阅制"的销售模式，使消费者能够降低初期购买的成本。这种灵活的付款方式有助于吸引价格敏感型客户。

3. 渠道策略

选择合适的渠道将产品推向市场是产品型创业成功的关键。创业者需要考虑多种销售渠道，如线上电商、线下零售、社交媒体等，以便更有效地接触目标客户。产品型项目的创业者应注重渠道整合，确保产品能够顺利到达消费者手中。

4. 客户反馈与迭代

在产品型创业过程中，持续收集客户反馈是至关重要的。创业者应建立反馈机制，根据客户的使用体验不断迭代产品。例如，科技公司通常会在产品发布后进行一系列版本更新，以修复问题并增加新功能，从而提升用户满意度。

（三）服务型创业项目

1. 客户价值提升

服务型商业模式的核心是客户体验和满意度。创业者需要明确如何通过服务设计提升客户的整体价值。这可能包括个性化服务、快速响应时间和高效的问题解决机制。例如，一家健康咨询公司可以通过提供个性化的健康计划增加客户价值。

2. 服务流程优化

创业者应关注服务的流程设计，确保客户在使用服务时的每个环节都能得到良好的体验。通过简化服务流程、减少等待时间、提高服务质量，能够有效提升客户满意度和忠诚度。

3. 收入来源的多样化

服务型项目可以通过多种方式实现盈利，如按小时收费、套餐收费或会员制服务。创业者应根据市场需求和客户特点，设计灵活的定价策略，以满足不同客户的需求。

4. 客户关系管理

在服务型创业项目中，建立长期的客户关系至关重要。通过有效的客户关系管理系统，创业者可以追踪客户的反馈、需求和使用情况，进而调整服务策略。例如，定期的客户满意度调查可以帮助创业者了解客户需求的变化，及时调整服务内容。

（四）社交和内容创业项目

1. 用户流量的获取与维护

社交平台和内容项目的成功依赖用户的持续参与。创业者需要制定有效的用户获取策略，如通过社交媒体营销、内容营销和口碑传播等手段，吸引用户加入平台。

2. 内容价值的创造

内容是吸引用户和维持用户活跃度的关键。创业者应注重创造高质量的内容，满足用户的需求。通过不断更新和提供有价值的内容，能够提升用户的留存率。

3. 变现模式的设计

社交和内容创业项目通常依赖广告收入、赞助内容、会员订阅等多种变现模式。创业者应根据用户群体的特点，选择合适的收入模式。如许多视频平台就通过广告和用户订阅相结合的方式实现盈利。

4. 社交互动与社区建设

成功的社交平台需要建立良好的用户社区，促进用户之间的互动。通过设计互动机制、奖励用户分享和创造内容，创业者可以增强用户的归属感，从而提高平台的活跃度和黏性。

不同类型的创业项目在商业模式设计上有各自的特点和侧重点。无论是平台型、产品型、服务型还是社交与内容型创业项目，创业者都应深入理解目标市场，明确客户需求，灵活调整商业模式以适应市场变化。通过有效的商业模式设计，大学生创业者能够提高项目的成功率，实现个人的创业目标。在未来的创业过程中，持续关注市场动态与用户反馈，将是创业者成功的重要保障。

四、商业模式设计中的常见问题

在创业过程中，商业模式的设计至关重要，它直接关系到企业的生存与发展。然而，在实际操作中，创业者往往会遇到一些常见的问题，这些问题若处理不当，可能导致商业模式的失败。

（一）客户价值主张不明确

客户价值主张是商业模式的核心，直接影响产品或服务的吸引力。然而，许多创业者在这一环节常常面临挑战。

1. 识别客户真实需求的难点

创业者可能会陷入自身想法或假设的误区，而未能真正了解客户的需求。为了解决这一问题，创业者应通过市场调研、问卷调查和用户访谈等方式，深入了解客户的真实需求与痛点。例如，若一项新产品的开发是基于对市场的假设，而没有客户的直接反馈，最终可能导致产品无法满足市场需求。

2. 构建反馈机制

在产品开发的早期阶段，建立有效的客户反馈机制至关重要。通过测试市场、推出最小可行产品（MVP）并收集用户反馈，创业者能够及时了解客户的反应，快速调整产品特性以满足客户需求。

3. 强调用户体验

商业模式的价值主张应围绕用户体验展开。创业者在设计产品时，应考虑用户在使用过程中的感受，并优化产品设计以提升用户满意度。建立用户体验的评估标准，并在产品开发过程中持续跟踪和调整，能够确保最终交付给用户的价值主张是明确且具有吸引力的。

（二）收入模式单一

1. 探索多元化的收入来源

创业者应考虑在设计商业模式时引入多种收入模式。例如，除直接销售产品或服务外，可以考虑采用订阅制、广告收入、增值服务等多元化的方式。通过构建多层次的收入结构，企业能够在不同市场环境下尚保持一定的盈利能力。

2. 适应市场需求的灵活性

随着市场和客户需求的变化，收入模式也需相应调整。创业者可以定期评估和更新收入模式，确保其与市场环境和客户需求的变化保持一致。例如，某个在线学习平台可以根据用户反馈，增加个性化课程推荐的收入模式，从而吸引更多用户。

3. 评估与实验

创业者在探索新收入模式时，应进行市场实验，评估不同收入模式的可行性。通过 A/B 测试等方法，分析不同收入模式对客户接受度和盈利能力的影响，从而选择最佳方案。

（三）资源和成本错配

1. 资源配置的科学性

创业者在资源配置时，应根据商业模式的核心活动和目标，合理分配人力、财力和物资资源。确定关键资源和活动后，集中资源于最重要的环节，确保每一项投入都能带来有效的产出。

2. 建立预算与控制机制

通过建立有效的预算管理体系，创业者可以更好地控制成本。在制定预算时，需考虑各项支出的必要性和可控性，并设置适当的监控机制，及时跟踪和调整支出情况，避免浪费。

3. 成本与收益的动态分析

创业者应定期对成本与收益进行动态分析，评估各项开支的回报率。通过数据分析，识别出高效和低效的支出项目，从而优化成本结构，实现资源的高效利用。

（四）市场定位模糊

1. 精准细分市场

创业者在进入市场之前，需要对目标市场进行细分。通过分析市场规模、潜在客户特征及需求，确定最具潜力的目标客户群体。例如，一家初创的健康食品公司可以通过市场调研，明确其目标客户为注重健康的年轻人群体，从而为其量身定制产品和营销策略。

2. 制定明确的品牌定位

品牌定位是市场定位的重要组成部分，能够帮助企业在竞争中脱颖而出。创业者应明确品牌的独特价值和市场差异化，制定相应的品牌传播策略，以提升品牌认知度和客户忠诚度。

3. 持续评估与调整市场定位

市场定位不是一成不变的。创业者需要定期评估市场趋势和客户反馈，根据变化调整市场定位策略。通过保持灵活性，企业能够快速应对市场环境的变化，确保自身的竞争力。

在商业模式设计过程中，创业者常常面临客户价值主张不明确、收入模式单一、资源和成本错配，以及市场定位模糊等问题。通过系统化的市场调研、细致的竞争分析、科学的资源配置和明确的市场定位，大学生创业者能够有效应对这些挑战，提高商业模式的成功率。最终，通过不断的学习与调整，创业者能够建立起具有竞争力和可持续发展的商业模式，实现个人的创业梦想与社会价值。

第三节　商业模式的检验与评价

一、商业模式的可行性分析

在创业过程中，商业模式的可行性是决定企业成功与否的关键因素之一。对于大学生创业者来说，确保商业模式能够在市场中有效运作，是其获得投资、实现盈利和可持续发展的基础。

（一）通过市场反馈评估价值主张的有效性

市场验证是商业模式可行性分析的重要环节，通过真实市场的反馈，创业者可以判断其价值主张的有效性。

1. 理解市场需求

在市场验证过程中，创业者首先需要深入了解市场需求。这包括识别目标客户的痛点、需求和偏好。通过市场调研、竞争分析和客户访谈等方法，创业者可以获取宝贵的市场数据，为后续的验证提供依据。

2. 验证价值主张

明确了客户需求后，创业者应通过实际操作验证其价值主张的有效性。可以通过推出试点项目、参加行业展会或进行小规模的市场推广活动，收集客户对产品或服务的反馈。验证过程不仅需要关注销售数据，还应关注客户的使用体验和满意度。

3. 评估竞争优势

市场验证的另一个重要方面是评估与竞争对手的相对优势。创业者需要分析竞争对手的商业模式，了解他们在价值主张、市场份额和客户忠诚度等方面的表现，从而判断自身商业模式的竞争力。

4. 总结市场验证结果

市场验证的结果应系统化总结，识别出成功的因素和需要改进的方面。这一过程能够为创业者在后续的商业模式调整和优化提供重要指导。

（二）客户反馈与迭代

1. 建立反馈渠道

创业者应建立多样化的客户反馈渠道，包括在线调查、社交媒体互动、产品评论和用户访谈等。这些渠道能够帮助创业者获取客户的真实意见和建议，了解客户在使用产品或服务中的体验和感受。

2. 及时回应客户反馈

收集到客户反馈后，创业者应及时做出反应，并采取相应的改进措施。客户反馈不仅可以帮助创业者识别产品中的问题，还能够提供改进的方向。例如，如果客户反映某一功能不够便捷，创业者可以考虑进行优化设计，以提升用户体验。

3. 迭代产品与商业模式

基于客户反馈，创业者需要进行产品和商业模式的迭代。通过逐步优化和改进产品功能、服务内容和商业策略，创业者能够更好地满足客户需求，提高市场竞争力。持续的迭代过程能够增加客户忠诚度，从而促进企业的长期发展。

4. 衡量迭代效果

在每次迭代后，创业者应对改进的效果进行评估，分析是否达到预期的目标。这可以通过销售数据、客户满意度调查和市场反馈来衡量。通过这些评估，创业者能够判断哪些改进措施是成功的，哪些仍需进一步优化。

（三）早期测试市场反应的具体方法

为了有效测试市场反应，创业者可以采用一些具体的方法和工具，如 MVP 和 A/B 测试。

1. MVP

MVP 是一种通过推出具备基本功能的产品，快速进入市场以收集反馈的策略。通过这种方式，创业者可以在最小的资源投入下测试市场反应。例如，一家开发新应用的创业公司，可以选择发布一个具备核心功能的简化版本，以观察用户的使用情况和反馈。这种方法能够帮助创业者在产品全面上线之前，快速识别潜在问题和改进方向。

2. A/B 测试

A/B 测试是一种对比实验的方法，创业者可以通过同时推出两个版本的产品或服务（如网页设计、营销文案、定价策略等），观察哪一版本更能吸引用户。这种方法能够提供具体的数据支持，帮助创业者做出更为明智的决策。例如，一个电商平台可以同时推出两种不同的促销活动，通过对比分析用户购买行为，选择最具吸引力的活动。

3. 焦点小组与访谈

除了上述测试方法，创业者还可以通过焦点小组讨论和用户访谈，获取更深入的市场反馈。通过与客户面对面的交流，创业者能够了解客户对产品的真实看法，获取更加具体和详细的改进建议。这种定性的反馈常常能揭示出数字数据所无法反映的深层次问题。

4. 数据分析与调整

通过以上测试和反馈收集，创业者应进行数据分析，识别用户行为的模式和趋势。基于数据分析的结果，创业者可以对产品、市场策略和商业模式进行相应的调整，以更好地满足市场需求。

商业模式的可行性分析是创业成功的重要环节。通过市场验证、客户反馈与迭代，以及早期测试市场反应的具体方法，大学生创业者能够有效评估其商业模式的有效性和适应性。这一过程不仅能够帮助他们识别潜在的问题和机会，还能指导他们进行产品和策略的优化。在动态变化的市场环境中，持续关注客户需求和市场反馈，将是大学生创业者实现成功的关键。通过科学的可行性分析，大学生可以在创业道路上更加稳健地前行，为未来的职业生涯打下坚实的基础。

二、商业模式的可持续性分析

在当前快速变化的经济环境中，商业模式的可持续性对企业的长期发展至关重要。尤其是对于大学生创业者而言，理解和评估商业模式的可持续性不仅能帮助他们降低创业风险，还能确保企业在市场竞争中保持活力和适应性。本部分将围绕商业模式的可持续性展开讨论，主要包括商业模式在长期发展中的可持续性、评估商业模式的抗风险能力和适应性，以及商业模式生命周期的阶段分析。

（一）商业模式在长期发展中的可持续性

商业模式的可持续性是指企业在长期运营中，能够持续创造、传递和获取价值的能力。以下是影响商业模式可持续性的几个关键因素。

1. 价值创造与客户满意度

企业必须持续提供客户所需的价值，以保持客户的忠诚度。通过定期的市场调研和客户反馈收集，企业可以了解客户的需求变化，及时调整其产品或服务，以确保客户满意度。这种客户导向的价值创造是商业模式可持续性的核心。

2. 环境适应性

商业模式的可持续性还体现在其对外部环境变化的适应能力。市场、技术、政策等外部因素的变化，都会对企业的商业模式产生影响。企业需要保持灵活性，能够迅速应对市场变化。例如，一些企业通过建立敏捷的决策机制和创新文化，能够快速调整业务策略，以适应市场环境的变化。

3. 资源的有效利用

可持续的商业模式要求企业能够高效利用资源，包括人力、物力和财力等。创业者需要在资源配置上进行科学规划，确保各项资源的最佳利用，避免浪费。这不仅可降低运营成本，还能提高企业的整体效益。

4. 社会责任与品牌影响力

现代消费者越来越关注企业的社会责任。具备社会责任感的商业模式能够提升企业的品牌形象，增强消费者的认同感和忠诚度。企业通过可持续的商业实践，能够在市场中建立良好的声誉，从而获得更大的竞争优势。

（二）如何评估商业模式的抗风险能力和适应性

1. 抗风险能力的评估

企业需要识别并分析可能影响其运营的风险因素，包括市场风险、财务风险、技术风险和运营风险等。通过对这些风险的评估，企业能够制定相应的风险管理策略，降低潜在的损失。例如，企业可以通过多元化的产品线和市场策略，分散风险，增强抗风险能力。

2. 适应性测试

商业模式的适应性可以通过多种方式进行测试，包括市场反馈、数据分析和模拟场景。企业可以采用敏捷管理的方法，通过快速迭代和小规模实验，评估不同策略的效果，及时调整商业模式。这种灵活的适应性测试可以帮助企业在变化的市场环境中保持竞争力。

3. 建立评估指标

企业应建立一套系统的评估指标体系，定期评估商业模式的抗风险能力和适应性。这些指标可以包括客户留存率、市场份额变化、财务表现、创新能力等，通过数据监测和分析，企业可以及时发现潜在问题，并进行调整。

（三）商业模式生命周期的阶段分析

1. 初创期

在初创阶段，创业者面临许多不确定性。此时，重点是验证商业模式的可行性。创业者需要进行市场调研，收集客户反馈，快速调整产品和服务以满足市场需求。在这个阶段，资源往往有限，创业者应采取 MVP 策略，快速推出产品，收集反馈，进行迭代。

2. 成长阶段

随着企业逐渐获得市场认可，进入成长阶段。此时，创业者应专注于扩大市场份额，增加客户基础。需要通过优化运营流程、提升服务质量和加强市场营销，确保商业模式的稳定增长。此外，企业应关注品牌建设，提升品牌影响力，以便在竞争中立于不败之地。

3. 成熟阶段

在成熟阶段，企业通常会面临市场饱和和竞争加剧的挑战。此时，创业者需要评估商业模式的可持续性，寻找新的增长点。可以通过产品线扩展、市场多元化和新市场的开发等方式，重新激活商业模式的活力。同时，企业应保持创新意识，避免陷入"舒适区"。

4. 调整阶段

商业模式在经历了一段时间的成熟后，可能会进入调整阶段。这一阶段的特点是市场环境的变化、客户需求的转变，导致原有商业模式的可行性受到挑战。创业者需要进行全面的市场分析，重新评估商业模式，寻找创新的商业模式或战略调整方案，以确保企业的长期生存与发展。

商业模式的可持续性分析是创业者在设计和实施商业模式过程中必须重视的一环。通过对商业模式在长期发展中的可持续性、抗风险能力和适应性的评估，以及对商业模式生命周期的阶段分析，大学生创业者可以有效识别潜在的挑战和机会，优化其商业模式。面对不断变化的市场环境，持续关注客户需求和市场反馈，将是大学生创业者实现成功的关键。在未来的创业旅程中，通过科学的可持续性分析，创业者能够为自己的事业打下坚实的基础，推动个人和社会的共同发展。

三、商业模式的盈利性评价

在创业过程中，商业模式的盈利性评价是一个至关重要的环节。对于大学生创业者而言，清晰而合理的盈利模式不仅能够确保企业的可持续发展，还能为企业的成长打下坚实的基础。

（一）盈利模式的合理性分析

盈利模式是商业模式的核心部分，涉及企业如何实现收入及其来源。确保收入来源的多样化与稳定性是盈利模式合理性的关键。

1. 多样化收入来源

一个成功的商业模式通常需要多种收入来源，以降低对单一收入流的依赖。例如，企业可以结合直接销售、订阅服务、广告收入和增值服务等多种盈利方式。这种多元化的收入结构可以帮助企业在市场变化时保持稳定，减少风险。例如，声田的盈利模式不仅依赖用户的订阅费用，还通过广告收入来补充收益。在用户未付费的情况下，声田通过广告展示，依然能够获得收益，这种模式的多样性使其在用户流失或市场波动时能够有效缓冲影响。

2. 稳定性的重要性

盈利模式的稳定性涉及收入的可预测性。创业者需要评估不同收入来源的波动性，确保至少有一种主要的收入来源相对稳定。通过建立长期的客户关系和合约，可以提高收入的可预测性。许多 SaaS 企业采用订阅模式，这种模式提供了相对稳定的现金流。通过建立年度订阅合同，企业可以确保在未来一段时间内获得固定的收入，降低因客户流失带来的财务风险。

（二）成本结构的健康度评估

商业模式的盈利性不仅取决于收入，还与成本结构的健康度密切相关。创业者需合理控制固定成本与可变成本的平衡。

1. 成本控制的策略

在评估成本结构时，创业者应重点关注固定成本与可变成本的合理配置。过高的固定成本可能在市场需求下降时导致资金链紧张，创业者应尽量降低初期的固定开支，以降低风险。许多初创企业选择共享办公空间，以降低租金等固定开支，灵活调整办公规模，降低经营风险。

2. 监控和评估成本

创业者需定期监控和评估成本结构的健康度，通过数据分析识别出高成本环节并采取相应的控制措施。例如，利用财务软件跟踪每月的费用支出，识别出浪费的部分，以便及时调整预算。企业在扩大规模的同时，也应注重运营效率的提升。通过优化生产流程、引入新技术或自动化，能够有效降低单位成本，提高整体盈利能力。

（三）财务模型的构建

构建财务模型是盈利性评价的重要步骤，能够帮助创业者预测现金流、利润率和盈亏平衡点。

1. 现金流预测

现金流预测是财务模型的核心，能够帮助创业者了解企业未来的资金状况。创业者应基于收入和支出预测，制定详细的现金流预算。例如，可以预测未来 12 个月的现金流入和流出，以便及时发现资金短缺风险，并采取相应措施。利用 Excel 等工具构建现金流表，能够帮助创业者直观地看到每个月的现金流情况，识别潜在的财务问题。

2. 利润率分析

利润率是衡量企业盈利能力的重要指标，包括毛利率、营业利润率和净利润率等。创业者应定期分析不同产品或服务的利润贡献，以评估其在整体盈利模式中的重要性。初创企业可以通过分析不同产品线的利润率，发现某些低利润产品占用了过多资源，从而决定停止生产或优化产品。

3. 盈亏平衡点分析

盈亏平衡点是指企业的总收入刚好覆盖总成本的销售量或销售额。了解盈亏平衡点有助于创业者设定销售目标和制定定价策略。计算盈亏平衡点的方法通常为：

$$盈亏平衡点 = \frac{固定成本}{单价} - 单位变动成本$$

通过这个公式，创业者可以评估达到盈利所需的最低销售量。在确定产品定价时，创业者可以利用盈亏平衡点分析来指导决策，确保定价既能够覆盖成本，又能吸引目标客户。

商业模式的盈利性评价是大学生创业者在开展业务前必须重视的环节。通过对盈利模式的合理性分析、成本结构的健康度评估和财务模型的构建，创业者可以全面理解其商业模式的可行性和盈利能力。在这个过程中，持续监控市场反馈和客户需求，将有助于他们不断优化商业模式，从而提高企业的竞争力和可持续发展能力。通过科学的盈利性评价，大学生创业者能够更好地把握市场机遇，推动自身事业的成功。

四、商业模式的竞争力分析

在当今市场竞争日益激烈的环境中，大学生创业者必须深入理解和分析商业模式的竞争力，以便在众多竞争者中脱颖而出。商业模式的竞争力不仅体现在如何有效地创造、传递和获取价值，还包括其独特性、难以复制性，以及通过创新构建竞争壁垒的能力。

（一）竞争对手商业模式的对比分析

在分析自身商业模式的竞争力时，了解竞争对手的商业模式是必不可少的步骤。通过对比分析，创业者能够识别出自身的优势和劣势，进而制定相应的竞争策略。

1. 识别竞争对手

首先，创业者需要识别直接竞争对手和间接竞争对手。直接竞争对手是那些提供相似产品或服务的企业，间接竞争对手则是那些满足相同客户需求但通过不同方式实现的企业。例如，一家在线教育平台的直接竞争对手可能是其他在线学习平台，而间接竞争对手可能是传统教育机构。

2. 对比商业模式要素

在进行对比分析时，创业者应关注竞争对手商业模式的各个关键要素，包括价值主张、收入来源、客户关系、渠道策略和成本结构等。通过分析这些要素，创业者可以识别出竞争对手的优势及其背后的原因。例如，竞争对手可能通过高效的供应链管理降低成本，从而实现更低的定价。

3. 评估市场表现

通过分析竞争对手的市场表现，创业者可以获得关于其商业模式有效性的直接反馈。可以通过销售数据、市场份额、客户满意度等指标来评估竞争对手的成功。了解竞争对手在市场中的表现，有助于创业者更清晰地认识到自己的市场定位和策略。

（二）商业模式的独特性与难以复制性

商业模式的独特性和难以复制性是其竞争力的重要组成部分。拥有独特的商业模式能够帮助企业在市场中建立独特的竞争优势。

1. 明确独特价值主张

创业者应确保其商业模式具有独特的价值主张。这不仅意味着提供高质量的产品或服务，还需要具备创新性。例如，某家初创公司通过利用先进的技术，提供个性化的客户体验，从而在竞争中脱颖而出。

2. 难以复制的要素

商业模式的难以复制性往往体现在品牌效应、技术专利、用户网络和市场资源等方面。例如，一些科技企业通过研发投入，获得了关键技术的专利，这使其产品在功能上具有明显的竞争优势，难以被其他企业轻易模仿。

3. 构建客户忠诚度

通过提供卓越的客户体验和价值，企业可以建立起客户的忠诚度，这种忠诚度是其他企业难以复制的。例如，苹果公司通过其独特的品牌文化和生态系统，赢得了大量忠实用户，使其竞争对手很难在同一市场中撼动其地位。

（三）构建竞争壁垒

商业模式创新是提升竞争力的重要手段，能够帮助企业构建有效的竞争壁垒，从而保护其市场地位。

1. 持续的商业模式创新

市场环境和客户需求是动态变化的，企业需要持续进行商业模式创新，以适应市场的变化。创业者应时刻关注市场趋势、技术进步和客户反馈，定期评估和调整商业模式。例如，网飞从最初的 DVD 租赁模式转变为流媒体服务，通过不断创新其商业模式，保持了市场的领导地位。

2. 创新带来的差异化优势

通过商业模式的创新，企业能够实现差异化，从而在竞争中形成壁垒。这可能体现在定价策略、服务方式、市场推广等多个方面。例如，某家在线旅行代理商通过提供独特的用户体验和一站式服务，吸引了大量用户，并在竞争中形成了壁垒。

3. 构建网络效应

商业模式创新还可以通过构建网络效应来增强竞争壁垒。网络效应是指用户的价值随着用户数量的增加而增加。例如，社交媒体平台的价值在于用户的参与，越多用户加入，平台的吸引力和价值就越大。创业者应设计商业模式，让用户在使用过程中能够获得更多的价值，从而吸引更多的用户加入。

4. 获取资源的优势

通过创新商业模式，企业还可以获得更多的资源和支持。例如，与战略合作伙伴建立长期合作关系，能够为企业提供关键资源和市场渠道，从而增强竞争力。通过这种资源整合，企业可以实现协同效应，进一步巩固市场地位。

商业模式的竞争力分析是大学生创业者在创业过程中必须重视的内容。通过对竞争对手商业模式的对比分析、商业模式的独特性与难以复制性，以及商业模式创新如何构建竞争壁垒的深入研究，创业者能够有效提升自身商业模式的竞争力。在瞬息万变的市场环境中，大学生创业者应灵活应对，不断创新，以确保其商业模式的成功与可持续发展。这不仅能够帮助他们在激烈的竞争中立足，还能为他们的职业生涯发展打下坚实的基础。

五、商业模式的可扩展性分析

在创业的过程中，商业模式的可扩展性是一个关键因素，它直接关系到企业能否在市场上实现持续增长和发展。对于大学生创业者而言，理解如何将商业模式从初创阶段扩展到更大市场、如何在不同市场或地区进行复制和推广，以及创业项目商业模式的全球化扩展可能性，都是至关重要的。

（一）商业模式如何从初创阶段扩展到更大市场

在创业初期，商业模式通常集中在一个相对小的市场中。随着业务的发展，创业者需要考虑如何将商业模式扩展到更大的市场。

1. 市场研究与机会识别

创业者需要进行全面的市场研究，以识别潜在的扩展机会，包括分析市场规模、增长潜力、竞争格局，以及客户需求的变化。例如，初创企业在本地市场取得成功后，可以通过市场研究发现，周边城市存在类似的需求，从而确定扩展的目标区域。

2. 产品或服务的适应性

为了能够顺利扩展到新市场，创业者需要评估其产品或服务在新市场中的适应性。这可能涉及对产品的调整、功能的优化，以及定价策略的重新考虑。例如，一家食品初创企业可能需要根据不同地区的饮食习惯，调整产品配方和口味。

3. 市场推广与品牌建设

扩展至新市场时，企业需要制定有效的市场推广策略，提升品牌知名度。通过线上线下多渠道营销，能够增强客户对品牌的认知度和忠诚度。此外，参与行业展会、社区活动等方式也能有效提升品牌影响力。

4. 建立合作伙伴关系

与当地企业、分销商或代理商建立合作关系，能够帮助创业者更快进入新市场。这种合作关系可以为创业者提供当地市场的深入洞察、分销渠道和客户资源，从而降低扩展风险。

（二）商业模式的可复制性

可复制性对于商业模式可扩展性同样重要。一个成功的商业模式应该能够在不同的市场或地区进行推广和复制。

1. 标准化流程的建立

为了确保商业模式的可复制性，创业者需要建立标准化的操作流程。这包括产品开发、市场推广、客户服务等各个环节的标准化管理，确保在不同市场中能够保持一致的服务质量和客户体验。例如，连锁餐饮企业通常会制定统一的经营手册，以保证各家门店的运营规范。

2. 灵活的本地化策略

尽管需要标准化，但在不同市场或地区，创业者也应根据当地的文化、法规和市场需求，灵活调整策略。适当的本地化策略能够增强商业模式的适应性和吸引力。比如，国际品牌在进入新市场时，通常会调整其营销信息和产品特性，以符合当地消费者的偏好。

3. 复制案例的分享

成功的商业模式复制往往依赖成功案例的分享。创业者可以通过案例研究和经验交流，将成功的商业模式复制到新的市场中。通过分享最佳实践，能够帮助新的市场参与者更快地适应并实施商业模式。

4. 技术支持与培训

在复制商业模式时，提供必要的技术支持和培训是至关重要的。这可以确保新市场的团队能够快速上手，理解并执行商业模式。提供系统的培训课程和技术支持，能够降低新市场实施过程中的障碍。

（三）创业项目商业模式的全球化扩展可能性

随着全球化的发展，越来越多的创业项目希望能够将其商业模式扩展到国际市场。全球化的扩展不仅能够增加市场份额，还能为企业带来新的增长机会。

1. 全球市场的机会识别

创业者需要对全球市场进行深入分析，识别出哪些市场具备扩展的潜力。这包括考虑市场规模、经济发展水平、消费者购买力和竞争环境等因素。通过参与国际展会、行业会议等方式，能够获取市场信息和机会。

2. 跨国经营的挑战

在进行全球扩展时，创业者面临诸多挑战，如法律法规、文化差异和市场进入壁垒等。了解目标市场的法律法规、税务政策和商业惯例，能够帮助创业者规避潜在的法律风险。同时，理解和尊重不同文化背景，有助于创业者更好地与当地消费者沟通。

3. 全球供应链的构建

在国际市场中，建立高效的全球供应链是成功扩展的重要保障。创业者需要考虑如何整合全球资源，以降低成本、提高效率。例如，一些制造企业通过在不同国家建立生产基地，实现成本的优化和市场响应能力的提升。

4. 国际化品牌战略

全球化扩展需要企业在品牌战略上进行相应调整。创业者需要考虑如何在不同市场中建立品牌认知和忠诚度。通过差异化的品牌传播策略，能够增强品牌的全球影响力。此外，参与国际化营销活动和本地化的广告宣传，可以有效提升品牌在目标市场中的知名度。

商业模式的可扩展性分析是大学生创业者在制订创业计划时必须重点关注的内容。通过对商业模式从初创阶段到更大市场的扩展、商业模式的可复制性，以及全球化扩展可能性的深入分析，创业者能够更好地规划其发展战略，降低市场风险，实现持续增长。在全球化趋势日益明显的今天，大学生创业者应当以开放的视野，积极探索国际市场的机会，抓住时代赋予的机遇，为自己的创业梦想铺平道路。

第四节　商业模式创新

一、商业模式创新的必要性

在当今快速变化的市场环境中，商业模式的创新已经成为企业成功与可持续发展的关键。特别是对于大学生创业者而言，理解商业模式创新的必要性不仅能帮助他们在竞争中脱颖而出，还能为其创业项目的长远发展打下坚实基础。本部分将探讨市场环境变化与科技进步对商业模式创新的驱动、商业模式创新如何实现差异化竞争，以及大学生创业中进行商业模式创新所面临的机会与挑战。

（一）市场环境变化与科技进步对商业模式创新的驱动

1. 市场环境的动态性

随着消费者需求的不断变化、竞争对手的增加，以及全球化进程的加快，企业必须快速适应市场环境的变化。消费者的偏好、购买行为和生活方式的变化，要求企业不断调整其商业模式以保持市场竞争力。例如，随着环保意识的提高，许多企业开始探索可持续发展商业模式，以吸引注重环境保护的消费者。

2. 科技的推动作用

科技的进步为商业模式的创新提供了新的工具和可能性。数字技术、人工智能、大数据和互联网的普及，使企业能够更高效地分析市场、识别客户需求，从而调整商业模式。例如，电子商务的兴起致使传统零售商不得不转型，采用线上线下结合的模式来满足客户需求。

3. 全球竞争压力

在全球化的背景下，企业不仅需要面对本地市场的竞争，还要应对来自国际市场的挑战。这种竞争压力促使企业不断创新其商业模式，以保持市场领先地位。例如，许多国内企业通过借鉴国际成功案例和创新思路，积极探索新的商业模式，以增强其全球竞争力。

（二）通过商业模式创新实现差异化竞争

商业模式创新不仅能帮助企业适应市场变化，还能在竞争中实现差异化，从而提升企业的市场地位。

1. 独特的价值主张

通过创新，企业能够制定出独特的价值主张，以满足特定客户群体的需求。这一过程通常需要深入了解客户的痛点、需求和期望，进而设计出差异化的产品或服务。例如，创业公司通过引入先进的技术，提供个性化的健康管理服务，满足了用户对健康管理的特殊需求。

2. 创新的收入模式

商业模式创新可以引入新的收入来源，帮助企业实现多元化盈利。例如，许多传统行业正在通过订阅制、按需付费等新颖的收入模式来获取收益，从而降低其对单一销售的依赖，增强盈利能力。这样的变化不仅能吸引新客户，还能提高客户的生命周期价值。

3. 增强客户体验

通过商业模式的创新，企业可以提升客户的整体体验，从而增强客户忠诚度。例如，某些科技公司通过建立强大的客户支持和社区互动机制，让客户在使用产品的过程中感受到更高的附加值，这种体验的提升促使客户有意愿长期使用该品牌的产品。

4. 提高运营效率

商业模式创新不仅关注客户需求，还应关注内部运营的优化。通过技术手段的引入，如自动化和数据分析，企业可以提高运营效率，降低成本，从而在市场竞争中占据优势。例如，某些企业通过引入智能供应链管理系统，实现了库存的精准控制和成本的有效降低。

（三）大学生创业中进行商业模式创新的机会与挑战

1. 机会

（1）灵活性与创新思维

大学生在创业时通常具备较强的创新意识和灵活的思维，能够更容易地接受新观念和新模式。在资源有限的情况下，他们往往能够提出具有创造性的解决方案，找到市场的切入点。

（2）科技工具的运用

大学生创业者普遍熟悉互联网和数字工具，这为商业模式的创新提供了便利。例如，利用社交媒体和在线营销工具，大学生能够快速推广他们的产品和服务，降低市场推广成本。

（3）支持资源的获取

随着创业支持政策的增多，各类孵化器、加速器和创业基金为大学生创业提供了更多的资源支持。这些机构通常鼓励创新，帮助创业者测试和优化其商业模式。

2. 挑战

（1）经验不足

尽管大学生在创新方面具备优势，但在实际商业运营中，缺乏经验可能导致对市场需求的判断失误。如何快速学习并有效运用商业理论与实践经验，是大学生创业者面临的一大挑战。

（2）资源限制

许多大学生创业者在初创阶段面临资金、技术和人力资源的限制，可能影响商业模式创新的实施。例如，在资金不足的情况下，可能无法进行充分的市场调研，导致创新方向不够准确。

（3）市场竞争压力

在快速变化的市场环境中，大学生创业者需要面对来自成熟企业和其他创业公司的激烈竞争。这要求他们在创新中不断学习和调整，以保持竞争优势。

商业模式创新是大学生创业成功的关键因素之一，能够帮助他们适应市场变化，实现差异化竞争。通过深入理解市场环境变化与科技进步的驱动、合理设计独特的价值主张、构建多元的收入模式，以及不断提升客户体验，大学生创业者可以在激烈的市场竞争中取得成功。同时，他们也面临着经验不足、资源限制和市场竞争压力等挑战。通过积极应对这些挑战，利用所获得的机会，大学生创业者能够在商业模式创新中获得更大的成功。

二、商业模式创新的主要类型

商业模式创新是推动企业成长、提高市场竞争力的重要手段。随着市场环境的变化和科技的进步，企业需要不断调整和优化其商业模式，以适应新的挑战和机遇。对于大学生创业者而言，了解商业模式创新的主要类型，有助于其选择合适的创新策略，提升创业成功的可能性。

（一）颠覆式创新

颠覆式创新是指通过全新的商业模式，颠覆现有市场格局和竞争环境。这种创新通常在技术、产品或服务的本质上带来根本性的变化，从而吸引新的客户群体，并挑战传统行业的领导者。以优步为例，该公司通过引入共享经济的商业模式，彻底改变了传统的出租车行业。优步利用移动应用连接司机与乘客，降低了出行成本，提升了服务效率。这一颠覆式的商业模式不仅挑战了传统出租车公司的运营方式，也促使这些公司进行转型与创新。颠覆式创新不仅改变了市场的竞争格局，还为消费者提供了更多选择和更好的服务体验。然而，这种创新也面临着较大的风险，创业者需要具备敏锐的市场洞察力和强大的执行能力，以应对各种不确定性。

（二）增量式创新

增量式创新是在现有商业模式的基础上进行的优化和改进。它通常不涉及根本性的变革，而是通过逐步改进来提升产品或服务的质量、效率和客户体验。

1. 优化产品与服务

许多企业通过收集客户反馈，针对性地优化其产品和服务。例如，某家在线教育平台可能根据用户的学习进度和反馈，调整课程内容和教学方式，以提高用户的学习效果和满意度。这种增量式的改进能够增强客户的忠诚度和满意度。

2. 降低成本与提高效率

增量式创新还可以通过优化内部流程和管理方式降低成本，提高运营效率。例如，制造企业可以通过引入精益生产理念，减少生产环节中的浪费，从而降低成本。这类创新虽不显著，但在长期的运营中积累的效益将是巨大的。

3. 风险较小

相比颠覆式创新，增量式创新的风险较小，适合大多数企业进行逐步探索。大学生创业者可以通过小规模试点项目，测试不同的改进方案，积累经验和数据，为后续的更大规模创新打下基础。

（三）开放式创新

开放式创新是指企业通过与外部合作伙伴的协作，整合外部资源进行商业模式创新。这一策略能够帮助企业获取更广泛的知识、技术和市场信息，加速创新过程。

1. 整合外部资源

开放式创新强调跨界合作，企业可以通过与其他公司、高校、研究机构和客户建立合作关系，获取所需的资源和技术。这种合作不仅能增强企业的创新能力，还能加快产品开发和市场推广的速度。

2. 共享知识与技术

通过开放式创新，企业能够共享行业内外的知识与技术，降低研发成本。例如，某技术公司可以与高校合作，共同研发新技术，双方共享成果。这种合作关系能够使企业在技术上保持领先，同时减轻单独承担研发风险的压力。

3. 社区与用户参与

开放式创新还可以通过建立用户社区，鼓励客户参与产品开发和创新过程。通过用户的反馈和建议，企业能够更好地满足市场需求，提升产品的市场竞争力。

（四）平台型创新

平台型创新是基于平台经济的商业模式创新，通过搭建开放平台，促进多方参与和资源共享，从而实现价值创造。

1. 平台经济的兴起

随着互联网技术的发展，平台型商业模式逐渐成为一种重要的创新形式。例如，阿里巴巴、亚马逊和爱彼迎等平台，通过搭建供需双方的连接，创造了新的经济模式。平台型创新不仅能够拓展市场，还能提升资源的使用效率。

2. 多边市场的机会

平台型创新通常涉及多边市场，其中包括消费者、供应商和其他利益相关者。创业者在设计平台时，需要考虑如何吸引不同类型的用户加入平台，并为他们提供价值。例如，优步和来福车等打车平台，通过为司机和乘客提供便利，吸引了大量用户。

3. 建立网络效应

平台型商业模式的成功往往依赖网络效应，即随着用户数量的增加，平台的价值也随之增加。创业者需要设计激励机制，鼓励用户积极参与，从而加速平台的发展。良好的用户体验和社区互动将促进用户的留存和转化。

商业模式创新的主要类型包括颠覆式创新、增量式创新、开放式创新和平台型创新。每种类型的创新都有其独特的优势和适用场景，大学生创业者可以根据自身的市场环境和资源状况，选择合适的创新策略。通过对这些创新类型的深入理解，创业者能够在竞争中找到突破口，提高企业的市场适应能力和长期竞争力。在未来的创业道路上，商业模式创新将是推动大学生创业成功的重要力量。

三、商业模式创新的方法论

商业模式创新是企业适应市场变化、提升竞争力的重要策略。在快速发展的市场环境中，尤其是对于大学生创业者来说，掌握商业模式创新的方法论能够帮助他们在竞争中占据有利位置。

（一）价值创新

价值创新是商业模式创新的核心，强调通过重新定义价值主张改变市场竞争格局。这一过程包括识别客户需求、了解市场趋势，并在此基础上提供独特的产品或服务。

1. 识别客户需求

创业者需要通过市场调研、访谈和数据分析等方式，深入了解目标客户的痛点和需求。通过识别未被满足的需求，创业者可以发现创新的机会。例如，在线教育平台发现因传统教育模式无法满足部分学生的个性化需求，推出了一对一的定制课程，成功吸引了大量客户。

2. 创造独特的价值主张

在了解客户需求后，创业者应设计出具有独特价值的产品或服务。这可以通过差异化的产品设计、定制化的服务体验或创新的定价策略来实现。例如，咖啡连锁店通过提供独特的本地风味咖啡和个性化的饮品定制服务，在竞争中脱颖而出。

3. 竞争格局的改变

通过价值创新，企业不仅能满足客户的需求，还能在市场中创造新的竞争格局。价值创新的成功案例包括苹果和特斯拉等公司，它们通过重新定义产品价值和用户体验，彻底改变了各自行业的竞争环境。

（二）颠覆性技术

1. 区块链技术

区块链技术以其去中心化和透明性，正在改变许多行业的商业模式。例如，在金融服务领域，区块链技术使跨境支付变得更加高效和便宜，降低了交易成本。大学生创业者可以探索如何将区块链技术应用于自身项目，提升产品的安全性和效率。

2. 人工智能

人工智能技术能够通过数据分析和机器学习，优化决策过程和客户服务。许多企业正在利用人工智能进行市场预测、个性化推荐和智能客服等。这为创业者提供了创新商业模式的机会，通过提高效率和客户满意度，实现商业价值的最大化。

3. 5G 技术

5G 技术的普及将促进物联网和智能设备的广泛应用。创业者可以借助 5G 技术的高带宽和低延迟特性，开发出新型的商业模式。例如，智能家居设备可以通过 5G 实现实时监控和远程控制，改变用户的生活方式。

（三）用户参与创新

用户参与创新强调通过用户反馈和参与，推动商业模式的迭代与优化。这种方法可以帮助企业更好地理解市场需求，并提升产品的市场适应性。

1. 建立反馈机制

创业者应建立多样化的用户反馈渠道，包括在线调查、社交媒体互动和用户访谈等。通过与用户的直接沟通，企业能够收集真实的意见和建议，及时调整商业模式和产品设计。

2. 迭代式创新

通过对用户反馈的分析，创业者可以进行快速迭代，逐步优化产品或服务。例如，一款移动应用可以在初始版本推出后，通过用户的反馈不断增加新功能，改进用户体验，从而提高用户留存率。

3. 社区共创

许多成功的创业项目都依赖用户的参与与共创。通过建立用户社区，鼓励用户参与产品开发和创新，企业能够获得更多创意和灵感。例如，开源软件项目通过用户的共同努力，不断迭代和完善产品，拥有了强大的用户群体并形成了品牌影响力。

（四）生态系统创新

生态系统创新是指通过构建企业生态系统，整合资源、合作伙伴和客户，推动商业模式的创新。这种方法强调跨界合作与协同效应。

1. 构建多方合作关系

在生态系统中，各方能够共同参与价值创造。创业者可以与供应商、客户、研究机构和其他合作伙伴建立长期的合作关系，共同推动技术创新和市场拓展。例如，智能手机制造商与应用开发者、内容提供商和运营商建立生态合作伙伴关系，共同打造用户友好的使用环境。

2. 资源共享与协同创新

通过整合多方资源，企业能够降低成本、提高效率。例如，许多初创企业通过共享办公空间、合作研发等方式，降低了初期的固定成本。这种资源共享的模式为企业提供了更大的灵活性和创新能力。

3. 形成竞争优势

通过建立强大的企业生态系统，企业能够在市场中形成明显的竞争优势。生态系统内的各方能够相互支持，共同提升市场竞争力。创业者应积极探索与其他企业、机构的合作机会，共同推动商业模式的创新与升级。

商业模式创新是推动企业持续发展的重要手段，理解其主要类型对大学生创业者至关重要。通过价值创新、颠覆性技术的引入、用户参与创新，以及生态系统的建设，创业者能够有效提升商业模式的竞争力与适应性。面对不断变化的市场环境，大学生创业者应保持敏锐的洞察力，善于捕捉创新机会，以确保在激烈的竞争中脱颖而出，实现创业梦想。在未来的创业过程中，灵活运用这些创新方法，将为大学生创业者的提供有力的支持。

四、大学生创业中的商业模式创新实践

在当前的经济环境中，大学生创业不仅是个人职业发展的重要途径，也是推动社会经济创新与发展的重要力量。通过对商业模式的创新，大学生创业者能够在激烈的市场竞争中脱颖而出。本部分将通过两个案例分析，探讨大学生创业中的商业模式创新实践。

（一）案例分析一："互联网+创业"

互联网技术的迅猛发展为传统行业带来了深刻的变革，大学生创业者可以通过将互联网与传统行业结合，探索新的商业模式。

"互联网+"的核心是利用互联网技术重塑传统行业的运营模式。比如，一家大学生创业团队将互联网技术应用于当地的农业，开发了一款农产品电商平台。这一平台不仅为农户提供了直接销售渠道，还为消费者提供了新鲜、优质的农产品。

1. 价值主张

该平台的价值主张是直接连接农户和消费者，降低中间环节，确保消费者以更实惠的价格购买新鲜农产品。与此同时，农户能够获得更高的收益，减少传统销售渠道带来的损失。

2. 线上线下融合

为了拓展市场，该创业团队还结合线上线下的模式，推出"线上订单、线下提货"的服务。消费者可以通过平台下单，在指定的线下门店提货，这样不仅节省了运输成本，还能提升客户体验。此外，团队还在当地社区开展推广活动，邀请消费者体验新鲜的农产品，增强品牌的认知度和客户黏性。

3. 市场拓展策略

为了扩大市场，团队通过社交媒体和网络广告进行推广，吸引了大量年轻消费者。与此同时，他们还与当地农民合作，开展农田认养和采摘活动，增加用户的参与感和忠诚度。

（二）案例分析二：共享经济创业

共享经济的理念为许多行业带来了新的商业模式，大学生创业者可以利用这一理念设计创新的商业模式。

1. 利用共享经济的理念设计创新的商业模式

共享经济的核心是通过资源的共享和优化配置，创造价值和效益。以一家大学生创业团队推出的共享办公空间平台为例，该平台致力为自由职业者、创业者和小型企业提供灵活的办公解决方案。

（1）商业模式设计

该平台通过提供短期和长期的共享办公空间，满足不同用户的需求。用户可以根据自己的需求选择合适的空间类型和租赁时间。同时，平台还提供会议室、设备租赁和其他增值服务，增强用户体验。

（2）社区构建

为了吸引用户，团队通过创建共享办公社区，鼓励不同领域的创业者、自由职业者进行交流与合作。定期举办行业分享会、创业讲座等活动，增强用户的归属感，提高平台的用户黏性。

（3）技术支持

平台采用先进的在线管理系统，用户可以方便地在线预约和支付，实时了解空间的使用情况。这种技术支持不仅提升了用户体验，也简化了管理流程，提高了运营效率。

2. 创新型共享经济平台的商业模式设计与推广

在共享经济创业中，推广和运营是成功的关键。该团队通过多种渠道进行市场推广，如社交媒体营销、合作推广和线下活动等。

（1）社交媒体营销

利用社交媒体平台（如微信、微博等）进行品牌宣传，通过内容营销分享成功案例和用户体验，吸引潜在客户。

（2）合作推广

与当地的创业孵化器、行业协会等建立合作关系，互相推广，拓展用户基础。例如，与当地创业孵化器合作，提供优惠的办公空间，吸引初创企业入驻。

（3）用户反馈与优化

通过建立用户反馈机制，及时收集用户的意见和建议，不断优化服务内容。例如，用户反馈显示对会议室的需求较高，团队可以考虑增加会议室的数量，并提供相应的设备和服务。

创业过程中，通过商业模式的创新，能够有效提升竞争力和市场适应性。案例分析中的"互联网+创业"和共享经济创业展示了不同商业模式创新的实践经验。通过将互联网技术与传统行业结合，大学生创业者可以重新定义价值主张，拓展市场；而通过共享经济的理念，他们可以建立灵活的商业模式，创造新的价值和效益。面对不断变化的市场环境，大学生创业者应积极探索商业模式创新，抓住时代的机遇，实现个人的创业梦想和社会价值。

五、商业模式创新的风险与应对

在快速变化的商业环境中，商业模式创新已成为企业生存与发展的重要战略。然而，创新往往伴随着不确定性和风险，尤其是对于大学生创业者来说，面对各种风险的挑战是不可避免的。本部分将探讨商业模式创新中的风险识别、如何建立风险预警与控制机制，以及商业模式创新失败的常见原因与预防策略。

（一）商业模式创新中的风险识别

商业模式创新过程中的风险可以分为多个类型，主要包括市场风险、技术风险和法律风险等。

1. 市场风险

市场风险是指由于市场需求变化、竞争加剧或消费者偏好转变等因素，企业创新的产品或服务未能获得预期市场反响的风险。对于大学生创业者而言，他们的市场经验相对较少，更容易在市场调研和需求预测上出现失误，致使产品未能满足实际需求。

2. 技术风险

技术风险包括技术实施不当、技术更新迭代过快，以及对新技术的依赖等问题。在商业模式创新中，企业可能需要引入新技术以提升效率或改善客户体验，但技术的不可预见性可能导致项目失败。例如，初创企业在开发基于人工智能的产品时，可能因算法不够成熟而无法实现预期功能。

3. 法律风险

随着商业模式的创新，企业面临的法律法规环境也可能变化。新的商业模式可能与现行法律法规存在冲突，例如数据隐私法、知识产权法等。大学生创业者在设计商业模式时，若未能充分考虑法律合规，可能面临高额罚款或诉讼风险。

（二）建立创新商业模式的风险预警与控制机制

为了有效应对商业模式创新中的风险，创业者需要建立系统的风险预警与控制机制。

1. 风险识别与评估

创业者应定期进行风险评估，识别潜在的风险因素。通过建立风险识别框架，利用SWOT分析、PEST分析等工具，全面评估内外部环境的变化及其对商业模式的影响。

2. 制订风险管理计划

一旦识别出潜在风险，创业者应制订相应的风险管理计划，明确应对策略和措施。计划应包括风险的监控、预警指标和响应流程，以确保在风险发生时能够迅速反应并采取措施。

3. 建立风险预警系统

利用数据分析工具，建立风险预警系统，对市场动态、技术变革和法律法规的变化进行实时监控。通过收集和分析相关数据，及时识别可能的风险，并采取相应的预防措施。

4. 定期评估与调整

风险管理是一个动态的过程，创业者应定期评估风险管理的效果，依据市场反馈和环境变化对风险管理计划进行调整和优化。通过建立反馈机制，及时更新风险评估和应对策略，增强企业的抗风险能力。

（三）商业模式创新失败的常见原因与预防策略

尽管风险管理可以降低商业模式创新失败的概率，但创业者仍需了解常见失败原因及其预防策略。

1. 缺乏市场调研

许多创业项目的失败源于对市场需求的误判。创业者在进入市场前，应进行充分的市场调研，收集用户反馈，验证商业模式的可行性。预防策略包括进行小规模市场测试（如 MVP），以及时获取客户反馈，从而对产品或服务进行调整。

2. 技术依赖与实施不当

在商业模式创新中，过于依赖某项新技术而忽视其实施和适应性，可能导致项目失败。创业者需要确保团队具备实施新技术的能力，并进行充分的技术测试与验证。预防策略是建立技术评估机制，及时评估技术的适用性和可靠性。

3. 未能调整商业模式

在市场反馈和运营过程中，未能及时调整商业模式也是创新失败的重要原因。创业者应建立灵活的迭代机制，及时根据市场变化和客户反馈调整商业模式。定期的业务评估与审查有助于识别需要改进的领域。

4. 资金不足与管理不善

资金不足可能导致创业项目无法持续推进，而管理不善可能导致资源浪费和效率低下。创业者应在项目初期制定详细的财务预算和管理计划，确保合理利用资金。同时，建立透明的财务监控系统，定期评估财务状况，降低资金风险。

商业模式创新虽然伴随着风险，但通过有效的风险识别与管理，大学生创业者能够提升创新成功的概率。在创新过程中，理解市场风险、技术风险和法律风险，并建立相应的风险预警与控制机制，是确保商业模式创新可持续发展的重要保障。同时，了解创新失败的常见原因及其预防策略，将帮助创业者在面对挑战时做出更为明智的决策。通过科学的风险管理，大学生创业者可以在创新的道路上稳步前行，为自己的创业梦想和社会经济发展做出积极贡献。

第七章　大学生创新创业的未来趋势

随着数字经济和科技革命的深入发展，大学生创新创业将迎来前所未有的机遇与挑战。未来的创新创业将不再局限于传统的商业领域，而是朝着更加多元化、科技化和社会化的方向发展。人工智能、大数据、区块链等新兴技术的应用，将为大学生提供广阔的创新空间和丰富的创业资源；而跨学科融合和产学研结合的趋势，也将进一步推动大学生创新创业生态的不断优化。此外，社会责任和可持续发展理念将在未来大学生创业中占据更加重要的地位，越来越多的大学生创业者将目光投向环境保护、社区发展、社会公平等领域，以实现个人事业与社会价值的有机结合。高校和社会需要进一步完善创新创业教育体系，为大学生提供更全面的支持和引导，使他们在探索未来的道路上走得更加坚定和自信。

第一节　创新创业领域的发展方向

一、数字经济与智能化发展趋势

在当今时代，数字经济正迅速改变着各行各业的运作方式。随着人工智能、物联网、大数据、云计算等技术的不断进步，企业和创业者面临着前所未有的机遇与挑战。尤其是对于大学生创业者而言，理解这些发展趋势能够帮助他们在创业中把握机遇、降低风险。

（一）人工智能与自动化

1. 人工智能技术的应用

人工智能的应用范围广泛，从自动化客服到智能制造，人工智能正在重塑企业的运作方式。例如，许多企业通过引入聊天机器人来提升客户服务效率，减少人工成本。这一趋势为创业者提供了创新的机会，尤其是那些能够利用人工智能技术开发新产品或服务的项目。

2. 创新创业机会

大学生创业者可以利用人工智能技术进行创业，开发新颖的应用程序、平台或服务。例如，基于人工智能的个性化推荐系统能够帮助电商平台提高销售转化率。通过分析用户的历史购买行为，人工智能可以预测用户的兴趣，从而提供个性化的产品推荐。

3. 自动化的优势

自动化技术不仅提高了生产效率，还降低了运营成本。创业者可以通过引入自动化工具和技术，实现流程优化。例如，某制造企业引入机器人进行生产线自动化，显著提高了生产效率和产品质量。

（二）大数据与数据驱动型创业

1. 数据分析与挖掘

大数据分析使企业能够从海量数据中提取有价值的信息，帮助创业者了解市场趋势、客户行为和竞争动态。例如，初创企业通过分析社交媒体数据，精准识别了用户的偏好和需求，从而快速调整了产品和市场策略。

2. 数据驱动型决策

在创业过程中，基于数据的决策可以降低决策的风险。通过数据分析，创业者能够更好地预测市场变化，制定相应的策略。例如，一家新兴的旅游公司可以利用大数据分析来预测旅行季节的变化，从而优化资源配置和市场推广策略。

3. 创业项目的案例

例如，某大学生创业团队开发了一款基于大数据分析的市场调研工具，帮助小型企业快速了解消费者需求。这一工具通过收集和分析用户反馈、社交媒体数据等，提供详尽的市场洞察，帮助企业做出更为明智的决策。

（三）云计算与 SaaS 模式

1. 云计算的优势

云计算使企业能够以较低的成本访问强大的计算资源和存储服务，降低了 IT 基础设施的投入。这使创业者得以专注于核心业务，而不必担心技术和设备的管理。

2. SaaS 模式的兴起

SaaS 模式为用户提供按需服务，用户只需要为所使用的服务付费。这种模式为创业者提供了灵活的商业机会，例如，许多初创企业开发了基于云的管理软件，帮助其他企业提高运营效率。

3. 创业机会的探索

大学生创业者可以在 SaaS 领域找到许多机会，如开发特定行业的管理系统、客户关系管理（CRM）工具或项目管理软件等。例如，一家创业公司致力为教育行业提供在线学习管理系统，帮助学校和培训机构管理课程和学生，取得了良好的市场反馈。

（四）物联网

1. 物联网的应用场景

物联网连接了各种设备，形成了一个智能化的网络。这为创业者提供了多样化的应用机会，如智能家居、智能医疗、智能城市等。例如，创业者可以开发智能家居设备，通过手机应用控制家中的电器，提高生活的便利性和安全性。

2. 创业机会

大学生创业者可以利用物联网技术开发新的产品或服务。例如，创业团队开发了一款基于物联网的健康监测设备，能够实时监测用户的身体指标，并将数据上传到云端，供医生和用户随时查看。这一产品在市场上受到广泛关注，满足了日益增长的健康管理需求。

尽管物联网提供了许多创业机会，但也伴随着技术复杂性和安全性等挑战。创业者需要在开发产品时考虑数据安全和用户隐私，确保其产品能够获得用户的信任。数字经济与智能化发展趋势为大学生创业者提供了丰富的机会与挑战。通过深入理解人工智能与自动化、大数据与数据驱动型创业、云计算与 SaaS 模式，以及物联网的应用场景，大学生创业者能够更好地把握市场机遇，设计出具有竞争力的商业模式。在这个充满创新的时代，灵活应对市场变化和技术进步，将是实现创业梦想的关键。通过积极探索这些领域，大学生创业者不仅可以为自己的职业生涯打下坚实基础，还能够为社会经济的发展做出积极贡献。

二、绿色经济与可持续发展

随着全球环境问题的加剧，绿色经济和可持续发展已成为当前社会发展的重要议题。大学生作为未来的创业者，在这一领域中拥有广阔的创新创业机会。通过清洁能源、循环经济、生态农业及低碳经济等方面的创业，大学生不仅能实现自身的职业目标，还能为社会的可持续发展贡献力量。

（一）清洁能源创业机会

清洁能源领域是推动可持续发展的重要组成部分，这一领域对大学生创业者而言具有丰富的机遇。

1. 太阳能与风能

随着全球对可再生能源的重视，太阳能和风能的技术不断成熟，成本逐年降低。

大学生创业者可以探索在太阳能发电、风力发电系统设计与安装等方面的创业机会。例如，开发针对家庭或小型企业的太阳能解决方案，提供定制化的能源管理服务，满足用户的绿色能源需求。

2. 创新技术的应用

在清洁能源领域，创新技术的研发与应用是关键。创业者可以关注新型能源存储技术（如锂电池、氢能等）及其在不同场景中的应用。比如，设计高效的电池管理系统，以提升电池的使用寿命和安全性，从而促进电动车等清洁交通工具的普及。

3. 政策与市场支持

许多国家和地区已出台了鼓励清洁能源发展的政策，创业者应关注政策动向，利用相关补贴和激励措施。例如，政府对安装太阳能电池板的家庭提供补贴，创业者可以设计针对家庭的太阳能解决方案，降低用户的投资成本，吸引更多用户参与。

（二）循环经济模式

1. 资源再利用

循环经济模式鼓励对资源的回收利用和再加工。大学生创业者可以探索如何通过技术创新，实现资源的循环使用。例如，开发废旧材料的再利用技术，将废弃物转化为新的产品，如塑料再生材料、建筑材料等，既满足了市场需求，又降低了环境负担。

2. 环保技术的创新

在循环经济中，环保技术的创新是重要驱动力。创业者可以关注废水处理、废气治理和土壤修复等领域的技术研发与应用。例如，创业团队可以研发新型的污水处理技术，利用生物技术提升污水处理效率，减少水资源的浪费。

3. 企业与消费者的合作

循环经济模式的成功实施需要企业与消费者的共同参与。创业者可以设计用户参与的回收系统，鼓励消费者将废弃物回收，提供积分奖励或折扣等激励措施，从而提升消费者的参与度和环保意识。

（三）生态农业与绿色食品创业

生态农业与绿色食品的结合是推动农业可持续发展的重要方式，大学生创业者可以在这一领域寻求创新机会。

1. 科技推动的生态农业

生态农业利用现代科技提升农业生产效率与环保水平。创业者可以关注精准农业、智能农业等新兴技术的应用，通过数据分析与物联网技术，实现农业生产的智能化管理。例如，开发基于传感器的土壤监测系统，实时获取土壤水分和营养成分，为农户提供科学种植建议。

2. 绿色食品的市场潜力

随着消费者对食品安全和健康的关注增加，绿色食品市场快速增长。大学生创业者可以探索有机食品、无公害农产品的种植与销售。通过建立农场直销模式，将新鲜的有机产品直接供应给消费者，提升产品附加值。

3. 建立绿色品牌

在生态农业创业中，建立具有影响力的绿色品牌至关重要。创业者可以通过品牌故事、产品认证和市场推广等方式，提升品牌知名度，吸引注重健康和环保的消费者群体。例如，某大学生团队通过参与有机认证，成功将其农产品打造成知名绿色品牌。

（四）碳中和与碳排放管理

1. 碳足迹监测与管理

企业和个人的碳足迹管理是实现碳中和的重要一步。创业者可以开发碳足迹监测工具，帮助用户计算和分析其活动所产生的碳排放。这一工具可以为企业提供碳排放管理解决方案，帮助其制定减少排放的措施。

2. 碳信用交易平台

碳信用交易市场的发展为创业者提供了新的机会。大学生创业者可以探索建立碳信用交易平台，连接减排项目与需要购买碳信用的企业，促进碳交易的顺利进行。通过区块链技术，确保碳交易的透明性与可信度，吸引更多企业参与。

3. 绿色金融与投资

随着低碳经济的推进，绿色金融逐渐成为投资的新热点。创业者可以关注绿色项目的融资机会，提供绿色投资顾问服务，帮助企业和个人选择适合的绿色投资项目，实现经济与环境的双赢。

绿色经济与可持续发展为大学生创业者提供了丰富的机会。通过清洁能源、循环经济、生态农业与绿色食品，以及碳中和等领域的创业，其不仅能实现个人的职业目标，还能为社会的可持续发展做出贡献。在面临挑战的同时，积极把握绿色经济发展带来的机遇，大学生创业者可以在未来的创业道路上开创出一片新天地。通过不断学习和创新，他们能够在推动经济发展的同时，实现可持续的社会价值。

三、生物科技与医疗健康产业的快速发展

随着科技的迅猛进步，生物科技与医疗健康产业正经历前所未有的快速发展。大

学生创业者在这一领域深耕不仅拥有丰富的创新机会，还能够为社会健康水平的提高贡献力量。本部分将探讨生物科技与医疗健康产业的几个关键发展领域，包括精准医疗与基因技术、数字医疗与远程医疗，以及医药研发与健康管理。

（一）精准医疗与基因技术

精准医疗是指基于个体的基因组、环境和生活方式数据，为患者提供个性化的医疗服务。生物技术的进步推动了这一领域的发展，也为大学生创业者提供了广阔的市场空间。

1. 基因组测序技术

随着基因组测序成本的降低，越来越多的企业开始利用基因数据为个体提供精准医疗服务。例如，创业者可以开发基因检测工具，帮助用户识别遗传风险和疾病倾向。这些检测结果不仅能够指导个体的健康管理，还能帮助医生制定更为有效的治疗方案。

2. 个性化治疗方案

大学生创业者可以利用基因数据和生物信息学，设计个性化的治疗方案。通过分析患者的基因组信息，结合临床数据，创业者能够为不同患者提供具有针对性的治疗方案，提高治疗的有效性。例如，初创公司通过分析癌症患者的基因组，提供个性化的靶向治疗方案，获得了良好的市场反馈。

3. 基因编辑技术的应用

CRISPR 等基因编辑技术的发展，为精准医疗提供了新的可能性。大学生创业者可以探索如何将这些技术应用于疾病治疗和预防，开发出新的治疗产品。例如，利用基因编辑技术研究遗传性疾病的治疗方法，或通过基因编辑改善农作物的抗病害能力。

（二）数字医疗与远程医疗

1. 在线医疗平台

随着互联网的发展，在线医疗服务逐渐普及。大学生创业者可以开发在线医疗平台，提供在线问诊、健康咨询和药物配送等服务。这些平台能够帮助患者快速获得专业医疗服务，提高医疗资源的利用率。

2. 远程监测与管理

数字医疗还包括远程监测和健康管理。创业者可以利用物联网技术开发健康监测设备，实时收集用户的健康数据，并通过移动应用向用户提供健康分析和建议。例如，初创公司推出了一款智能手环，能够实时监测用户的心率和睡眠质量，并在授权后可将数据上传到云端，供用户和医生随时查看。

3. 个性化健康管理

结合大数据和人工智能，大学生创业者可以为用户提供个性化的健康管理方案。通过分析用户的健康数据，提供饮食、运动、心理等方面的个性化建议。这种健康管理不仅能提高用户的生活质量，还能有效预防疾病。

（三）医药研发与健康管理

1. 药物研发的创新

随着生物技术的发展，新药研发的效率显著提升。大学生创业者可以探索如何通过生物技术实现新药的发现与开发。例如，某初创企业通过人工智能技术，加速药物分子的筛选与优化，提高新药研发的成功率。

2. 健康管理平台的建设

创业者可以利用大数据和云计算，构建健康管理平台，整合医疗资源、健康数据和用户需求。这些平台不仅可为用户提供个性化的健康管理服务，还能为医生和医疗机构提供数据支持。例如，健康管理平台通过分析用户的健康数据，提供个性化的健康指导和定期的健康评估报告。

3. 结合人工智能的医药研发

人工智能在药物研发中的应用正在迅速增长，大学生创业者可以探索如何利用人工智能技术提升研发效率。例如，通过机器学习算法分析海量的临床试验数据，寻找药物研发的最佳路径。这不仅能加速药物的上市进程，还能降低研发成本。

生物科技与医疗健康产业的快速发展为大学生创业者提供了广泛的机会。从精准医疗与基因技术，到数字医疗与远程医疗，再到医药研发与健康管理，这些领域的创新创业不仅能够满足市场需求，还能改善人们的健康水平。大学生创业者应把握时代发展趋势，积极探索这些领域的商业机会，通过创新实践，助力自身的职业发展并为社会的可持续进步做出贡献。在这个充满挑战与机遇的时代，灵活应对市场变化，敢于创新，将是大学生创业者成功的关键。

四、文化创意与数字娱乐产业

随着科技的不断发展和社会文化需求的多样化，文化创意与数字娱乐产业逐渐成为经济发展的重要组成部分。对于大学生创业者而言，这一领域不仅蕴藏着丰富的商机，也为他们提供了展示创意和实现梦想的平台。本部分将探讨数字内容创业、游戏产业与虚拟现实、文化与旅游产业的融合，以及 NFT 与数字艺术品等多个方面的创新创业机会。

（一）数字内容创业

1. 短视频与直播平台的兴起

近年来，短视频和直播已成为用户获取信息和娱乐的重要方式。大学生创业者可以利用这一趋势，通过短视频制作和直播创作，实现内容的商业化。例如，许多大学生通过抖音、快手等平台发布自己的创意视频，通过广告、打赏等方式获得收益。

2. 内容创作的多样性

数字内容创业者可以选择不同的创作方向，包括教育、娱乐、旅行、美食等。通过结合个人兴趣和市场需求，创业者能够打造独特的品牌形象。例如，一位大学生可以通过记录校园生活、分享学习技巧等内容，吸引大量关注，从而实现个人 IP 的商业变现。

3. 数字内容的营销与推广

在数字内容创业中，营销和推广策略至关重要。创业者应学会利用社交媒体、搜索引擎优化（SEO）和付费广告等手段，提高内容的曝光率和吸引力。此外，与其他创作者的合作、参与平台活动也是有效的推广方式。

（二）游戏产业与虚拟现实

1. 游戏开发的创业机会

大学生创业者可以通过游戏开发实现自己的创业梦想。随着手机游戏和在线游戏的普及，游戏开发已成为一个充满潜力的领域。创业者可以从小型游戏开始，通过独特的玩法和精美的画面吸引用户，并逐步扩大市场份额。

2. VR（虚拟现实）和 AR（增强现实）技术的应用

VR 和 AR 技术的迅速发展，为游戏产业带来了新的可能性。创业者可以探索如何将这些技术应用于游戏开发，创造沉浸式的游戏体验。例如，初创企业开发了一款基于 VR 技术的冒险游戏，通过身临其境的游戏体验吸引了大量用户。

3. 电子竞技的崛起

电子竞技作为新兴的体育项目，受到了越来越多年轻人的关注。大学生创业者可以利用这一趋势，开发电子竞技相关的产品和服务，如电竞训练平台、比赛组织、赛事直播等，充分挖掘市场潜力。

（三）文化与旅游产业融合

1. 文化旅游产品的开发

创业者可以结合当地文化和旅游资源，开发具有地方特色的旅游产品。例如，通过结合当地历史文化，设计特色的旅游线路和文化体验活动，吸引游客前来体验。这不仅能提升旅游业的发展，还能促进地方文化的传播。

2. 数字技术在文化旅游中的应用

随着数字技术的发展，创业者可以利用 AR、VR 等技术为游客提供更丰富的体验。例如，在历史遗迹中，利用 AR 技术为游客提供实时的历史解说和场景重现，提升游客的参与感和体验感。

3. 文化活动的策划与推广

创业者可以组织各类文化活动，如音乐节、艺术展览、传统文化体验等，吸引游客参与。这些活动不仅能增加旅游收入，还能提升城市的文化影响力和知名度。

（四）NFT 与数字艺术品

区块链技术的迅速发展推动了 NFT（非同质化代币）和数字艺术品的崛起，为创意经济带来了新的机会。

1. 数字艺术品的市场需求

随着数字艺术的普及，越来越多的艺术家开始探索数字艺术品的创作与销售。大学生创业者可以通过创作数字艺术品并通过 NFT 进行出售，实现作品的商业价值。例如，某大学生艺术家通过创建独特的数字画作，利用 NFT 技术在区块链上进行交易，获得了良好的市场反响。

2. NFT 的多样化应用

除了数字艺术，NFT 还被应用于音乐、游戏、体育等多个领域。创业者可以探索如何将 NFT 与这些领域结合，创造新的商业模式。例如，某音乐创作者通过发行 NFT 音乐专辑，允许购买者获得独家听歌权利，吸引了大量音乐爱好者的关注。

3. 建立数字艺术品交易平台

随着 NFT 市场的发展，大学生创业者可以考虑建立数字艺术品的交易平台，为艺术家和消费者提供交易和展示的空间。这一平台可以通过提供安全的交易保障和便利的交易流程，吸引更多用户参与。

文化创意与数字娱乐产业正处于快速发展的阶段，为大学生创业者提供了丰富的机会。通过数字内容创业、游戏产业与虚拟现实、文化与旅游产业的融合，以及 NFT 与数字艺术品的创新，大学生能够在创业过程中充分挖掘自身的创意潜力，实现个人的职业目标。在这个充满机遇和挑战的时代，灵活应对市场变化，敢于创新，将是大学生创业者成功的关键。通过不断学习和探索，大学生创业者能够在文化创意与数字娱乐产业中开创出属于自己的事业，为社会的文化和经济发展做出积极贡献。

五、全球化与跨境电商的机遇

随着全球化的加速和互联网技术的进步，跨境电商正迅速崛起，成为国际贸易的重要组成部分。这为大学生创业者提供了前所未有的机遇。通过利用跨境电商平台，优化全球供应链，并探索本地化与国际化并存的商业模式，大学生不仅能够拓展自身的创业视野，还能实现经济收益和社会价值的双重提升。本部分将就此深入探讨这些机遇。

（一）跨境电商平台的兴起

1. "互联网+"全球贸易

跨境电商平台如阿里巴巴、亚马逊和易贝等，为创业者提供了便捷的全球市场接入。大学生创业者可以通过这些平台，将本地产品推向全球市场，拓展销售渠道。例如，某大学生团队通过阿里巴巴将其本地手工艺品销售到国外，不仅增加了销量，还提高了品牌知名度。

2. 降低市场进入壁垒

传统国际贸易常常面临高昂的物流成本、复杂的法律法规和市场准入壁垒，而跨境电商平台通过整合资源、优化流程，大大降低了这些壁垒。创业者可以更轻松地进入全球市场，抓住新兴市场带来的机会。例如，初创企业通过在跨境电商平台上销售其独特的美容产品，迅速吸引了海外消费者的关注。

3. 多样化的产品选择

跨境电商平台上，各式各样的产品琳琅满目，为创业者提供了丰富的选择。大学生创业者可以根据市场需求和个人兴趣，选择合适的产品进行销售。通过市场调研，发现潜在的消费趋势，从而确定产品定位。

（二）全球供应链创新

1. 优化供应链管理

通过现代信息技术，如物联网、大数据和人工智能，创业者可以实时监控供应链的各个环节，提升供应链的透明度和效率。例如，某电商平台通过大数据分析，优化了其仓储和物流安排，大幅减少了交货时间，提升了客户满意度。

2. 应对国际供应链问题

全球供应链面临着诸多挑战，包括贸易壁垒、政治风险和自然灾害等。大学生创业者可以通过创新策略，设计灵活的供应链应对方案。例如，初创公司通过建立多元化的供应来源和分散的生产基地，减少了对单一供应商的依赖，从而降低了供应链风险。

3. 可持续发展与供应链

随着可持续发展理念的推广，创业者需要在全球供应链中考虑环保因素。通过选择环保材料、优化运输路线等方式，大学生创业者不仅可以提升品牌形象，还能吸引更加注重可持续发展的消费者。例如，某品牌通过使用可回收材料和绿色包装，在市场上赢得了良好的声誉。

（三）本地化与国际化并存的商业模式

1. 本地化战略的重要性

虽然跨境电商使产品能够迅速进入全球市场，但成功的关键在于能够理解和适应不同市场的文化、需求和偏好。大学生创业者应针对目标市场进行深入研究，制定相应的本地化战略。例如，某电商平台在进入东南亚市场时，针对当地的文化习惯和消费习惯，对营销策略进行了相应的调整，取得了良好的市场反馈。

2. 国际化视野的培养

在实施本地化战略的同时，创业者也需要保持国际化的视野。这意味着不仅要关注本地市场的变化，还要及时把握全球市场的趋势。大学生创业者可以通过参与国际展会、行业论坛等方式，拓展自己的国际视野，了解全球市场的最新动态。

3. 双向发展的商业模式

结合本地化与国际化的优势，创业者可以探索双向发展的商业模式。例如，某品牌的服装企业，首先在国内市场建立品牌形象，然后逐步向海外市场扩展，同时在海外设立本地生产基地，确保产品能够迅速适应当地市场需求。这种双向发展模式有助于提升企业的竞争力和市场份额。

全球化与跨境电商的发展为大学生创业者提供了丰富的机会。通过充分利用跨境电商平台，优化全球供应链，并在本地化与国际化之间找到平衡，大学生创业者能够在激烈的市场竞争中站稳脚跟，实现自己的创业梦想。在这个充满机遇与挑战的时代，大学生应积极探索这些领域的创业机会，提升自身的综合素质和能力，成为未来经济发展的中坚力量。通过创新与实践，大学生创业者不仅可以为自身的发展打下坚实的基础，还能为社会的进步与经济的繁荣做出积极贡献。

第二节 大学生创新创业的机遇与挑战

一、政策红利与扶持机会

在当前经济环境下，大学生创业不仅是个人职业发展的重要途径，也是推动经济结构调整和社会创新的重要力量。各级政府、教育机构，以及社会资本等多方力量为大学生创业提供了丰富的政策红利和扶持机会。本部分将探讨政府创业政策的扶持、创新创业大赛与项目资助、高校孵化器与创新基地的支持，以及社会资本在大学生创业中的作用。

（一）政府创业政策的扶持

政府的创业政策是推动大学生创业的重要保障。各级政府通过财政支持、税收减免和创新创业基金等方式，为大学生创业提供了良好的政策环境。

1. 财政支持

许多地方政府设立了专项资金，用于支持大学生创业。这些资金通常用于提供创业启动资金、补贴租金、设备购置等。例如，部分省市设立了"大学生创业专项基金"，为符合条件的创业项目提供无息或低息贷款，降低大学生创业的资金压力。

2. 税收减免

政府通过税收减免政策来降低创业者的经营成本。比如，大学生创办的小微企业在初创期内可能享受一定的税收优惠，这种政策可以有效减轻企业的税负，提高企业的生存和发展能力。

3. 创新创业基金

各地政府积极设立创新创业基金，支持大学生创业项目。这些基金通常面向创新型企业和初创企业，通过资金支持和资源对接，帮助创业者实现项目落地。例如，某地区的创新创业基金专注于技术创新和产品研发，吸引了众多大学生创业者参与。

（二）创新创业大赛与项目资助

创新创业大赛是大学生获取资源与支持的重要途径，许多高校和地方政府定期举办各类创业赛事。

1. 大赛的种类与形式

创业大赛通常分为校内和校外赛事，形式多样，包括商业计划书大赛、创意大赛、路演比赛等。这些比赛为大学生提供了展示创意和项目的机会。

2. 资源与资金支持

参赛的大学生不仅能通过比赛获得奖金，还可以接触到投资者、行业专家和企业资源。这些资源能够为创业者提供宝贵的市场反馈和指导，帮助他们完善商业模式和计划。此外，许多赛事还提供后续的项目资助和孵化支持，帮助获奖团队将想法转化为现实。

3. 网络与人脉的建立

通过参加创业大赛，大学生可以建立广泛的人脉网络。这些联系可能在后续的创业过程中为他们提供资金支持、技术帮助和市场渠道。创业大赛的评委和导师通常是行业内的专家和成功的创业者，他们的建议和指导对大学生创业者具有重要价值。

（三）高校孵化器与创新基地

1. 孵化器的功能与资源配置

高校孵化器为大学生创业者提供办公空间、创业指导、技术支持和资金对接等服务。通过集中的资源配置，孵化器能够降低创业成本，提高创业成功率。

2. 创新基地的建设

许多高校建立了创新基地，汇聚校内外的资源，推动产学研结合。这些创新基地通常与地方政府、企业和研究机构合作，为大学生创业者提供更多的实践机会和市场资源。

3. 培训与指导

高校孵化器还提供系统的创业培训，帮助学生掌握商业知识和创业技能。通过举办创业讲座、工作坊和沙龙活动，大学生创业者能够从中获得启发，提升自身的创业能力。

（四）社会资本的支持

除了政府和高校的支持，社会资本也是大学生创业的重要支撑，风险投资和天使投资为创业者提供了资金和资源。风险投资机构通常关注高成长潜力的创业项目，愿意为具有创新性和市场前景的企业提供资金支持。大学生创业者可以通过撰写商业计划书和路演，吸引风险投资的关注，实现资金的获取。天使投资人通常是成功的企业家或投资者，他们愿意在早期阶段支持初创企业。大学生创业者可以通过创业大赛、行业会议等活动，与天使投资人建立联系，争取获得投资支持。获得社会资本的支持，不仅能够解决资金问题，还能为创业者提供宝贵的经验和市场资源。投资者通常具备丰富的行业经验，可以为创业团队提供战略指导，帮助他们规避风险，优化商业模式。

政策红利与扶持机会为大学生创业提供了良好的环境和条件。政府的财政支持、税收减免和创新创业基金为创业者降低了资金压力，创新创业大赛为他们提供了展示和融资的机会，高校孵化器和创新基地则为创业者提供了必要的资源和指导。此外，社会资本的支持为大学生创业者提供了更多的资金和经验帮助。在这个充满机遇的时代，大学生应积极利用这些政策和资源，实现自己的创业梦想，并为社会的经济发展做出贡献。通过充分发挥这些政策的优势，大学生创业者能够在激烈的市场竞争中站稳脚跟，进而开创属于自己的事业。

二、市场需求变化与创业机会

在快速变化的经济环境中，市场需求的变化为大学生创业者提供了丰富的机会。随着消费升级、共享经济的兴起，以及后疫情时代产业的重构，创业者可以从中找到创新的切入点。

（一）消费升级与个性化需求

随着经济的发展和居民收入的增加，消费者的需求逐渐从基础消费向高品质、个性化消费转变。这种消费升级为大学生创业者提供了新的机会。

1. 多元化的消费需求

现代消费者更加注重产品的品质和个性化体验。大学生创业者可以通过市场调研，了解目标客户群体的需求与偏好，开发具有个性化和定制化的产品。例如，某大学生创业团队推出了一款个性化定制的饰品，通过在线设计工具允许用户根据自己的喜好定制产品，吸引了大量年轻消费者。

2. 品牌故事与体验经济

在消费升级的背景下，消费者不仅关注产品本身，还关注品牌的故事和消费体验。创业者可以通过讲述品牌故事、营造独特的品牌形象来吸引消费者。例如，一家新兴的手工咖啡品牌，通过讲述其咖啡豆的来源故事，赢得了消费者的青睐，并成功建立了品牌知名度。

3. 科技赋能个性化服务

随着大数据和人工智能的发展，创业者可以利用这些技术分析消费者行为和偏好，提供更为精准的个性化服务。通过分析用户的数据，创业者能够实现更高效的市场定位和营销策略。例如，一家在线学习平台通过分析学生的学习习惯，提供个性化的学习推荐和辅导。

（二）共享经济与灵活用工的兴起

共享经济作为一种新兴的商业模式，因其高效利用资源和满足消费者灵活需求而受到广泛关注，为大学生创业者创造了丰富的机会。

1. 共享经济模式的特点

共享经济强调资源的共享与优化配置，创业者可以通过搭建平台，实现供需双方的连接。大学生可以探索不同领域的共享模式，如共享办公空间、共享出行、共享住宿等。例如，某大学生团队开发了一个共享办公室平台，提供灵活的办公空间，帮助自由职业者和小型企业降低租金成本。

2. 灵活用工的市场需求

随着灵活用工趋势的增加，许多企业开始寻找临时和兼职工作者，创业者可以利用这一市场需求，开发相应的招聘与管理平台。例如，创初公司建立了一个专注灵活用工的招聘平台，通过智能匹配帮助企业快速找到合适的临时工。

3. 技术驱动的共享平台

技术的发展为共享经济提供了支持，大学生创业者可以通过应用大数据、区块链等技术提升共享平台的效率与安全性。通过优化资源配置和降低交易成本，共享经济模式能够创造更高的价值。

（三）后疫情时代的产业重构

新冠疫情对全球经济产生了深远的影响，后疫情时代为产业的重构和新的创业带来了机会。

1. 新兴产业的崛起

疫情促使一些新兴产业迅速崛起，如在线教育、远程办公、医疗健康和生鲜电商等。大学生创业者可以通过关注这些新兴领域，抓住市场机会。例如，某大学生团队开发了一款线上学习平台，结合疫情期间对在线教育的需求，迅速获得了用户的认可。

2. 传统产业的转型

疫情迫使许多传统行业进行转型，以适应新的市场需求。例如，餐饮行业通过开展外卖业务和无接触配送服务，提升了服务灵活性。大学生创业者可以探索如何利用新技术帮助传统行业实现转型，如开发餐饮管理软件、优化供应链等。

3. 健康与安全的重视

后疫情时代，消费者对健康和安全的关注提升，创业者可以在这一趋势下开发相关的产品和服务。例如，创业团队推出了一款智能空气净化器，致力于改善室内空气质量，满足消费者对健康居住环境的需求。

市场需求的变化为大学生创业者提供了丰富的机会。通过理解消费升级与个性化需求、共享经济与灵活用工的兴起，以及后疫情时代的产业重构，创业者能够更好地把握市场机遇,实现自己的创业梦想。在这个充满挑战与机遇的时代,大学生应积极探索这些领域,运用创新思维和实践能力,创造出符合市场需求的产品和服务。通过不断的学习和调整,大学生创业者得以在激烈的竞争中立足,进而为经济的可持续发展贡献力量。

三、面临的主要挑战

在现代社会中,大学生创业逐渐成为一种趋势,但在创业的过程中,创业者常常面临诸多挑战。这些挑战不仅影响创业的成功率,也考验着大学生创业者的能力与智慧。

(一)资金短缺与融资难题

资金短缺是大学生创业初期最常见的挑战之一。在创业的初期,资金往往是推动项目发展的关键因素,而大学生通常面临着以下几个问题。

第一,资金来源的有限性。大学生创业者大多缺乏丰富的社会资源,融资渠道相对单一。许多大学生在创业初期可能依赖个人储蓄或家庭支持,但往往无法满足业务发展的需求。

第二,融资困难。面对传统金融机构,大学生创业者常常因缺乏信用记录、抵押资产和经营经验而难以获得贷款。即使申请成功,过高的利率及不尽合理的还款期限也会给创业者带来额外的财务压力。

目前资金短缺问题的解决方案有很多种,以下这些方式可以用来参考。

第一,采用政府资助与创业基金。许多地方政府为大学生创业设立了专项资金和补贴政策,创业者应积极申请相关的扶持资金。此外,大学生还可以参与各种创业大赛,通过比赛获得资金支持和资源对接。

第二,利用众筹平台进行项目融资也是一种有效的方式。通过在众筹网站上展示创业项目,吸引潜在投资者或消费者的支持,实现资金的筹集。

第三,应用商业计划书为项目融资。一份清晰而专业的商业计划书能够使创业者在融资时更具说服力。通过详细描述项目的市场前景、商业模式和财务预测,吸引投资者的关注。

(二)经验不足与团队管理难题

许多大学生创业者在团队管理和运营方面的经验相对不足,这可能导致团队运作不畅和决策失误。大学生创业团队成员之间往往是同学或朋友关系,团队合作容易出现摩擦。缺乏明确的角色分工和责任界定,导致工作效率低下。对于许多大学生来说,创业初期需要承担多种职能,但由于缺乏实践经验,管理、营销和财务等方面的知识和技能往往不足，容易影响企业的发展。

管理问题的解决需要团队不断的成长，提升自己的管理能力。首先应建立清晰的团队结构。团队成员应明确各自的角色和职责，并通过定期会议保持沟通。这可以增强团队的凝聚力和执行力，提高整体效率。其次，创业者可以通过参加管理培训课程、工作坊或线上学习平台，提升自身的管理技能和知识储备。同时，寻找导师或行业专家的指导，能够为创业团队提供宝贵的建议和支持。最后，借鉴成功案例。研究和分析成功企业的管理模式和经验，为团队管理提供参考。学习如何在团队中建立良好的文化和价值观，有助于提升团队的整体素质。

（三）市场竞争激烈与行业进入壁垒

随着创业热潮的兴起，市场竞争变得愈加激烈，尤其是在新兴行业中，创业者需要面对更多的挑战。市场上涌现出大量的竞争者，尤其是在互联网和科技行业，产品和服务的同质化现象严重，大学生创业者需要找到自己的差异化竞争优势。某些行业存在较高的进入壁垒，如技术门槛、资金要求和法规限制。对于大学生创业者来说，了解并克服这些壁垒是成功的关键。

在进入一个市场之时，首先应进行市场调研与竞争分析。创业者应对目标市场进行深入调研，了解竞争对手的优势和不足。通过市场分析，找出自身的差异化竞争点，从而制定针对性的市场策略。创业者应专注于创新，提升产品的附加值或服务体验，建立独特的品牌形象。通过提供用户友好的解决方案和优质的客户服务，增强市场竞争力。在资源有限的情况下，创业者可以寻求与其他企业的合作，共同开发市场。通过合作，能够实现资源共享，降低市场风险。

（四）技术与市场的快速迭代

在科技进步日新月异的背景下，市场需求和技术不断变化，创业者面临着保持创新优势的压力。消费者需求的变化速度加快，创业者需要及时调整产品和服务，以适应市场的变化。对于大学生创业者来说，快速反应和灵活调整是非常重要的能力。新技术的出现可能迅速改变行业格局，创业者必须保持对新技术的敏感度，并不断学习和适应。例如，某些行业的技术迭代周期极短，创业者需要具备快速学习和应用新技术的能力。

创业者应采用敏捷管理模式，快速响应市场变化，进行产品迭代和优化。通过小规模试点和反馈循环，不断完善产品和服务。大学生创业者需要保持学习的热情，关注行业动态和技术趋势。通过参加行业会议、研讨会等活动，获取最新的信息和灵感，推动自身和团队的创新能力；借助数据分析工具，创业者可以实时监测市场需求和客户反馈，及时调整业务策略；通过分析用户数据，了解市场趋势，增强产品的市场适应性。

大学生创业在带来机遇的同时，也面临着诸多挑战，包括资金短缺与融资难题、经验不足与团队管理难题、市场竞争激烈与行业进入壁垒，以及技术与市场的快速迭代等。通过积极应对这些挑战，利用政府政策和资源，持续学习与创新，大学生创业者能够在竞争激烈的市场中脱颖而出，实现自身的创业梦想。同时，克服这些挑战也能锻炼大学生的综合能力，为其今后的发展打下坚实的基础。在这个快速发展的时代，灵活应对各种挑战，将是大学生创业成功的关键。

四、心理与社会压力的应对

在大学生创业的过程中，除面临资金、经验和市场等方面的挑战外，心理与社会压力也是不可忽视的重要因素。创业失败可能会对心理承受能力造成较大影响，而社会对大学生创业的期望与现实之间的差距，也可能给创业者带来巨大的心理负担。此外，工作与生活的平衡对于保持创业者的健康状态也至关重要。本部分将深入探讨这些压力的应对策略，帮助大学生更好地面对创业过程中的心理与社会压力。

（一）创业失败的心理承受能力

创业过程充满不确定性，每个创业者都可能经历失败。而如何在失败中保持积极的心态，并从中学习，是大学生创业者必须面对的挑战。

1. 接受失败的现实

首先，创业者需要意识到失败是创业过程中的常态。许多成功的企业家都经历过失败，关键在于如何从中吸取教训。面对失败，创业者应学会接受，并从中总结经验教训，分析失败的原因，为未来的创业积累知识和经验。

2. 积极的心态调整

面对创业失败，保持积极的心态至关重要。创业者可以通过自我反思，厘清思路，重新审视目标和计划。此外，与朋友、导师或同行交流，可以获得支持和鼓励，缓解心理压力；参加心理辅导和创业培训也能够有效提升心理素质，增强应对压力的能力。

3. 建立学习机制

在经历失败后，创业者可以建立一套系统的学习机制，记录失败的原因及改进措施，形成反思和改进的闭环。例如，保持创业日志或定期与团队进行复盘会议，通过持续学习与改进，增强自己的抗压能力。

（二）社会对大学生创业的期望与现实之间的差距

社会对大学生创业的期望往往较高，而现实中的挑战和困难致使这种期望难以实现。如何在这两者之间找到平衡，是创业者面临的又一心理压力。

1. 社会期望的压力

许多大学生在创业前，受到来自家人、朋友和社会的期待和压力。这种压力可能导致创业者感到焦虑和不安，甚至影响决策的理性。创业者需要明确自己的创业动机和目标，将社会期望与个人理想进行有效区分。

2. 理想与现实的对比

在创业过程中，创业者应意识到理想与现实之间的差距是正常的。很多创业者在初期把目标设定得过高，导致无法实现时产生失落感。因此，大学生创业者应该设定切实可行的小目标，通过逐步实现这些小目标，增强自信心，缓解压力。

3. 寻求支持与理解

与家人和朋友进行开放的沟通，让他们了解创业的挑战与不易，有助于减少外界期望带来的压力。同时，寻找志同道合的伙伴，加入创业者社群，互相支持和鼓励，能够更好地面对创业过程中的压力与挑战。

（三）工作生活的平衡

创业通常需要投入大量的时间和精力，然而，忽视生活的其他方面可能导致心理与身体的疲惫。大学生创业者需要学会在创业过程中保持工作与生活的平衡。

1. 合理规划时间

大学生创业者应学会合理规划时间，设定每日和每周的工作目标，确保高效完成任务。同时，留出足够的时间进行休息和娱乐，防止工作过度导致的身体和心理疲惫。

2. 健康的生活习惯

保持良好的生活习惯对创业者的身心健康至关重要。定期锻炼、均衡饮食、充足睡眠都是保持高效工作的基础。大学生创业者可以通过运动释放压力，增强身体素质，提高工作效率。

3. 心态的调整

在繁忙的工作中，创业者应定期进行心理调适。通过冥想、阅读、听音乐等方式，放松身心，提升心理韧性。同时，培养积极的思维方式，将压力转化为动力，增强自信心。

4. 寻求专业帮助

当感到压力过大或难以自我调节时，寻求专业心理咨询师的帮助是明智之举。心理咨询师作为专业人士可以提供针对性的指导和建议，帮助创业者更好地应对心理压力。

大学生创业的旅程充满了机遇与挑战，而心理与社会压力是创业者所必须面对的重要因素。通过增强心理承受能力、平衡社会期望与个人理想，以及保持良好的工作生活平衡，大学生创业者可以有效应对这些压力。随着对自我认知的提升和应对策略的成熟，创业者不仅能够克服困难，还能在创业的过程中实现个人成长与价值提升。面对未来的创业旅程，大学生应当积极探索、勇于创新，在挑战中寻找机遇，为实现自己的梦想而不懈努力。

第三节　大学生创新创业教育的创新与发展

一、高校创新创业教育模式的转型

随着经济全球化和科技进步的加速，大学生的就业形势和创业环境发生了显著变化。为了更好地应对这些变化，高校的创新创业教育模式也亟须转型。从理论教育向实践导向转变、多元化教学模式的探索、导师制与双导师制的推行，以及国际化创新创业教育的融合，都是高校在创新创业教育中需重视的重要方向。本部分将详细探讨这些转型的具体内容与实施策略。

（一）从理论教育到实践导向的转变

传统的创业教育往往侧重理论知识的传授，而忽视了实践能力的培养。随着市场需求的变化，高校应逐步向实践导向转变。

1. 实践环节的引入

在创业教育课程中，应增加实践环节的比重。通过与企业合作，开展实习、实训和项目合作，使学生得以在真实的商业环境中锻炼和提升自己的创业能力。例如，某高校与当地企业联合开展"创业实战"课程，让学生参与企业的真实项目，从中积累实践经验。

2. 项目制学习

项目制学习是一种以学生为中心的教学方法，通过组织学生开展实际项目，培养他们的团队合作、问题解决和创新思维能力。这种方式不仅能激发学生的学习兴趣，还能提升他们的综合素质。例如，某高校开设了创意产品设计课程，学生分组设计和制作产品，最终通过市场调研和展示获取真实反馈，提升了他们的市场意识和商业能力。

（二）多元化教学模式的探索

1. 跨学科教学

创业教育涉及多个学科的知识，高校可以通过跨学科的教学方式，帮助学生建立系统的知识框架。例如，将商业、技术、设计和社会学等学科的知识结合在一起，培养学生的综合创新能力。某高校已在创业课程中引入设计思维和工程原理，鼓励学生从不同角度思考问题，增强创新能力。

2. 案例教学法

案例教学法通过分析真实的创业案例，使学生在解决实际问题中学习理论知识。这种方法能够帮助学生更好地理解创业过程中的复杂性和不确定性。例如，某高校的创业课程引入了成功与失败的创业案例，鼓励学生进行讨论和分析，从中总结经验教训。

3. 模拟创业比赛

模拟创业比赛是培养学生实践能力的有效方式。通过参加各种创业比赛，学生可以将所学知识应用于实际操作，锻炼团队合作与沟通能力。这类比赛不仅激励学生的创新思维，还能提高他们的抗压能力和解决问题的能力。

（三）导师制与双导师制的推行

1. 创业导师的引导

高校应积极引入具有实际创业经验的企业家和行业专家作为创业导师，为学生提供创业指导。这些导师可以分享他们的经验、提供实用的建议，帮助学生在创业过程中避免常见的陷阱。例如，某高校设立了创业导师制度，通过定期的导师座谈和一对一辅导，帮助学生制订创业计划。

2. 职业发展导师的支持

在双导师制下，学生不仅有创业导师，还有职业发展导师，为他们的职业规划提供指导。职业发展导师可以帮助学生了解行业动态、提升职场能力，从而增强他们的就业竞争力。这种双向引导，能够使学生在创业和就业之间找到更好的平衡。

3. 建立良好的沟通渠道

高校应为学生与导师之间建立有效的沟通渠道，确保学生能够及时获得反馈与建议。定期举办导师与学生的交流活动，鼓励学生主动向导师请教问题，分享自己的想法与困惑。

（四）国际化创新创业教育的融合

在全球化背景下，高校的创新创业教育应融入国际化视野，培养具有全球竞争力的创新人才。

1. 国际交流项目

国内高校可以通过与海外院校的合作，开展国际交流项目，让学生有机会了解不同国家的创业环境和文化。这不仅能拓宽学生的视野，还能培养他们的国际化思维和跨文化沟通能力。例如，某大学与国际知名创业学院联合举办短期交流项目，让学生参与当地创业企业的实习与学习。

2. 全球创业资源整合

通过与国际创业机构的合作，高校能够为学生提供更多的资源和机会。学生可以通过这些合作关系，获取国际市场的信息、投资和技术支持。例如，某高校与国际创业孵化器合作，帮助学生在全球市场中寻找投资机会与合作伙伴。

3. 课程内容的国际化

高校应将国际创业案例和最佳实践引入课堂，帮助学生了解全球创业趋势和市场动态。通过分析国际成功企业的案例，学生可以学习到更先进的创业理念与模式，提高自身的竞争力。

高校创新创业教育模式的转型是适应经济与社会发展需求的重要举措。通过从理论教育向实践导向的转变、多元化教学模式的探索、导师制与双导师制的推行，以及国际化创新创业教育的融合，高校能够为大学生创业提供更加全面的支持与指导。在这一过程中，学生不仅能掌握必要的创业知识和技能，还能提升自身的综合素质和国际视野，为未来的创业与职业发展奠定坚实基础。面对复杂多变的市场环境，培养创新思维与实践能力，将是大学生实现创业梦想的关键所在。

二、创业教育与科技创新的结合

在当今经济形势下，科技创新已成为推动社会进步和经济发展的重要动力。尤其是在创业教育领域，如何有效地将科技创新与创业教育相结合，是高校面临的重要任务。通过技术驱动的创新创业教育、深化产学研结合模式，以及创新实验室与创业孵化平台的建设，高校能够培养出适应未来市场需求的高素质创业人才。本部分将探讨这些结合的具体方式及其对大学生创业教育的重要意义。

（一）技术驱动的创新创业教育

1. 前沿科技的引入

高校应积极引入前沿科技，如人工智能、大数据、物联网等，作为创业教育的重要内容。这些技术不仅改变了商业运作模式，也为创业者提供了更多的创新机会。例如，通过开设与人工智能相关的课程，学生可以学习如何利用人工智能技术开发智能产品，提升创业的竞争力。

2. 跨学科的课程设置

将科技与创业教育结合的过程中，高校应鼓励跨学科的课程设计，促进学生在技术与商业领域的综合素养。例如，开设技术创新与商业化课程，使学生能够学习如何将技术成果转化为市场产品，同时掌握必要的商业知识。

3. 实践导向的教学方法

在技术驱动的创业教育中，实践环节至关重要。高校应通过实习、实验和项目制学习等方式，增强学生的实践能力。例如，组织学生参与真实的科技项目，让他们在实践中学习如何将技术应用于实际商业场景，从而培养其解决实际问题的能力。

（二）产学研结合模式的深化

1. 建立长期合作关系

高校应与企业建立长期稳定的合作关系，共同开展科技研发与创新项目。这种合作不仅有助于推动科研成果的转化，还能为学生提供丰富的实习和就业机会。例如，某高校与一家科技公司合作，开发新型智能产品，让学生参与其中，积累实践经验。

2. 共同研发与人才培养

高校和企业可以联合开展技术研发项目，学生在参与项目的过程中，能够接触到真实的市场需求与技术挑战。这种合作不仅能促进学生的技能提升，还能帮助企业培养未来的人才。

3. 科技成果的市场化推广

高校在进行科技研究时，应注重成果的市场化应用。通过举办科技成果发布会、技术交易会等活动，推动高校的科研成果与市场的对接，帮助创业者获取最新的科技信息和资源。

（三）创新实验室与创业孵化平台的建设

1. 创新实验室的作用

高校可以建立专门的创新实验室，配备先进的设备和技术支持，为学生提供实践和研究的平台。在实验室中，学生可以自由探索与实践，进行技术研发和产品原型制作。例如，某高校建立了一个开放式的创新实验室，学生可以在这里进行各种实验和创新活动，激发他们的创造力。

2. 创业孵化平台的支持

通过建立创业孵化平台，高校能够为大学生创业提供全面的支持和服务。孵化平台通常提供资金、场地、技术指导和市场推广等资源，帮助初创企业加速成长。大学生创业者可以在孵化平台中获得专业的创业指导和支持，提升创业成功的概率。

3. 资源整合与服务网络

高校的创新实验室和创业孵化平台应积极整合社会资源，建立广泛的服务网络。

例如，与投资机构、行业协会、技术服务机构等建立合作关系，为创业者提供资金支持、技术咨询和市场推广等多方面的帮助。通过资源的整合与共享，提升创业项目的市场竞争力。

科技进步为创业教育的创新提供了丰富的可能性，通过技术驱动的创新创业教育、深化产学研结合模式，以及建设创新实验室与创业孵化平台，高校能够有效培养出适应新时代市场需求的高素质人才。大学生在参与这些创新实践的过程中，不仅能提升自己的创业能力，还能为未来的职业发展奠定坚实基础。在这个充满挑战与机遇的时代，大学生应积极把握科技进步带来的创业机会，通过不断学习与实践，推动自身的创新创业梦想与实现，为社会经济的发展贡献力量。

三、"双创"人才培养的创新路径

在当今经济形势和科技发展的背景下，"双创"人才的培养显得尤为重要。大学生作为未来社会的中坚力量，具备创新精神和创业能力的"双创"人才将成为推动经济社会发展的重要驱动力。为了更好地培养"双创"人才，高校应探索创新的培养路径，包括个性化培养计划、创新能力与职业素养的平衡发展，以及跨学科与跨专业的教育融合。本部分将详细探讨这些路径及其实施策略。

（一）个性化培养计划

个性化培养计划是根据每个学生的兴趣、优势和发展目标量身定制的创业教育方案，能够有效激发学生的潜力。

1. 兴趣导向的课程选择

高校应根据学生的兴趣和职业规划，提供多样化的选修课程和实践项目。例如，对于对科技感兴趣的学生，可以提供与人工智能、大数据等相关的创业课程；而对于人文学科的学生，可以引入文化创意和艺术管理等课程。通过课程的多样性，学生能够在自己感兴趣的领域中找到创业的方向。

2. 个体发展评估与反馈

在个性化培养过程中，定期对学生的进展进行评估，并根据反馈进行调整。例如，学校可以组织评估会议，让学生展示自己的项目进展，接受老师和同学的建议和意见。这种评估不仅能帮助学生及时调整方向，还能增强他们的自信心和责任感。

3. 导师制的实施

为每位学生配备专属的创业导师，根据学生的特长和发展需求，提供个性化的指导和支持。创业导师不仅可以为学生提供专业的知识和经验，还能帮助他们建立行业联系，为未来的创业打下良好的基础。

（二）创新能力与职业素养的平衡发展

在"双创"人才培养过程中，既要注重创新能力的提升，也要关注职业素养的培养，以实现全面发展。

1. 创新能力的培养

通过实践项目、创业竞赛和科研活动等，鼓励学生开展创新性研究与实践。例如，组织学生参加各类创业大赛，通过实战演练锻炼他们的创新思维和团队协作能力。同时，提供创新方法的培训，如设计思维、头脑风暴等，帮助学生提升创新能力。

2. 职业素养的提升

职业素养包括沟通能力、团队合作能力、领导能力等，都是创业成功的重要因素。高校可以通过模拟面试、职业发展讲座和实习项目等多种形式，提升学生的职业素养。开展职业规划指导活动，帮助学生明确职业目标，并提供相应的技能培训。

3. 综合性评估与反馈机制

建立完善的评估体系，通过定期的反馈和评价，帮助学生了解自己的创新能力和职业素养的发展情况。例如，设立综合素质评价标准，涵盖创新能力、团队协作、沟通能力等，促进学生的全面发展。

（三）跨学科与跨专业的教育融合

推动理工科与人文社科交叉领域的创新创业教育，是培养"双创"人才的重要路径。

1. 跨学科课程设置

高校应积极探索跨学科的课程设置，将不同学科的知识融合在一起。例如，开设科技与社会课程，结合理工科与人文社科的内容，让学生在了解科技发展的同时，关注其对社会和人类的影响。这种跨学科的学习方式，有助于培养学生的综合思维能力和创新能力。

2. 实践项目的跨学科合作

在项目实践中，鼓励来自不同学科的学生组成团队，共同参与创新创业项目。例如，理工科学生可以与人文学科的学生合作，开发技术产品并进行市场推广。通过这样的合作，学生能够相互学习，拓宽视野，提升综合素质。

3. 国际化视野的拓展

通过引入国际合作项目和交流活动，推动跨学科的教育融合。例如，组织国际学术交流活动，邀请国外高校的教授和专家举办讲座和研讨，帮助学生了解全球创业的趋势和创新的实践。这样的活动不仅丰富了学生的知识，也为他们的创业提供了更广阔的视野和资源。

"双创"人才的培养是当前高等教育的重要任务。通过个性化培养计划、创新能力与职业素养的平衡发展，以及跨学科与跨专业的教育融合，高校能够培养出适应新时代需求的高素质创业人才。在这个充满机遇与挑战的时代，大学生应积极参与到"双创"人才的培养中，通过不断学习与实践，提高自身的创新能力和创业素养。通过这些创新路径，大学生不仅能实现自己的职业理想，还能为社会的经济发展与创新进步贡献力量。

四、创业生态系统的建设

随着创业热潮的兴起，大学生创业逐渐成为推动经济增长和社会创新的重要力量。然而，成功的创业并不仅仅依赖个人的努力和创意，更需要良好的创业生态系统的支持。校园内外创业资源的整合、校企联合的创业平台建设，以及线上线下创业社群的构建，都是促进大学生创业成功的重要举措。本部分将深入探讨这些方面的内容及其实施策略。

（一）校园内外创业资源的整合

创业生态系统的核心在于资源的整合与利用，大学生创业者需要通过校园内外资源的有效整合，形成完善的创业生态链。

1. 资金资源的获取

高校应积极搭建创业资金平台，为大学生创业者提供多样化的资金支持。这包括政府创业基金、校内创业补贴、天使投资、风险投资等。通过组织创业大赛、路演活动，帮助学生向投资者展示项目，争取资金支持。

2. 导师资源的配置

创业者在创业过程中需要专业的指导和支持。高校可以建立完善的导师制度，引入具有丰富经验的企业家和行业专家作为创业导师。通过定期的导师指导、项目评审等方式，帮助学生明确方向、规避风险。

3. 市场资源的共享

高校应建立与企业和行业协会的联系，搭建信息共享平台，为大学生提供最新的市场动态和行业信息。通过举办行业讲座、市场分析会等活动，帮助学生了解市场需求，增强市场适应能力。

（二）校企联合的创业平台

校企联合是连接学生创业与市场需求的有效方式，通过合作构建创业平台，实现资源的互利共赢。

1. 建立合作机制

高校应与企业建立长期合作关系，共同开发创业项目。这种合作机制可以通过校企共建实验室、实习基地等方式实现，帮助学生获得实践经验，提升创业能力。例如，一些高校与本地企业合作，设立"企业项目开发中心"，让学生参与企业的实际项目，获得真实的市场反馈。

2. 促进创新与转化

校企合作不仅能够为学生提供实习和就业机会，还能加速科技成果的转化。通过合作研发，企业可以获得新技术和新产品，而高校能为学生提供更多的实践机会。这种互利共赢的合作关系，将推动高校科研成果的市场化应用。

3. 市场需求对接

校企联合平台应注重市场需求的反馈。通过定期组织市场调研和需求分析，让学生了解行业的最新动态和市场趋势，从而调整自己的创业方向。学校还可以通过设立创新项目比赛，鼓励学生基于企业需求开展项目，提升项目的市场价值。

（三）线上线下创业社群的构建

构建创业社群是促进创业者之间交流与合作的重要手段，线上线下的结合能够有效增强创业者的凝聚力和合作能力。

1. 线上创业平台的建设

利用互联网技术，搭建在线创业社群平台，汇聚创业者、投资者、导师等各方资源。通过在线平台，创业者可以分享经验、互相学习，获取市场信息。平台还可以提供项目展示、融资对接等服务，从而提升创业者的曝光度。

2. 线下活动的组织

定期举办线下创业活动，如创业沙龙、主题讲座、经验分享会等，增强创业者之间的互动与合作。通过面对面的交流，创业者可以建立深厚的人际关系，获取更多的资源和支持。例如，组织"创业交流会"，邀请成功创业者分享经验，激励在校大学生的创业热情。

3. 创建支持性网络

在创业社群中，鼓励成员之间建立支持性网络，通过合作共赢提升创业成功率。例如，可以组建创业团队，共同参与项目，分享资源和市场信息。此外，还可以建立"创业加速器"项目，帮助初创企业在资金、技术和市场等方面获得支持，加速其成长。

创业生态系统的建设是推动大学生创业的重要环节，通过校园内外创业资源的整合、校企联合的创业平台建设，以及线上线下创业社群的构建，高校能够为大学生提供更加全面的支持与服务。这样的生态系统不仅能帮助大学生更好地应对创业过程中的各种挑战，还能为他们的创业梦想提供强有力的保障。在未来的发展中，大学生应积极利用这些资源，充分发挥自身的创新能力和创业精神，为经济社会的发展贡献更多的力量。通过打造良好的创业生态系统，大学生创业将迎来更加美好的前景。

五、未来创业教育的新趋势

随着全球经济的不断发展和市场环境的快速变化，大学生创业教育正面临新的挑战与机遇。为了更好地适应时代的需求，高校需要不断创新和调整创业教育模式，以提升学生的创业能力和素质。未来的创业教育将呈现沉浸式学习与项目制教育，以及人工智能辅助的个性化创业教育等新特点。

（一）沉浸式学习与项目制教育

沉浸式学习和项目制教育是提升大学生创业能力的有效方式。这些方法通过实际操作和体验，增强学生对创业过程的理解和参与感。

1. 创业实训

通过创业实训课程，学生能够参与到真实的创业项目中，从中获取实践经验。这类实训通常包括市场调研、商业计划书撰写、产品开发和营销等环节，学生在实践中掌握创业所需的各种技能。例如，某高校开设了创业实训课程，让学生在实际项目中进行角色扮演，模拟创业过程，帮助他们更好地理解创业的复杂性和挑战。

2. 模拟项目

模拟项目是创业教育中常用的一种教学方法，通过模拟实际的商业环境，让学生在较为安全的环境中锻炼创业能力。例如，利用 VR 技术创建一个模拟的商业环境，让学生在其中进行决策和操作，能够有效提升他们的实践能力和应对突发问题的能力。

3. 案例学习

在沉浸式学习中，引入真实的创业案例分析可以帮助学生深入理解创业过程中的成功与失败。学生通过分析成功的创业案例，学习其背后的思维方式和决策逻辑，从而激发自己的创新思维。例如，某课程通过引入成功创业者的真实故事，让学生思考其成功的关键因素，提升学生的创业意识。

（二）人工智能辅助的个性化创业教育

人工智能的迅速发展为创业教育的个性化提供了新的可能性。通过人工智能技术，教育者可以为每位学生量身定制学习路径。

1. 个性化学习路径设计

利用人工智能技术分析学生的兴趣、学习风格和能力水平，为每位学生定制个性化的创业教育计划。例如，人工智能系统可以根据学生的学习进度和成绩，自动推荐相应的课程和项目，帮助学生在合适的节奏下学习。

2. 智能化评估与反馈

人工智能技术可以帮助教育者实时监测学生的学习效果，并提供及时的反馈。通过数据分析，教育者能够了解学生的学习瓶颈，并根据反馈调整教学策略，确保每位学生都能获得充分的支持。例如，某高校利用人工智能技术对学生的创业项目进行评估，提供数据驱动的改进建议，帮助学生更好地提升项目质量。

3. 在线学习与资源共享

人工智能技术可以支持在线学习平台的建设，为学生提供丰富的学习资源和案例分析。通过在线课程、视频讲座和讨论论坛，学生可以随时随地进行学习，增强自主学习能力。例如，结合人工智能推荐系统的在线学习平台，可以根据学生的学习兴趣和需求，提供个性化的学习资源，激发他们的学习积极性。

未来创业教育的新趋势将在沉浸式学习与项目制教育、全球化教育，以及人工智能辅助个性化教育等多个方面不断发展。高校应积极适应这些变化，探索更加灵活和多样化的教育模式，以培养出适应时代需求的高素质创业人才。通过不断创新教育方法，大学生能够显著提升实践能力与全球视野。在这个充满机遇与挑战的时代，培养具备创新精神和实践能力的"双创"人才，是高校面临的重要使命。

第八章　总结与展望

回顾近年来大学生就业与创业的现状，伴随着经济结构调整和社会变革，大学生就业形势日趋复杂，创业成为越来越多毕业生的重要选择。从就业角度看，大学生的职业选择更加多元化，不再局限于传统的企事业单位，而是积极融入新兴产业和社会服务领域；从创业角度看，大学生创业项目不断涌现，涵盖了科技创新、文化创意、社会公益等各个方面。尽管创业失败率依然较高，但不断完善的政策支持、日益丰富的创业资源，以及多样化的社会需求，为大学生创新创业提供了前所未有的广阔舞台。展望未来，大学生就业与创业的融合将进一步加深，创新创业教育将成为高校人才培养的重要内容。高校和社会需要共同努力，为大学生提供更多实践机会和成长空间，帮助他们在复杂多变的社会环境中实现自我价值，为国家和社会的发展贡献智慧与力量。

第一节　研究成果总结

一、大学生就业与创业现状的综合分析

随着社会经济的快速发展，大学生就业与创业的现状愈加引起人们的关注。大学生作为社会的中坚力量，其就业与创业的现状不仅影响着个人职业发展，也关系到国家经济的持续增长和社会的创新能力。本部分将从大学生就业现状、创业现状及政策影响与环境等方面进行综合分析，旨在为大学生的未来发展提供有益的参考。

（一）就业现状总结

1. 供需状况

根据相关数据显示，近年来大学生的就业率虽然有所回升，但依然面临较大压力。一方面，随着高等教育的普及，大学生数量不断增加，形成了较大的就业供给；另一方面，许多企业在招聘时对求职者的能力和经验提出了更高的要求，导致部分毕业生难以找到满意的工作。2022 年数据显示，尽管大学生的整体就业率超过 60%，但部分热门行业如互联网、金融等仍然对求职者的竞争力要求极高，形成了供需失衡的局面。

2. 行业发展趋势

当前，服务业、科技行业和绿色经济等领域发展迅速，成为吸纳大学生就业的重要行业。根据统计，信息技术、金融、医疗健康等领域的岗位需求增长显著，特别是与人工智能、数据分析和网络安全相关的岗位，展现出强劲的市场需求。而传统制造业和一些饱和行业的就业机会相对减少，大学生需注意行业选择与自身能力的匹配。

3. 不同专业领域的就业机会

不同专业领域的就业机会差异明显。理工科专业，如计算机科学、电子工程等，通常具有较高的就业率和薪资水平；而人文社科类专业，尤其是一些冷门专业，面临的就业压力相对较大。因此，大学生在选择专业时，应考虑未来的市场需求和自身兴趣，同时积极提升与行业相关的实用技能，以增强就业竞争力。

（二）创业现状总结

1. 现有成就

在各级政府的支持下，越来越多的大学生选择自主创业，形成了丰富多样的创业模式。一些成功案例如网络技术、文化创意、绿色环保等领域的创业项目，展现了大学生的创新能力和市场敏锐度。相关数据显示，2022年大学生创业率达到了15%，相比前几年有了显著提升。

2. 常见创业模式

当前大学生的创业模式主要包括互联网创业、共享经济、文化创意和科技创新等。例如，互联网创业中，许多大学生通过电商平台、社交媒体等方式开展线上业务；在共享经济方面，学生利用资源共享的理念，开设了如共享住宿、共享交通等项目。这些创业模式既体现了大学生的创新意识，也符合当今社会的发展趋势。

然而，大学生创业也面临着资金短缺、经验不足、市场竞争激烈等多重挑战。许多初创企业因缺乏运营经验而难以持续发展，资金链断裂问题时常出现。此外，市场环境的变化也给创业者带来了压力，特别是在后疫情时代，消费模式和市场需求发生了巨大的转变，创业者需快速调整策略以适应新环境。

（三）政策影响与环境

1. 政策支持

近年来，国家和地方政府纷纷出台了一系列支持大学生就业与创业的政策。例如，设立大学生创业基金、税收减免、创新创业培训等措施，旨在降低创业门槛，提高创业成功率。这些政策为大学生创业提供了实质性的资金和资源支持，能有效帮助他们克服创业初期面临的困难。

2. 地方政府的创新举措

地方政府在大学生创业支持方面也积极探索，提供创业孵化器、创业指导、政策宣传等服务。例如，一些城市通过建立创业园区，集中资源为大学生创业者提供办公空间、技术支持和市场对接等服务，促进创业生态的形成。

3. 政策效果与影响

政策的实施效果显著，提高了大学生的创业热情和成功率。同时，政府的关注和投入也提升了社会对大学生创业的认可度，形成了良好的社会氛围。然而，仍需加强政策的针对性和执行力度，确保各类支持措施能够落到实处，真正为大学生创业者提供有效帮助。

大学生就业与创新创业的现状是复杂而多元的，受供需状况、行业发展趋势、政策环境等多重因素的影响。在全球经济快速变化的背景下，大学生需要具备敏锐的市场洞察力和灵活的应对能力。通过不断提升自身的职业素养和创业能力，积极参与社会的创新创业实践，大学生能够更好地适应未来的就业市场。同时，各级政府和高校也应继续加强对大学生就业与创业的支持，营造良好的创业环境，以促进大学生的全面发展和社会的持续进步。

二、就业与创业相结合的路径分析

在当前经济快速发展的背景下，大学生面临着多重职业选择的机会与挑战。就业与创业的结合不仅为大学生提供了更为丰富的职业发展路径，也促进了经济的活力与创新。本部分将从创新创业对就业的推动作用、就业向创业的转型路径，以及创业失败与就业选择的循环三个方面进行深入分析，以期为大学生的职业发展提供借鉴。

（一）创业对就业的推动作用

1. 创业教育的作用

在高校的创业教育中，课程不仅限于理论知识的传授，更注重实践能力的培养。通过项目制学习、实训课程和创业比赛等形式，学生能够在实践中锻炼自身的商业思维、创新能力和团队合作精神。这些能力对未来的就业市场极为重要，因为用人单位普遍看重求职者的实践经验和解决实际问题的能力。

2. 实践经验的积累

参与创业活动或实习能够让学生获得宝贵的实践经验，这些经验不仅提高了他们的职业技能，也增强了他们的市场适应能力。在创业过程中，大学生需要进行市场调研、产品开发和客户服务等，这些实践活动培养了他们的综合素质，使其在求职时具备竞争优势。

3. 增强自信与抗压能力

创业过程充满挑战，成功与失败并存。在创业中经历挫折和挑战，能够增强大学生的心理素质和自信心。这种自信和抗压能力在求职过程中同样重要，因为求职者需要面对竞争、面试和职场压力，具备良好的心理素质能够帮助他们更好地应对这些挑战。

（二）就业向创业的转型路径

1. 经验的积累与转换

在就业阶段，大学生可以积累与行业相关的知识和技能。这些经验不仅帮助他们了解市场需求，还能让他们熟悉行业运作和企业管理。在此基础上，大学生在转型创业时能够运用这些知识进行市场分析和业务规划，降低创业风险。

2. 人脉与资源的建立

通过在职场的工作，大学生能够建立起自己的职业人脉。这些人脉在创业阶段可能成为潜在的客户、合作伙伴或投资者。有效的人际关系网络能够为创业者提供必要的支持和资源，帮助他们在创业过程中更顺利进入市场。

3. 心态的调整与准备

从就业到创业的转型，需要大学生调整心态，培养创业者应具备的韧性与灵活性。在职场中积累经验的同时，学生应不断反思自身的职业规划，明确创业目标，以便在适当的时机进行转型。

（三）创业失败与就业选择的循环

1. 失败的经验总结

创业失败虽然令人沮丧，但也是成长与学习的机会。在经历创业失败后，大学生能够总结出失败的原因，如市场需求评估不足、团队管理不善、资金规划不合理等。这些经验教训将为他们今后的创业或就业提供重要的借鉴，帮助他们在未来的职业道路上更加成熟与理性。

2. 重新进入就业市场

创业失败后，大学生通常需要重新评估自己的职业规划，考虑重新进入就业市场。在这一过程中，他们可以利用创业期间积累的实践经验和人脉，寻找到适合自己的岗位。即便失败，大学生也积攒了丰富的技能与经验，这些都将有助于他们在新的工作岗位上快速适应。

3. 循环发展的启示

创业与就业之间的循环关系告诉我们，失败并不可怕，重要的是如何从中学习和成长。通过反思与调整，大学生能够在职业生涯中实现不断的自我提升和发展。此外，这种循环也提醒教育者和政策制定者，在创业教育中应注重失败案例的分享和反思，以帮助学生更好地应对未来的挑战。

大学生就业与创业之间的相互结合为学生提供了多样化的发展路径。通过创新创业教育，大学生不仅能够提升就业竞争力，还能为未来的创业打下良好的基础。就业阶段积累的经验、人脉和技能在转型创业时显得尤为重要。同时，创业失败并不是终点，而是成长与学习的机会，能够为学生的职业发展提供宝贵的教训。未来，高校和社会应更加重视就业与创业的结合，为大学生创造更好的学习与发展环境，帮助他们在职业道路上实现自身的价值。通过不断探索和实践，大学生能够在创业与就业的过程中找到属于自己的成功之路。

三、创新创业能力与就业能力的提升

在当今竞争激烈的社会环境中，大学生面临着日益复杂的就业市场与创业挑战。加强创新创业能力与就业能力的结合，已经成为高校教育改革的重要方向。

（一）核心能力提升总结

1. 创新能力

创新能力是大学生在创业过程中必须具备的核心能力。它不仅包括创意生成的能力，还涉及对市场需求的敏锐洞察与应对变化的能力。在创业中，大学生需要不断寻找解决方案，开发新产品或服务以满足消费者的需求。通过参与创新项目、团队合作及创业实践，学生能够有效锻炼和提升自身的创新能力。

2. 领导力

领导力在创业和就业中同样重要。有效的领导能力不仅体现在团队管理上，还包括自我管理和决策能力。创业者需要带领团队共同实现目标，激励成员发挥各自的优势。在就业中，领导力同样帮助个人在团队中脱颖而出，成为项目的推动者。因此，高校应通过领导力培训、角色扮演等方式，培养学生的领导能力。

3. 市场敏感度

市场敏感度指的是对市场动态、消费者需求及竞争环境的快速反应能力。具备市场敏感度的大学生能够在创业过程中更好地把握市场机会，进行有效的资源配置。在就业中，市场敏感度能够帮助求职者更好地理解行业趋势，提升其在面试中的竞争力。高校可以通过市场调研、实习实践等方式增强学生的市场敏感度。

（二）创业教育与就业指导的结合

1. "双创"课程的设置

高校应开设多样化的"双创"课程，内容应涵盖创业基础、市场分析、商业模式设计等，同时结合就业市场的需求。通过系统的课程设置，学生不仅可以获得创业所需的知识与技能，还能了解行业动态，增强就业竞争力。例如，某高校设立的创业与职业发展课程，将创业技能与职场能力结合，为学生提供了全面的职业发展支持。

2. 就业指导服务的联动

创业教育应与就业指导服务紧密结合，形成合力。高校可以通过定期举办就业与创业指导讲座、工作坊等活动，帮助学生了解就业市场的需求，提升其职业素养。同时，邀请成功创业者分享经验，让学生在了解市场需求的基础上，制订相应的职业发展计划。通过这种联动，学生在选择就业或创业时，能够更加理性和有针对性。

3. 实习与实践机会

学校应鼓励学生参与实习和实践项目，将课堂所学与实际应用相结合。通过实习，学生不仅可以积累工作经验，还能提升创新能力和市场敏感度。例如，组织学生参与企业项目，让他们在实践中了解市场需求、团队合作和项目管理，为未来的创业或就业打下坚实的基础。

（三）成功案例总结

成功的创业案例能够为大学生提供借鉴，分析其中的关键因素，有助于提升创业与就业能力。

1. 案例一：互联网创业团队

某高校的学生团队成功开发了一款创新的移动应用，通过精准的市场定位和灵活的市场推广策略，迅速在行业中占据一席之地。团队成员在创业过程中展现了出色的创新能力和市场敏感度，能够及时根据用户反馈进行产品迭代，增强了产品的市场适应性。该团队的成功表明，具备强烈的市场敏感度与快速的应变能力是创业成功的重要因素。

2. 案例二：文化创意产业的创业

一组大学生在文化创意领域开展创业，结合传统文化和现代设计理念，推出了一系列受欢迎的文化产品。他们在创业过程中注重团队的协作与沟通，提升了团队的整体执行力与领导力。这一案例说明，在创业团队中，良好的团队协作和领导力对项目的推进至关重要。

3. 案例三：技术创新企业

某大学生团队专注于技术创新，通过对市场需求的深度理解，成功推出了一款具有市场竞争力的智能硬件产品。在这一过程中，团队利用高校的技术资源，结合市场调研和用户反馈，进行快速迭代。这一案例强调了在创业过程中技术创新与市场需求之间的结合是实现成功的关键。

提升大学生的创新创业能力与就业能力是当前教育改革的重要方向。通过关注核心能力的提升、结合创业教育与就业指导，以及借鉴成功案例的经验，高校能够为学生提供更为全面的支持。在未来，大学生不仅要具备创新精神和实践能力，还需在职业发展中保持灵活性与适应性。通过不断学习与实践，大学生能够在复杂多变的市场环境中找到自己的发展之路，实现个人与社会的共同进步。

四、商业模式设计与创新的贡献

在当今快速变化的商业环境中，商业模式的设计与创新对大学生创业者至关重要。一个清晰且灵活的商业模式不仅能帮助创业者更好地理解市场和客户需求，还能为企业的长期发展提供战略支持。本部分将探讨商业模式设计的影响、商业模式的创新与调整，以及商业模式成功与失败的典型案例分析，以帮助大学生在创业过程中更好地应对挑战，实现商业目标。

（一）商业模式设计的影响

商业模式设计是创业成功的基础，它决定了企业如何创造、传递和获取价值。有效的商业模式能够帮助大学生创业者厘清业务思路，明确市场定位。

1. 商业模式画布的应用

商业模式画布是一种视觉化工具，能够帮助创业者全面概述其商业模式的九个关键要素，即客户细分、价值主张、渠道、客户关系、收入来源、关键资源、关键活动、合作伙伴及成本结构。通过填充这些要素，创业者能够清晰地识别目标客户、产品的独特价值，以及盈利机制。例如，某大学生创业团队利用商业模式画布清晰划分了其目标市场，并明确了产品的核心价值主张，从而使其产品开发更具方向性和针对性。

2. 其他工具的结合使用

除了商业模式画布，创业者还可以利用 SWOT 分析、PEST 分析等工具，帮助他们更全面地理解市场环境和竞争态势。这些工具的结合使用，使商业模式设计更加系统和科学。例如，通过 SWOT 分析，创业团队可以识别自身的优势与劣势，进一步优化其商业模式以适应市场变化。

3. 明确目标与策略

良好的商业模式设计能够帮助创业者在复杂的市场环境中保持清晰的目标与策略。在初创阶段，大学生创业者常常面临多重选择和不确定性，明确的商业模式则为其决策提供了重要依据，帮助他们在资源有限的情况下，聚焦核心业务。

（二）商业模式创新与调整

商业模式的创新与调整是创业者应对市场变化、提升竞争力的重要手段。市场需求和消费者行为的变化要求创业者不断审视和优化其商业模式。

1. 根据市场反馈进行调整

在创业过程中，创业者需要根据市场反馈和用户需求，定期对商业模式进行评估和调整。成功的创业者通常会建立反馈机制，通过客户访谈、市场调研等方式获取用户意见，及时调整产品功能、服务流程和商业策略。例如，初创公司在推出产品后，通过用户反馈发现产品在某些功能上的不足，迅速进行改进，使产品更符合用户需求，从而提升了市场竞争力。

2. 动态调整商业模式

创业者需要具备灵活应变的能力，随时根据市场变化调整商业模式。通过数据分析和市场趋势预测，创业者可以主动调整营销策略、产品定价和分销渠道等。这种动态的商业模式调整能力，能够使创业者在竞争激烈的市场中保持优势。

3. 商业模式的持续创新

创新不仅体现在产品和服务上，商业模式本身也应不断创新。创业者可以探索新的盈利模式、客户关系管理方式，以及市场进入策略。例如，一些传统行业的企业通过引入订阅模式或平台经济的概念，成功实现了商业模式的创新，提升了企业的市场占有率。

（三）商业模式成功与失败的典型案例分析

成功与失败的案例分析能够为大学生创业者提供重要的经验借鉴，帮助他们更好地理解商业模式设计的重要性。

1. 成功案例分析

以某成功的科技创业公司为例，该公司通过明确的价值主张和强大的技术支持，迅速占领市场。其商业模式的关键在于提供个性化的服务，并通过数据分析不断优化客户体验。该公司的成功表明，良好的商业模式设计与市场需求的契合是企业成功的重要保障。

2. 失败案例分析

初创企业在推出市场时，未能准确识别目标客户，导致其商业模式无法适应市场需求，最终以失败告终。这一案例反映出市场调研不足和用户需求把握不准对创业者的致命影响。创业者在设计商业模式时，必须重视市场反馈，并时刻关注客户的真实需求，以避免因盲目跟风而导致的失败。

3. 从案例中总结经验

通过对成功和失败案例的分析，大学生创业者能够归纳出一些关键因素。例如，成功的商业模式通常具备清晰的客户定位、有效的价值传递机制和灵活的调整能力；而失败的商业模式往往缺乏市场洞察、无法适应变化的市场环境。通过总结这些经验，创业者可以在实际操作中更加稳妥地设计和调整商业模式。

商业模式设计与创新在大学生创业过程中起着至关重要的作用。通过运用商业模式画布和其他工具，创业者能够清晰构建商业模式，并根据市场反馈不断进行调整与优化。同时，通过成功与失败的典型案例分析，创业者可以总结出有助于提升创业成功率的关键因素。在未来的创业实践中，大学生应不断探索和创新商业模式，以应对市场变化，提升自身的竞争力。通过这些努力，大学生能够实现自身的创业梦想，并为社会经济的发展贡献力量。

五、创业教育与未来人才培养模式

随着经济的快速发展和技术的不断进步，大学生的就业形势日益复杂，创新创业成为推动经济增长的重要动力。高校的创业教育不仅为学生提供了知识和技能，也为未来的人才培养模式提出了新的要求。

（一）高校创业教育的现状与成果

近年来，随着创业热潮的兴起，高校纷纷重视创业教育的改革与创新，积极探索适合自身特色的发展路径。

1. 课程体系的建设

许多高校已经建立了系统化的创业教育课程体系，包括基础课程、选修课程和实践课程。例如，基础课程涵盖了创业基础知识、市场分析、商业模式设计等；而选修课程允许学生根据自己的兴趣选择更专业的创业方向。同时，实践课程通过项目制学习、创业实训等形式，让学生在实际操作中锻炼创业能力。

2. 实践平台的搭建

高校通过设立创新创业孵化器、实验室和实习基地，为学生提供丰富的实践机会。这些实践平台不仅提供了创业所需的资源支持，如资金、技术和市场信息，还能够帮助学生积累实战经验。例如，某高校的创业孵化器每年孵化出多项成功的学生创业项目，成为大学生创业的重要握力。

3. 产学合作的推进

高校与企业之间的合作愈发紧密，通过共同开发项目、实习和人才培养等方式，实现了资源共享与优势互补。例如，一些高校与知名企业合作，共同开展创业大赛，鼓励学生在实际项目中运用所学知识，并为企业提供创新解决方案。这种产学合作不仅提升了学生的实践能力，还促进了企业的技术创新。

（二）"双创"与传统就业指导的融合

1. "双创"课程与就业指导的结合

高校通过"双创"课程，将创业教育与就业指导有机结合。例如，开设创业与职业发展课程，帮助学生在掌握创业技能的同时，也提高其就业能力。课程内容不仅包括创业方法，还涵盖了职业规划、简历撰写和面试技巧等，帮助学生在多种职业选择中找到自己的发展方向。

2. 整合资源与服务

高校的就业指导中心与创业指导中心可以通过资源整合，实现信息共享和服务联动。通过定期举办职业发展讲座、创业分享会和实习信息发布，帮助学生了解行业动态，提升自身的市场适应能力。同时，邀请成功创业者和职业经理人分享经验，为学生提供实用的职业建议和启发。

3. 实践机会的增加

通过创新创业项目，大学生不仅能够提升实践能力，还能在项目中积累丰富的行业经验，为未来的就业做好准备。高校可以鼓励学生参与创业实训、企业实习等项目，让他们在真实的商业环境中锻炼自己，提高综合素质。

（三）人才培养模式的创新

面对未来市场对人才的需求，高校在人才培养模式上进行了诸多创新，旨在培养具有创新能力和实践能力的人才。

1. 跨学科教育

为适应复杂多变的市场需求，高校越来越重视跨学科的教育模式。通过整合不同学科的知识，培养学生的综合素质和创新能力。例如，某高校推出了跨学科的技术与商业课程，鼓励学生将技术创新与商业策略相结合，提升他们的综合分析与解决问题的能力。

2. 个性化培养路径

高校通过了解学生的兴趣与特长，为他们提供个性化的培养方案。这样的培养路径能够激发学生的学习热情，使他们在自己感兴趣的领域中深入探索。例如，某高校设立了创业导师制度，为每位有创业意向的学生配备专业导师，指导他们制订个性化的学习与发展计划。

3. 实践导向的创新

未来的人才培养模式强调实践导向，学生通过参与真实的项目获得经验。高校可通过与企业的合作，开展实践项目，培养学生的实践能力。通过这种实践导向的模式，学生不仅能学习到理论知识，还能在实践中锻炼应对实际问题的能力。

创业教育在大学生的就业与创业中发挥着越来越重要的作用。本部分通过总结高校创业教育的现状与成果、分析创新创业与传统就业指导的融合，以及探讨人才培养模式的创新，强调了教育与实践相结合的重要性。未来，高校应继续探索创新的教育模式，以培养出更多适应社会需求的高素质创新创业人才。在这个不断变化的时代，大学生需要具备灵活的思维和实践能力，以应对未来的职业挑战和创业机遇。通过不断努力与实践，大学生能够在就业和创业的道路上找到属于自己的成功之路，为经济社会的发展贡献力量。

第二节　未来研究方向与建议

一、进一步探索就业与创业融合的路径

随着社会经济的快速发展，大学生在就业与创业方面面临着越来越多的选择与挑战。如何有效地将就业与创业融合，进而提升大学生的综合素质与职业发展能力，已成为教育界和社会各界关注的焦点。

（一）创新与就业的双向赋能研究

创新创业教育不仅为大学生提供了创业技能与知识，也在提升他们的就业竞争力与职业发展能力方面具有重要作用。

1. 创新创业教育的双向作用

通过系统的创新创业教育，大学生能够培养出创新思维、团队合作和解决问题的能力。这些能力在就业市场上具有重要的价值，使他们在求职时能够脱颖而出。同时，创新创业的实践经验也能帮助他们在进入职场后更好地适应复杂的工作环境。例如，参与创业项目的学生在实际操作中学习到的市场分析、产品开发和客户沟通等技能，

能直接转化为职场的核心竞争力。

2. 职业发展的长远影响

大学生在创业过程中获得的经验，不仅帮助他们在就业市场中建立信心，也为他们的职业发展打下良好基础。创业经历使大学生在职业生涯中更具灵活性与适应性，能够更好地应对职业变动与市场需求的变化。例如，许多成功的职场人士往往有过创业经历，他们能够凭借创业过程中积累的管理经验和人脉网络，迅速在职场中找到发展机会。

3. 政策支持与教育改革

为进一步推动创新与就业的双向赋能，政府与高校需共同努力。政府可以出台相关政策，鼓励高校开展创新创业教育，为学生提供更多的实践机会。同时，高校在课程设置上也应加大对创新创业教育的重视，通过与企业的合作，提供实践平台与项目资源，培养学生的创新精神与实践能力。

（二）跨行业创业就业路径的探索

不同领域和行业对大学生的创业和就业需求存在显著差异，因此，分析和探索跨行业的创业就业路径显得尤为重要。

1. 行业需求分析

在当前市场环境中，一些行业如互联网、金融、医疗健康、文化创意等领域，正在快速发展并对高素质人才有着迫切需求。通过对这些行业的深入研究，可以帮助学生明确未来的职业发展方向，同时也为创业提供了更广阔的市场空间。高校可以通过市场调研、行业分析等方式，为学生提供最新的行业动态和职业趋势。

2. 跨行业融合的机会

鼓励学生在多个行业之间寻找创业与就业的交集，尤其是在技术、管理与服务等领域的融合。例如，人工智能技术的应用不仅在科技行业受到重视，还在医疗、教育、农业等传统行业中展现出广阔的应用前景。大学生可以通过跨行业的学习与实践，提升自身的竞争力，发现新的创业机会。

3. 多样化的职业路径

通过探索不同行业的创业和就业路径，大学生可以找到最适合自身发展的方向。在进行职业规划时，鼓励学生结合个人兴趣、专业背景与行业需求，制定切实可行的职业发展方案。同时，高校可以为学生提供跨行业的实践机会，如举办行业交流会、职业发展讲座等，帮助他们建立广泛的职业网络。

（三）灵活就业模式研究

随着社会的不断变化，灵活就业模式日益成为大学生职业发展的新选择。这些模式包括零工经济、远程办公、兼职创业等，如何将这些模式与创新创业结合，将极大促进大学生的职业发展。

1. 零工经济的崛起

零工经济以其灵活性和多样性逐渐受到大学生的青睐。通过参与零工经济，大学生能够在完成学业的同时，积累实际工作经验与收入。这一模式不仅能够缓解就业压力，还能为大学生提供丰富的职业选择。然而，大学生在参与零工经济时，应注意选择与自身专业相关的工作，以提升自身的技能与市场竞争力。

2. 远程办公的机会

远程办公为大学生提供了更为灵活的工作方式，使他们能够在全球范围内寻找就业机会。通过远程办公，大学生可以在不受地理限制的情况下，参与各类项目与合作，提高自身的适应能力与国际视野。高校应加强对远程办公技能的培养，如时间管理、在线沟通与协作等，帮助学生顺利适应这一新兴的工作模式。

3. 兼职创业的探索

兼职创业作为一种灵活的就业形式，允许大学生在学习之余进行创业实践。这种模式不仅能够为学生提供经济支持，还能帮助他们积累创业经验。在选择兼职创业项目时，大学生应结合自身兴趣与市场需求，确保项目的可行性与盈利能力。同时，高校可以为有志于兼职创业的学生提供指导与支持，帮助他们合理规划时间与资源。

大学生就业与创业的结合，为学生提供了多样化的发展路径。通过进一步探索创新与就业的双向赋能、跨行业的创业就业路径，以及灵活就业模式的研究，高校能够为学生创造更为良好的成长环境与实践机会。在未来的发展中，大学生应积极把握这些机会，提升自身的创新创业能力与职业竞争力。与此同时，政府与高校也需进一步加强对大学生创业的支持，通过政策引导、教育改革与资源整合，助力大学生在创业与就业的道路上不断前行，为社会的经济发展和创新能力的提升贡献力量。

二、"双创"教育体系的优化与创新

在全球经济快速发展的背景下，"双创"教育已成为高等教育的重要组成部分。优化与创新"双创"教育体系，不仅能提高大学生的创新创业能力，还能为其职业发展提供强有力的支持。

（一）个性化教育研究

个性化教育是根据学生的兴趣、特长和职业目标，为其量身定制的教育方案。通过个性化教育，学生能够更有效提升创新创业能力。

1. 兴趣导向的课程设计

高校应通过调查和评估，了解学生的兴趣和职业目标，基于此设计个性化的课程。例如，对于对科技创业感兴趣的学生，可以开设与人工智能、数据分析相关的课程；而对文化创意感兴趣的学生，则可以提供艺术管理和市场营销的课程。这样的设计不仅能够激发学生的学习热情，还能帮助他们在未来的创业过程中找到合适的方向。

2. 定制化的实践项目

除了课程的个性化，高校还可以根据学生的特长和职业规划，定制实践项目。例如，结合学生的兴趣和行业需求，组织相关的实践活动和实习项目，使学生在实践中锻炼和提升自身的能力。通过参与真实的创业项目，学生能够更深入理解行业运作机制，增强自身的创新能力和市场敏感度。

3. 导师制的实施

个性化教育的实施离不开导师的指导。高校可以为每位学生配备专属的创业导师，根据学生的个体差异和发展需求提供专业的指导和支持。通过定期的交流与反馈，导师能够帮助学生制订个性化的学习与发展计划，提升他们的创新创业能力。

（二）跨学科与跨行业的教育融合

随着社会对复合型人才的需求增加，跨学科与跨行业的教育融合成为"双创"教育的重要趋势。

1. 打破专业壁垒

高校应积极探索跨学科的教育模式，将不同学科的知识进行有机结合。例如，在"双创"课程中，可以引入工程、艺术、商业管理等不同学科的内容，培养学生的综合素质和创新思维。通过多元化的知识背景，学生能够在创业过程中更全面地思考问题，提出具有创造性的解决方案。

2. 行业间的合作与交流

推动不同行业之间的合作与交流，可以为学生提供更丰富的实践机会。例如，科技公司与艺术设计学院的合作，可以激发出新的创意项目；金融机构与创业孵化器的合作，可以为学生提供资金和市场支持。通过这种跨行业的互动，学生能够获得多样化的经验，增强其市场适应能力和创业意识。

3. 联合课程与项目

高校可以与企业和研究机构共同开发跨学科的课程和项目，增强教育的实践性。例如，通过与行业领军企业的合作，设立企业创新课程，让学生参与企业的实际项目，学习如何将理论知识应用于实践。这种合作不仅提升了学生的实战能力，也为他们提供了宝贵的行业资源。

（三）实践与理论结合的优化

1. 深化实践教学

高校应加强实践教学环节，通过创业实训、案例分析、项目开发等方式，提高学生的实践能力。例如，开设创新创业实训课程，让学生在实际项目中进行角色扮演，锻炼团队合作和解决实际问题的能力。同时，可以鼓励学生参与社会实践和实习，积累实际经验，为未来的创业打下基础。

2. 理论知识的实际应用

在理论课程中，教师应结合行业案例，将理论知识与实际应用相结合。例如，在讲授商业模式时，可以通过分析成功与失败的创业案例，帮助学生理解理论背后的实际意义。这种理论与实践的结合，能够让学生更深入地理解创业的复杂性和挑战，提高他们的分析与决策能力。

3. 建立反馈机制

为确保实践与理论结合的有效性，高校应建立完善的反馈机制。通过定期的评估与反思，了解学生在实践中的表现和收获，及时调整教学策略和内容。这种反馈机制能够帮助学生明确自己的优缺点，从而更好地提升创新创业能力。

优化与创新"双创"教育体系，是提升大学生创新创业能力的重要途径。通过个性化教育、跨学科与跨行业的教育融合，以及实践与理论的结合，高校能够为学生提供更为丰富的学习与实践机会。在未来的发展中，大学生应积极参与到"双创"教育中，通过不断学习与实践，提高自身的创新能力和创业素养。同时，高校和社会各界也需共同努力，为大学生的创业与职业发展创造更好的环境与支持。通过这样的努力，大学生将能够在创业与就业的道路上取得更大的成功，为经济社会的发展贡献力量。

三、创业环境与政策研究

在当今的经济发展背景下，大学生创业逐渐成为推动社会创新与经济增长的重要力量。然而，创业的成功与否不仅依赖个人的努力与创意，更与创业环境及相关政策密切相关。

（一）创业扶持政策的效果分析

创业扶持政策的制定与实施是促进大学生创业的重要手段。对现有政策的效果进行深入研究，可以为政策的改进与优化提供参考。

1. 政策效果的评估

近年来，各级政府推出了一系列创业扶持政策，如创业贷款、税收减免、创业补贴等，旨在降低创业门槛，提供资金支持。研究表明，相较于未获得扶持的创业者，成功获得这些扶持政策的大学生创业者在创业初期资金压力和风险承担显著减轻。然而，这些政策的实际效果因地区、行业及个体差异而异。因此，建立健全的政策评估体系，定期对创业扶持政策的实施效果进行分析，能够为政府改进政策提供依据。

2. 长远影响的考量

政策的长效性在于其对创业者的持续支持与引导。研究应关注政策在创业过程中的持续影响，如政策对创业者心理素质、创新能力，以及市场适应能力等方面的影响。通过跟踪调查，了解创业者在政策实施后的发展轨迹，分析政策对创业持续性的支持效果，为政策的完善提供实证基础。

3. 政策实施中的障碍

在实际执行过程中，政策实施的障碍往往会影响创业扶持效果。调查发现，信息不对称、申请程序烦琐，以及政策宣传不足等问题，导致部分创业者未能顺利获得政策支持。因此，政府需要简化政策申请程序，提高政策透明度，并通过多种渠道加大政策宣传力度，以确保更多创业者能够有效享受政策红利。

（二）地方创业生态系统优化

地方政府在促进大学生创业中扮演着重要角色。研究不同地区的创业生态系统，有助于为地方政府和高校提出更具针对性的政策建议。

1. 地方特色与创业环境

不同地区因地理、经济、文化等因素的差异，创业环境与生态系统也各具特色。地方政府应根据本地区的实际情况，制定符合当地特色的创业扶持政策。例如，一些地区以传统产业为主，政府可以鼓励大学生在传统产业中进行创新；而在科技创新高地，政府应支持学生开展高新技术创业。因此，了解各地区创业环境的优势与劣势，能够为政策的优化提供依据。

2. 构建地方创业平台

为了优化创业生态系统，地方政府应与高校、科研机构及企业形成合力，共同搭建创业平台。例如，可以通过建立创新创业园区，汇聚各类资源，提供资金、技术和市场支持，帮助大学生实现创业梦想。同时，举办各类创业活动，如创业大赛、沙龙等，鼓励创业者之间的交流与合作，营造良好的创业氛围。

3. 反馈机制的建立

为了持续优化地方创业生态系统，政府应建立有效的反馈机制。通过定期收集创业者的意见与建议，及时调整和完善政策。例如，可以设立创业者顾问委员会，定期召开座谈会，了解创业者在政策实施过程中的实际需求，确保政策的有效性与适用性。

（三）全球化背景下的创新创业支持体系

1. 全球化对创业的影响

全球化为大学生创业提供了更广阔的市场与资源，同时也带来了激烈的国际竞争。学生在创业过程中需要关注全球市场的变化，学习国际化的商业模式与运营策略。因此，大学生应具备全球视野，了解国际市场的需求与趋势，以便在创业过程中进行有效的市场定位。

2. 借鉴国外经验

通过研究国外成功的创业教育与政策支持体系，可以为国内的创业教育与政策制定提供借鉴。例如，欧美发达国家的创业教育往往注重实践与理论的结合，通过企业实习和创业孵化器为学生提供实践机会。同时，国外一些发达国家鼓励创新创业的政策体系较为完善，提供多种形式的资金支持、技术转移与市场对接服务，为大学生创业提供了良好的环境。

3. 推动国际化创业教育

为了适应全球化的趋势，高校应加强国际化创业教育的建设。通过开展国际交流项目、引进国外优秀的创业教育资源，提升大学生的国际竞争力。例如，高校可以与国际知名创业院校合作，共同开设双学位项目，培养具备国际视野的创新创业人才。

大学生创业环境与政策研究是促进其成功创业的重要基础。通过深入分析创业扶持政策的效果、地方创业生态系统的优化，以及全球化背景下的创新创业支持体系，可为大学生创业提供了有益的思考和实践建议。未来，政府、高校和社会各界应共同努力，营造良好的创业环境与支持体系，帮助大学生在创业道路上走得更加稳健，为经济社会的发展贡献更多的创新与活力。

四、科技进步与创新创业的结合

随着科技的快速进步，大学生在创新创业领域面临着前所未有的机遇和挑战。新技术的不断涌现，特别是人工智能、区块链和物联网等技术，正在改变传统的商业模式，推动着大学生创业的创新。同时，这些技术的应用也带来了法律、伦理及可持续发展等方面的问题。本部分将从新技术驱动的创新创业研究、科技创业的法律与伦理问题，以及创业中的可持续发展问题三个方面进行探讨，以期为大学生在科技进步背景下的创新创业提供启示与支持。

（一）新技术驱动的创新创业研究

新兴技术为大学生的创新创业提供了丰富的商业机会，研究这些技术的应用与发展，能够帮助学生把握未来创业的方向。

1. 人工智能的应用

人工智能技术的进步，使许多传统行业的工作流程得以优化和自动化。大学生创业者可以利用人工智能进行市场分析、用户行为预测、产品推荐等，从而提升业务决策的效率与准确性。例如，某大学生团队利用人工智能技术开发了一款智能推荐系统，通过分析用户数据，帮助电商平台提升销售转化率。这样的应用展示了人工智能技术在创业中的巨大潜力。

2. 区块链技术的探索

区块链以其去中心化、安全透明的特性，为创业者提供了新的商业模式。大学生可以探索区块链在供应链管理、金融服务、数字身份认证等领域的应用。通过区块链技术，创业者能够减少中介成本，提高交易的安全性。例如，某大学生创业项目通过区块链技术实现了商品的全程追踪，从而为消费者提供了更高的信任度。

3. 物联网技术的整合

物联网技术的普及，使设备之间的互联互通成为可能。大学生可以利用这一技术，开发智能家居、智慧城市、工业自动化等相关产品和服务。通过实时数据的采集与分析，创业者能够更好地满足消费者的需求，实现个性化服务。例如，某高校的学生团队开发了一款智能家居系统，能够通过手机应用控制家庭电器，提升了用户的生活便利性。

（二）科技创业的法律与伦理问题

在大学生创业过程中，新兴技术的应用也带来了法律与伦理方面的挑战。研究这些问题，为创业者提供合规支持，是保障创业成功的重要环节。

1. 知识产权保护

在科技创业中，知识产权的保护尤为重要。大学生创业者在开发新产品或技术时，需注意其知识产权的申请与保护，以防止潜在的侵权行为。例如，某大学生团队在开发新软件时，及时申请了专利与著作权，确保了其技术的独占性与市场竞争力。因此，高校应加强知识产权相关的培训与教育，提升学生的法律意识与合规能力。

2. 数据安全问题

随着互联网技术的发展，数据安全问题日益凸显。大学生创业者在收集与使用用户数据时，需遵循相关法律法规，保障用户的隐私与安全。高频的数据泄露事件警示创业者，必须重视数据的管理与保护，建立完善的数据安全机制。高校可以邀请法律专家进行相关培训，帮助学生理解数据保护的重要性及相关法律责任。

3. 科技伦理的考量

科技创业还涉及伦理问题，如人工智能算法的公平性、透明性，以及技术对社会的影响等。大学生创业者应在创业过程中，关注技术对社会的影响，避免因追求商业利益而忽视社会责任。例如，某学生创业项目在开发人工智能产品时，特意设计了算法透明度评估机制，确保其产品的公平性与可信度。这种关注社会伦理的意识，将为创业者赢得市场信任和用户支持。

（三）创业中的可持续发展问题

随着可持续发展理念的深入人心，大学生在创业过程中应将可持续发展作为重要目标，推动绿色经济和循环经济的发展。

1. 绿色经济的创业模式

在全球倡导环保的背景下，大学生可以探索绿色经济相关的创业模式，如清洁能源、环保产品、可持续农业等。通过创新技术与商业模式，创业者能够满足市场对绿色产品的需求，实现经济效益与环境保护的双赢。例如，某高校的学生团队开发了一种可降解的包装材料，不仅获得了市场的认可，还提升了消费者对环保的意识。

2. 循环经济的实践

循环经济的核心在于资源的再利用与循环利用，大学生可以在这一领域开展相关创业项目。通过回收、再加工等方式，创业者能够降低资源消耗和环境污染，推动可持续发展。高校应鼓励学生关注资源的有效利用，探索相关的创业机会，例如，一些大学生创业项目通过建立产品回收体系，实现了产品的再循环与再利用。

3. 可持续发展的综合考虑

大学生在创业时，应综合考虑经济、社会与环境的可持续性。这意味着创业者在制订商业计划时，需明确自己的社会责任与环保目标，确保创业活动对社会与环境的正面影响。通过倡导可持续发展，大学生创业者能够提升自身品牌的价值与市场认可度，从而实现长期的商业成功。

科技进步为大学生创新创业带来了前所未有的机遇，同时也提出了新的挑战。通过深入研究新技术的应用、法律与伦理问题，以及可持续发展理念，大学生能够在创业过程中更好地把握市场机会，实现个人价值与社会责任的统一。高校、政府及社会各界应共同努力，为大学生提供更为良好的创业环境与支持体系，助力他们在科技进步的浪潮中勇敢前行。未来，大学生将不仅是经济的参与者，更是推动社会创新与可持续发展的重要力量。

五、商业模式创新与发展

在当今全球经济快速变化的背景下，商业模式的创新与发展成为推动企业成长和竞争力提升的关键因素。尤其是对于大学生创业者而言，理解和掌握商业模式的创新将帮助他们更好地适应市场需求，实现成功。

（一）商业模式创新的未来趋势

商业模式创新的未来趋势与新兴行业的发展息息相关。大学生创业者需敏锐把握行业动态，识别未来市场机会。

1. 可持续发展模式的兴起

随着全球对环保和可持续发展理念的重视，越来越多的企业开始探索绿色商业模式。这种模式不仅关注利润，还关注对环境的影响。例如，企业可能通过循环经济模式，回收再利用产品材料，降低资源消耗。对于大学生创业者而言，这意味着在创业时需要将可持续性纳入商业模式的核心，从而满足市场对绿色产品日益增长的需求。

2. 用户驱动的个性化商业模式

未来的商业模式将更加注重用户体验，企业需要通过数据分析了解客户的个性化需求，提供定制化的产品和服务。例如，许多电商平台开始采用推荐算法，根据用户的购买历史和浏览行为，精准推送可能感兴趣的商品。这要求大学生创业者在设计商业模式时，重视用户反馈与数据分析，以实现产品的个性化和差异化。

3. 平台经济的发展

随着互联网技术的发展，平台型商业模式逐渐成为创业的新热点。通过搭建一个连接供需双方的平台，创业者能够在较低的成本下迅速拓展市场。例如，共享经济的崛起使许多大学生创业者通过搭建共享平台进入市场，提供共享住宿、共享出行等服务。未来，大学生创业者可以通过平台经济模式，降低创业风险，提高资源利用效率。

（二）商业模式的国际化拓展研究

在全球化的背景下，大学生创业者需要考虑如何通过商业模式创新进入国际市场，实现全球化发展。

1. 市场调研与分析

大学生创业者在拓展国际市场时，首先需要进行充分的市场调研，了解目标市场的文化、法律法规和消费者需求。这一过程不仅有助于确定市场进入策略，还能帮助创业者识别潜在的商业机会。例如，通过调研某个国家对环保产品的需求，创业者可以将其绿色商业模式推向国际市场，满足特定国家的市场需求。

2. 跨国合作与资源共享

大学生创业者可以寻求与国外企业的合作，借助对方的市场资源和渠道实现快速扩展。例如，某大学生团队通过与国外企业建立战略合作关系，利用对方在当地市场的影响力和资源优势，成功推广其产品。这种合作不仅降低了市场进入的风险，也为创业者提供了宝贵的市场反馈和调整策略的依据。

3. 创新商业模式的全球化适配

不同国家和地区的市场环境各异，大学生创业者在进行商业模式创新时，需考虑如何将其商业模式适配国际市场。例如，一些成功的国际品牌在进入新市场时，往往会根据当地消费者的偏好和习惯调整产品设计和营销策略。因此，创业者需要具备灵活应变的能力，确保其商业模式在全球范围内的适用性。

（三）商业模式与数字经济结合的研究

数字经济的兴起为商业模式的创新提供了新的动力和可能性。大学生创业者应积极探索如何将数字技术融入商业模式设计。

1. 数据驱动的商业模式

在数字经济时代，数据成为企业决策的重要依据。创业者可以利用大数据分析技术，挖掘用户行为与市场趋势，优化商业模式。例如，通过分析用户的消费数据，创业者可以调整产品线和定价策略，满足市场需求的变化。这种数据驱动的决策方式，使创业者得以更灵活地应对市场变化。

2. 数字化转型与平台化发展

许多传统行业在数字经济的推动下，正在进行数字化转型。这为大学生创业者提供了丰富的机会。例如，传统零售商通过线上平台实现销售转型，创业者可以借助这一趋势，设计与传统商业相结合的数字化商业模式，创造新的价值。例如，通过开设线上商店，结合线下体验，提升用户的购物体验和满意度。

3. 科技创新与商业模式迭代

大学生创业者在运用数字技术时，应关注科技的快速迭代对商业模式的影响。新的技术不断涌现，如人工智能、区块链等，创业者需要及时更新商业模式，保持市场竞争力。例如，通过应用人工智能技术，创业者可以实现自动化客户服务，提高运营效率，减少人工成本。这要求创业者具备快速学习和适应新技术的能力，以保持业务的持续创新。

商业模式的创新与发展是大学生创业成功的重要因素。通过深入探讨商业模式创新的未来趋势、国际化拓展及与数字经济的结合，大学生创业者能够更好地把握市场机会，实现创业梦想。未来，政府、高校和社会各界应共同支持大学生创业，通过政策引导、资源整合与教育创新，营造良好的创业环境，助力年轻一代在创新创业的道路上不断前行。

六、心理支持与社会保障体系的完善

在现代社会中，大学生创业不仅是实现自我价值的途径，也是推动经济发展的重要力量。然而，创业过程往往伴随着较大的心理压力和风险，如何提供有效的心理支持与社会保障，成为帮助大学生顺利创业的重要课题。

（一）创业者心理健康与压力管理研究

创业过程中的心理健康问题日益受到重视，大学生在面对创业挑战时，心理调适和压力管理显得尤为重要。

1. 创业者心理健康的重要性

创业不仅需要良好的商业头脑，还需要强大的心理承受能力。许多大学生创业者在面对市场竞争、资金压力和团队管理等方面时，容易出现焦虑、抑郁等心理健康问题。这些问题不仅影响创业者的决策能力和创造力，还可能导致创业失败。因此，心理健康对于提升创业成功率至关重要。

2. 压力管理的策略

帮助大学生创业者有效管理压力，可以通过多种方式实现。例如，开展心理健康教育和压力管理培训，让学生了解压力的来源及其应对方法。高校可以定期举办心理咨询讲座，邀请专业心理咨询师与创业者交流，提供心理支持与建议。此外，建立心理支持小组，让创业者之间互相分享经验、情感支持，也能有效减轻创业过程中的心理负担。

3. 心理调适的方法

大学生创业者在创业过程中可以通过一些有效的心理调适方法增强抗压能力。例如，培养积极的心态、学会时间管理、进行适当的体育锻炼等，都能帮助他们缓解压力、保持良好的心理状态。同时，学习一些放松技巧，如冥想和深呼吸等，能够帮助创业者快速恢复平静，增强自我调节能力。

（二）创业失败后的社会保障体系研究

创业失败是创业过程中的常见现象，如何为大学生提供有效的社会保障与再就业支持，已成为一个重要议题。

1. 社会保障体系的完善

当前，大多数地区对创业失败后的大学生缺乏有效的社会保障。建立完善的社会保障体系，能够为创业失败的大学生提供必要的经济支持。例如，可以设立专项基金，帮助创业失败者渡过难关，减轻他们的经济负担。同时，政府可以提供失业保险、职业培训和心理咨询等支持，帮助创业者重新进入就业市场。

2. 再就业机制的研究

在创业失败后，大学生往往面临重新求职的压力。建立科学的再就业机制，将有助于他们顺利回归职场。例如，政府和高校可以联合举办职业培训班，提升创业者的职业技能和市场竞争力。同时，也可通过提供职业指导服务，帮助他们制定合理的职业规划，找到适合自己的就业机会。

3. 政策宣传与落实

许多大学生对社会保障政策了解不足，因此政府需要加强政策宣传，使创业者能够清晰了解自己所享有的权利和资源。此外，政策的落实也至关重要，应确保社会保障措施能够真正惠及创业失败的大学生，帮助他们顺利实现再就业。

（三）创业文化的塑造与传播

营造积极的创业文化，对于促进大学生创业、鼓励创新和包容失败具有重要意义。

1. 鼓励创新的环境

高校应在校园内营造鼓励创新的氛围，推动学生积极参与创业活动。通过组织创业沙龙、创新大赛、创业项目路演等活动，鼓励学生分享创意、展示项目，增强他们的创业意识与信心。同时，高校可以邀请成功的创业者回校分享经验，激励在校大学生勇敢追求自己的创业梦想。

2. 包容失败的文化

创业本身就是一条充满挑战的道路，失败在所难免。高校应倡导包容失败的创业文化，让学生理解失败并不是终点，而是成功的必经之路。在校园中传播正面的创业故事，展示那些从失败中吸取经验教训并最终成功的创业者的经历，能够帮助学生树立正确的创业观，增强面对挑战的勇气。

3. 社会对创业的认同感

高校和社会各界应共同努力，提升社会对创业的认同感与支持度。通过宣传创业成功案例，强调创业对经济和社会的贡献，能够帮助社会公众更好地理解和支持创业者。同时，政府可以通过各种政策激励措施，鼓励企业与高校的合作，为大学生提供更多的创业机会与平台。

在大学生创业的过程中，心理支持与社会保障体系的完善是促进其成功的重要基础。通过研究创业者心理健康与压力管理、创业失败后的社会保障机制，以及创业文化的塑造与传播，一系列建议与对策，可以帮助大学生在创业之路上走得更稳更远。未来，高校、政府和社会各界应携手合作，构建良好的创业环境与支持体系，助力大学生实现创业梦想，为经济的创新与发展注入新的活力。

参考文献

[1] 卢亮作. 大学生怎样创业 [M]. 北京：中国发展出版社，2024.

[2] 尚红宇. 中国大学生创新创业与就业 [M]. 徐州：中国矿业大学出版社，2023.

[3] 缪子梅，孙学江. 新时代大学生职业生涯规划与就业创业教程 [M]. 南京：东南大学出版社，2023.

[4] 王青迪. 大学生创新创业教育与就业指导 [M]. 上海：上海三联书店，2020.

[5] 张小斌，吕从钢，陈衍发. 大学生创新创业发展研究 [M]. 哈尔滨：北方文艺出版社，2023.

[6] 公丕国，张莉莉，毕洪丽. 大学生创业与就业指导 [M]. 北京：北京理工大学出版社，2019.

[7] 王庆洲. 大学生创业与就业指导 [M]. 天津：天津科学技术出版社，2019.

[8] 赵新，黄新华. 大学生创新创业基础 [M]. 北京：北京理工大学出版社，2021.

[9] 张玉波，楼稚明. 大学生职业规划与就业创业指导 [M]. 成都：电子科技大学出版社，2020.

[10] 王君，徐鹏，赵玉真. 大学生创新创业与就业指导教程 [M]. 成都：电子科技大学出版社，2019.

[11] 戈化聪，齐艳. "双创"人才培养视阈下大学生创业与就业路径研究 [M]. 北京：中国书籍出版社，2023.

[12] 聂强，陈兴国，张铁力. 大学生职业生涯规划与就业指导 [M]. 重庆：重庆大学出版社，2022.

[13] 王丽萍. 大学生职业规划与就业创业指导 [M]. 上海：上海交通大学出版社，2019.

[14] 陆相欣，许述敏，孙体楠，等. 大学生创新创业基础 [M]. 武汉：华中师范大学出版社，2019.

[15] 刘义. 大学生职业生涯规划与就业创业指导 [M]. 成都：四川大学出版社，2020.

[16] 刘永辉. 大学生职业生涯规划与就业创业指导实用教程 [M]. 北京：新华出版社，2020.

[17] 柯晓扬，石家驹，丁建华. 大学生职业发展与就业指导 [M]. 苏州：苏州大学

出版社，2021.

［18］秦琦．高校大学生职业规划与就业能力提升［M］．北京：中国商业出版社，2023.

［19］纪德尚．大学生创业成功率与能力素质建设［M］．北京：机械工业出版社，2022.

［20］邓峰．基于创新思维的大学生创新创业能力培养研究［M］．北京：北京工业大学出版社，2022.

［21］马凤祥，范铁，张显慧．大学生劳动教育［M］．秦皇岛：燕山大学出版社，2022.

［22］柳森，杨冬吉，于永海．大学生职业发展与就业创业指导［M］．北京：北京理工大学出版社，2018.

［23］孙军，钟坤．大学生职业生涯与就业创业指导［M］．北京：经济日报出版社，2018.

［24］李竹宇．认知自我与规划人生大学生职业生涯规划与就业创业发展研究［M］．北京：北京燕山出版社，2022.

［25］宋菲，周红梅．现代大学生实用礼仪［M］．上海：上海交通大学出版社，2023.

［26］徐良仁，朱明俊，周明元．大学生职业生涯规划［M］．北京：北京理工大学出版社，2023.

［27］唐承泽，康瀚文，陈娟．大学生职业生涯规划与就业指导［M］．北京：中国言实出版社，2020.

［28］胥迅，刘妮娅，吴家丽．大学生职业发展与就业指导［M］．成都：西南交通大学出版社，2020.

［29］梁梦玫，陈建红，古典．农业院校大学生职业生涯规划与就业指导［M］．武汉：华中科技大学出版社，2022.

［30］高阳．大学生职业生涯规划与就业指导［M］．成都：电子科技大学出版社，2020.